세상의 혼

시간을 말하다

Unlocking the secrets of time

이 도서의 국립중앙도서관 출판시도서목록(CIP)은 e-CIP 홈페이지
(http://www.nl.go.kr/ecip)에서 이용하실 수 있습니다.(CIP제어번호: CIP2010000126)

세상의 혼
― 시간을 말하다

초판 | 3쇄 발행 2010년 8월 30일

글쓴이 | 크리스토퍼 듀드니
옮긴이 | 진우기

펴낸이 | 허경애
편집 | 이정미
디자인 | 박진범 최정현
펴낸곳 | 도서출판 예원미디어
등록번호 | 제 313-2004-000152호
주소 | 서울시 마포구 서교동 331-15 서정빌딩 403호
전화 | 02-323-0606 팩스 02-323-6729
E-mail yewonmedia@naver.com
ISBN 978-89-91413-47-4 (03100)

*책값은 뒤표지에 표시되어 있습니다.
*잘못된 책은 교환해 드립니다.

세상의 혼

시간을 말하다

Unlocking the secrets of time

크리스토퍼 듀드니 지음
진우기 옮김

시간은 이 세상의 혼

나는 시간을 느낀다. 몸의 느낌 속에서 그것이 무엇인가를 분명히 안다. 그 앎에는 한 점의 모호함도 없다. 그러나 누군가 "시간이 무엇인가?"라고 묻는 순간 나는 시간에 대해 아무것도 모르는 존재가 된다. 시간은 그것의 정체성을 따져 물을 때 그 존재를 감추며 돌연 불가사의해진다. 내가 살아보지 못한 수십억의 수십억 년이 이 우주 어딘가에, 절대 죽지 않는 그 무엇, 즉 내 생물학적 진화의 무한한 가능성으로, 새벽 여명 같이 존재한다는 상상을 하면 온몸에 전율이 흐른다.

시간은 아득한 과거에는 존재하지 않았다. 그때는 낮과 밤의 뒤바뀜, 계절의 변화, 가는 해와 오는 해의 반복만이 있었을 뿐이다. 시간은 들리지도 않고 보이지도 않으니, 사람들이 그것을 알아차리기란 쉽지 않은 일이었다. 그래서 시간은 오랫동안 이름도 없이 태초의 무無로서 존재했을 뿐이다. 우주의 나이가 137억 년이라고 하는데, 그 대부분의 세월 동안 시간은 무였고, 그 무는 무무無無에서 흘러나왔고, 그 무무는 무무무無無無에서 발원해 흘러나왔을 뿐이다. 초秒, 분分, 시時, 일日, 주週, 월月, 년年이 생겨나면서 시간은 비로소 존재하기 시작했다. 사람들은 밤하늘에 보름달이 열두 번 떠오르면 한 해가 지나갔다는 것을 알게 되었다.

계측할 수 있는 가장 짧은 단위의 시간은 펨토초다. 1,000조 분의 1초가 그것이다. 펨토초의 세계에서 사는 펨토리안의 눈으로 보자면 사람은 움직이지 않는 조각상이요, 영원히 존재하는 그 무엇이다. 펨토초보다 더 짧은 시간이 나타났다. 그것은 아토초다. 아토초는 100경(10의 18승) 분의 1초다. "당신의 평범한 날은 1,440분이고, 이것은 다시 86,400초로 구성되어 있다. 한 달을 평균 30일로 잡을 때 이것은 2,592,200초이고, 다시 한 해를 30일이 12번 반복되는 것으로 할 때 이것은 31,104,000초다. 이제 내 36세 생일이 다가옴에 따라 나는 실은 단지 1,088,640,000초를 살아온 것이다"(글렌 굴드). 아이들을 어른이 되게 하고, 모든 나무들을 자라게 하고, 익은 콩들을 발효시키고, 오래된 바위들에 이끼를 입히고, 건물들에는 멋지고 품위 있는 과거의 광휘를 선물하는 시간은 명백하게 영장류의 것이 아니라 호모 사피엔스의 발명품이다.

시간은 대체로 차안此岸과 피안彼岸 사이에 걸쳐놓은 놀라운 가설이다. 아울러 시간이란 종種과 종 사이의 미끄러짐이고, 종의 고리를 잇는 DNA의 세대론적 이동이며, 그리고 종의 수평적 지평선 안에서의 이주, 도약, 도망, 회귀다. "시간이 없다면 아무것도 없다. 시간은 무도장인 동시에 음악이다. 움직이는 모든 것과 움직이지 않는 듯 보이는 모든 것은 다 시간이 안무해낸 춤이다."(크리스토퍼 듀드니) 나의 육체적 삶은 시간이 준 놀라운 선물이다. 시간은 그 선물을 주었을 뿐만 아니라 때가 되면 그 선물을 회수해간다. 지구는 태양 주위를 시속 108,000킬로미터로 돌고 있는 생명체들이 탑승한 배다. 시간은 곧 장소이고, 거꾸로 말하자면 장소는 시간이다. 그래서 지구라는 배는 어제 있던 장소가 아니라 끊임없이 새로운 장소로 나아간다. 우리는 시간 속에서 진화의 긴 여정을 소화해내야 하는 시간 여행자들이다. 지구가 은하 속을 떠가는 동안 시간은 우리의 육체적 삶을 해체해서 해조류와 균류로 만들었다가 다시 이끼, 나무, 초파리, 조개, 새로 만든다. 우리는 사람이 아니라 지금-여기에서 사람의 몸을 갖고 시간 속을 지나가고 있을 뿐이다. 다른 시간대에서는 이끼, 나무, 초파리, 조개, 새의 몸을 갖고 시간 속을 지나갈 것이다. 생명이란 시간의 음악에 맞춰 추는 춤이다. 시간은 우리 세포 속의 DNA에 들어와 다양한 변주곡에 맞춰 춤을 춘다. 결국 우리 삶은 시간의 춤일 따름이니, 시간은 위대한 안무가이자 능란한 춤꾼인 셈이다.

시간은 '지금'으로 흘러왔다가 끊임없이 '지금'을 지나 또 다른 '지금'을 향해 나아간다. 우리가 '지금'이라고 말하는 순간 그 '지금'은 과거의 '지금'이 되어버리고, 미래의 '지금'이던 순간들이 방금 지나가 과거가 되어버린 그 '지금'이 비운 자리를 차지한다. 사실을 말하자면 현재의 '지금'은 없고, 이미 말해진 '지금'이란 금방 과거 속으로 돌아가버린 '지금'들뿐이다. 그러므로 가없는 시간의 바다 속에서 수없이 많은 거품으로 바글거리는 '지금'들은 덧없다. '지금'들은 헛된 낭비이며, 상상임신이고, 어리석은 지나침이다.

더 정확하게 말하자면 '지금'이란 이미 지나가버린 과거의 기억들이 지각 속에 복귀하는 희귀한 현재를 말한다. 그러나 엄밀히 말하자면 지각 속에 복귀하는 그것들이 '과거'라는 증거는 매우 희미하다. 그것들은 지나간 것이 아니라 저 먼 시간 속에서 태어나 현재에까지 끊어지지 않고 이어지는 실재reality다. 그것은 현재와 몸을 섞고 있거나 — 현재는 과거와 삼투하는 근미래近未來다 — 스며들며 — 현재는 과거와 융합하는 근미래이다 — 일어나는 거품들, 즉 미래들의 과거다. 라이너 마리아 릴케는 이렇게 말한다. "미래는, 우리 안에 있는 미래 자신을 변화시키기 위해, 미래가 도래하기 훨씬 전에, 우리 안으로 들어온다." 미래는 현재에 있지만 우리가 그것을 알아채지 못하는 것은 그것이 충분하지 않은 상태로, 혹은 모든 곳에 균질하지 않은 상태로 존재하기 때문이다. 현재란 과거의 발현에 의해 몸을 얻어 드러나는 미래에 지나지 않는다. 없던 것이 갑자기 나타나 과거의 교착이나 잔여물들을 품고 과거-현재라고 주장한다면, 과거는 지나가버린 미래들, 즉 지나가면서 현재라는 사생아를 낳는 미혼모들이다.

시간은 비이성적 냉담함으로 무장한 난폭한 파괴자다. 시간이 지나간 뒤에 살아남는 것은 아무것도 없다. 심지어 제 일가붙이나 제자들마저 모조리 살해한다. 크로노스가 제 자식들을 먹어치우듯이. 그러므로 시간이 지나간 자리에는 깨어진 사랑, 죽어버린 시체들, 주춧돌만 남고 사라진 웅장한 절들, 세상의 모든 불타버린 숲들과 폐허만 남는다. 어떤 건물들이 시간을 견디고 꿋꿋하게 서 있다면 그것은 폐허로 돌아갈 운명의 일시적인 유예일 따름이다. 그런 점에서 "시간은 위대한 스승이긴 하지만, 불행히도 자신의 제자를 모조리 죽여버린다."(헥토르 베를리오즈)는 말은 진실이다. 시간은 불꽃이고, 홍수다. 태우고, 휩쓸고, 부수고 지나간다. 시간의 앞자락은 시간이 살해한 것들의 피로 물들어 있다. 그러므로 시간은 핏빛이다. 시간은 포식자이다. 시간은 만물을 집어삼키고 끝내는 제자신마저도 삼킨다.

너무도 당연하지만 시간은 되돌아가지 않는다. 저 희랍의 한 현자가 말했듯 우리는 같은 강물에 두 번 발을 씻을 수가 없다. 이때 강물은 흘러가는 시간이다. 찰나로 반짝이며 흘러가는 시간은 반복을 모른다. 그것은 흘러가버리는 것임으로 붙잡을 수도 없다. 시간은 흐름이 아니라 정지 혹은 비약의 시점에서만 제 존재를 드러낸다. 시간은 정지한 적이 없는데 흐름을 정지시키고 멈춘 상태에서 전체에서 저를 작게 쪼개 제 존재를 반짝이는 그 많은 찰나와 순간들은 어떻게 된 것일까? 사실을 말하자면 시간은 선형상의 흐름을 갖고 있지 않다. 흐르지 않으니까 멈춤도 없다. 공중을 나는 화살은 영원히 표적에 도달하지 못한다는 제논의 가설은 거짓이다. 제논은 표적을 향해 나는 화살이 중간쯤 왔을 때 화살은 여전히 남은 거리를 날아야 한다. 남은 거리를 반으로 나누면 화살은 다시 그 거리만큼 날 것이다. 표적까지의 거리를 이렇게 계속 점점 더 잘게 쪼개 반분한다면 화살은 영원히 표적에 도달할 수 없다. 이것이 '제논의 화살'이라는 명제로 널리 알려진 패러독스이다. 제논의 패러독스에 따르면 움직이는 화살은 실은 움직이지 않는 것이다. 제논은 분할이 불가능한 흐름인 운동을 분할이 가능하다고 전제하고, 경로가 그리는 선에 대해 참인 것은 그 운동에서도 참이라는 가정을 전제함으로써 치명적인 오류에 빠져들었다. 아마도 유일하게 순간의 시간을 멈추고 장악할 줄 아는 것은 위빠싸나 수행자들이다. 시간이 멈추는 것은 신비한 영적인 순간이다. 시간을 멈추고 느리게 흘러가도록 조정하는 일은 위빠싸나 수행자들만이 경험할 수 있는 경이로움이다. 그들은 찰나들을 그냥 무심히 흘려버리는 게 아니고 그 찰나를 단순하면서도 심오한 각覺의 그물로 포획한다. 그 각의 그물 속에서 지금-여기는 살아있는 물고기처럼 퍼덕거린다. 이게 어떻게 가능할까? 달팽이의 지나간 자리, 비행의 궤적, 날아가는 새의 활공 동선에서 우리는 시간의 흔적을 발견한다. 위빠싸나 수행자들은 그들의 존재로써 찰나가 되어버림으로써 그렇게 한다. 그들은 달팽이가 되어 달팽이의 지나간 자리를 반추한다. 그들은 날아가는 새의 활공 동선에 제 의식을 겹쳐냄으로써 그 시간을 살아낸다. 그들은 움직일 때 흐르는 시간에 의식을 집중한다.

듀드니의 전작 《밤으로의 여행》에서와 마찬가지로 《세상의 혼 — 시간을 말하다》에서도 저자의 숨길 수 없는 박물적 지식과 감성의 조합은 빛을 발한다. 황혼에서 새벽까지 이어지는 시간들을 관찰하고 시적인 서술 속에서 밤의 현존을 살려낸 《밤으로의 여행》에서 특별한 책읽기의 기쁨을 오롯하게 맛보았던 나는 《세상의 혼 ─ 시간을 말하다》가 나온다는 소식을 듣고 오랫동안 기다려왔다. 그리고 출판사의 배려로 듀드니의 한국어판 신작이 책이 되어 나오기 전에 먼저 읽는 뜻밖의 행운을 누렸다. 우선 듀드니의 책들은 명석한 수사학의 기둥들이 떠받치고 있는 회랑回廊 같다. 이를 테면 다음과 같은 문장들이 그렇다. "디지털 문자반은 시간이 조악한 차원에서 미세한 차원으로 미끄러져가는 스펙트럼이다. 좌측에는 움직이지 않는 시가 있고 신문 헤드라인처럼 버티고 있고, 그 다음에는 분의 행렬이 근엄하게 이어지고, 그 뒤를 초가 째깍거리며 쫓아간다. 그 오른쪽에는 1/10초가 있는데 괴롭도록 빨리 지나간다. 하지만 가장 매혹적인 것은 1/100초이다. 녀석들은 폭포수나 광선쇼처럼 최면을 거는 것 같다. 미친 듯이 춤추는 이것들은 너무나 빠르게 휙 지나가버려 읽을 수조차 없다." 듀드니의 문장들은 노릇하고 권태로운 생의 순간들 속에서 솟구치며 사라져간 시적 각성의 시간들을 회상할 때 아름답고, 흘러간 시간과 흘러온 시간 사이에서 사실 관계를 규명할 때 명석하다. 그 아름다움과 명석함을 뒤섞고, 거기에 자연과학과 철학과 문학을 비벼서 시간에 대한 서정적 이해라는 지평을 열어갈 때 끔찍하다. 욕망하지만 내 손이 가 닿을 수 없는 매혹적인 것들! 가질 수 없는 것을 욕망하는 생은 다 끔찍하다. 듀드니는 시간의 기원, 시간의 역설, 시간이 미치는 영향들에 대해 이론적으로 쓰지 않는다. 다만 살아온 시간들을 직조하여 아름다운 시간들의 타피스트리를 만들어내고 있다. 우리 삶을 떠받치고 있는 저변들인 시간 속에서 솟구치고 공중에서 흩어지고 잘게 쪼개져 끝내 사라지는 시간들을, 아니 시간들의 기미들을 명민하게 붙잡아내고 있는 것이다. 시간이라는 우주적 추상을 뒤뜰, 사계, 이웃들과 함께 한 세상들이라는 실재 속으로 끌어내는 그의 놀라운 시적 통찰, 그리고 생동하는 문장들에 나는 거듭 놀라고 흥분하고 매혹당한다. 듀드니의 《세상의 혼 — 시간을 말하다》를 읽는 일은 시간에 대한 메마른 지식을 얻는 순간이 아니라 이 우주적 진실과 조우하는 즐겁고 유쾌한 여행의 순간이다.

장석주 / 시인

차례

3부 │ 미래

"시간은 무엇인가요?"

"시간은 이 세상의 영혼이지요"

– **플루타크** Plutarch(46?~120?)*

⟨**플라톤의 질문들**Platonic Questions⟩

* 그리스어로 '플루타르코스'라는 이름을 가진 철학자이자 저술가.
플라톤 철학을 신봉하고 박학다식한 것으로 유명하다.
광범위한 분야의 저술이 250종에 달했던 것으로 추정되며
현존하는 작품으로 《플루타크 영웅전》이 있다.

1부

현재

1장

'지금'이라는 천사
—시간의 본질

'지금' 말이야?

– "몇 시야?"라는 질문에 요기 베라
Lawrence Peter 'Yogi Berra,' (1925~)*가 **반문했다.**

* '끝날 때까지는 끝난 게 아니다' 라는 유명한 말을 남긴
미국의 전설적인 야구 선수. 양키즈에서 뛰는 17년 동안
무려 10번이나 팀을 월드시리즈 챔피언에 올려놓았고,
메이저리그 역사상 가장 위대한 명포수 중 하나로 1972년
명예의 전당에 입성했다.

1

밤은 싸늘했다. 너무 싸늘해서 밖에 오래 머물 수 없었다. 하지만 공기에 묻어 있는 약간의 유순함은 곧 따스한 밤들이 오리라고 약속하고 있었다. 땅거미가 지면서 내 잔디밭의 사각형 윤곽이 드러났고, 동쪽 울타리를 따라 일군 겨울 화단의 암갈색 흙 이랑 끝에는 차고와 그 뾰족한 지붕의 실루엣이 어둠 속에 선명하게 부각되었다. 그 옆으로 두어 개의 눈더미가 하얗게 빛나고 있었다. 그때 무언가가 흔들렸다. 숨 막히도록 가까운 거리에서. 울타리 위쪽 어둠 속에서 무언가가 모이면서 한 점으로 응축되었다. 잉크처럼 부드러운 날갯짓은 그 침묵으로 인해 섬뜩할 만큼 정밀했다.

새 한 마리가 내려앉았던 것이다. 처음에는 보이지 않았다. 울타리 맨 위의 난간을 눈으로 훑어가다 보니 그 위에 그가 앉아 있었다. 그 강렬한 눈빛과 마주치고 나서야 나는 그 이름을 말할 수 있었다. 올빼미. 작은 올빼미 한 마리가 불과 4미터도 안 되는 거리에 있는 울타리 기둥 위에 앉아 있었다. 우리 둘은 그 자리에 못이 박힌 듯 미동도 없이 서로 바라보고 있었다. 나는 마법에 걸린 듯 놀랐고, 두건 모양의 도가머리를 한 올빼미는 눈도 깜빡이지 않고 그 오만한 눈길을 내게 주면서, 우린 그렇게 잠시 서로를 응시하고 있었다. 나는 좀 더 가까이 다가가고 싶었다. 손을 내밀면 올빼미가 내 팔 위로 옮겨 앉을지도 모른다는 미련한 생각까지 해가면서. 하지만 조심스럽게 몇 발짝 다가가자 올빼미는 올 때처럼 소리 없이 날아올라서는 이웃집 지붕 위로, 그리고 별무리 속으로 들어가더니 까만 밤 속으로 사라졌다. 참으로 경이로운 순간이었다! 이 신비로운 새가 나의 뜨락을 축복해주었던 것이다.

그날 밤, 시간의 한 순간 속에서 올빼미와 나는 서로 알아챘다. 우리가 만난 마술적인 순간은 너무도 짧게 끝나버렸다. 고대부터 전해 내려온 무언가가 우리를 결속시켜주었다. 피와 기적 그리고 땅거미의 박명薄明이 강렬한 마법의 도가니 속에서 혼합되었고, 나는 아주 잠시 웅장한 풍광 속에, 밤의 부리와 발톱 안에 존재했던 것이다. 어둠에서, 시간과 공간의 한없는 임의적 교차에서 경이가 탄생했던 것이다. 시간이 정지했다. 달시계 같은 얼굴을 한 올빼미가 시간의 흐름 위로 잠시 날개를 스치며 지나갔다. 그 2, 3초 동안 나는 온전히 그 순간 속에 있었다. 과거도 미래도 잊은 채 내 감각은 밤과 올빼미와 내 심장 박동을 느끼고 있었다.

다음 날 나는 집에 있던 플라스틱 글자판을 꺼내 2.5센티미터 크기의 글자로 '올빼미OWL'라고 써서 울타리 기둥 위에 부착했다. 나는 올빼미가 앉았던 그 자리를 시간의 특별한 순간 속에 고정시켜 두고 오래도록 기념하고 싶었다. 내가 체험했던 현재는 진정 마법에 걸린 순간이었고, 마치 영원으로 들어가는 보이지 않는 문이 나를 향해 열린 것만 같았다.

* * *

시간은 주고, 시간은 가져간다. 시간은 그 주에 일어난 모든 일들과 함께 그날 밤도 가져가버렸다. 차고 옆 그늘에서 마치 끝이 가늘어지는 빙하의 맨 아래 빙퇴석처럼 며칠을 더 머물던 먼지 쌓인 눈더미마저 사라져버리더니, 이젠 사프란의 새싹이 푸른 혓바닥처럼 지표를 뚫고 솟아오르기 시작했다. 새로운 계절이 시작되었다. 올해는 봄이 3월 20일, 동부표준시 오전 7시 34분에 공식적으로 시작되었다. 수천 년 동안 춘하추동을 정확히 포착하도록 훈련된 우리의 계시원計時員들은 섬세한 전환의 순간이라는 새로운 계절의 시작을 고지했고, 태양을 한 바퀴 도는 지구의 93,440만 킬로미터 여정에 다시 돛을 달았다. 계절의 순환은 시간이라는 커다란 바퀴에 맞물려 있는 톱니처럼 달력을 통과한다.

내 뜨락은 겨울에서 봄으로 서서히 옮겨가고 있었지만 정작 나 자신은 계절의 일정표보다 한참 뒤처져 있었다. 잔디는 갈퀴질을 해주어야 했고 겨울 추위에 휘어진 화단 가장자리의 벽돌들도 다시 정리해야 했다. 다음 주에는 꼭 하리라 내심 다짐했지만 정원에 솟아오르는 푸른 화초들의 채근에 아무래도 더 서둘러야 할 것 같다. 봄이 시계처럼 똑딱거리는 소리가 들린다. 시간은 나에게 적대적일까, 우호적일까? 시간은 나에게 어떤 마음을 품고 있을까?

* * *

시간은 어느 무명의 재담가가 풍자했듯 '가고 오는 빌어먹을 것'에 불과하지 않다. 시간은 사건들의 연속에 불과하다. 시간이 없다면 아무것도 없다. 시간은 무도장인 동시에 음악이다. 움직이는 모든 것과 움직이지 않는 듯 보이는 모든 것은 다 시간이 만들어낸 춤이다. 시간은 모든 곳에 있다. 우리가 살고 있는 이 세상과 그것을 둘러싼 우주는 시간의 건축 행위 없이는 존재할 수 없다. 오직 시간만이, 그 일방향의 흐름을 통해 우리가 무언가를 이룰 수 있게 해준다. 생각마저도 시간에 의존하므로, 시간이 멈추면 우리는 단지 얼어붙은, 의식 없는 조각상에 불과하다. 아마도 그래서 그리스인들은 시간의 신인 크로노스가 생각을 주관한다고 믿은 것 같다. 시간은 생명을 불어넣는 숨결 같다. 시간은 그것이 연속되리라는 미래의 약속과 함께 희망의 샘물이기도 하다. 오직 시간 안에서만 우리의 상상은 실현되기 때문이다.

가끔 시간이 용솟음치듯 나를 밀어 올려 마치 내가 분수나 간헐천의 물기둥 꼭대기에서 떠다니는 것처럼 느껴질 때가 있다. 그런 때는 시간의 엄청난 에너지와 삶의 에너지가 동시에 느껴진다. 지난 며칠간 나는 아련한 푸른 하늘 아래서 밝고 따스한 오후를 만끽했다. 어제는 집 뒤뜰로 향해 난 부엌 창문 아래에서 올봄 처음으로 햇볕을 쬐고 있는 나비 한 마리를 보았다. 방금 동면에서 깨어난 나비는 마치 온기를 들이마시기라도 하듯 보라색과 노란색이 섞인 날개를 육감적으로 접었다 펼쳤다 하며 햇볕을 빨아들이고 있었다. 생체 시계와 봄의 온기가 나비를 깨운 것이다. 나비에게는 시간이 좀 더 빨리 흐를까? 나비의 겹눈은 나와 동일한 시간의 세계로 그 창문을 여는 것일까? 나비에게는 이 따스한 봄날 오후가 몇 년으로 늘어나는 것일까? 심지어 내게도 낮이 길어지는 봄날에는 시간이 느려지는 것 같다. 시간은 길처럼 구부러지고 또 뻗어 나간다. 우리는 시간이 화살처럼 똑바로 흐른다고 상상하지만 때로 시간은 시계 톱니바퀴처럼 한 바퀴를 돌아 제자리로 오는 것 같다. 내 정원에서 시간의 톱니바퀴는 퇴비 더미 위로 보랏빛, 황금빛 꽃을 피우는 사프란의 내밀한 톱니바퀴와 맞물린다.

현재라는 시간

시간의 흐름 속에서 지혜와 기억의 상징인 올빼미는 이제 기억의 한 자락이 되어버렸다. 우리가 만난 시점은 이제는 지나간, 오래전의 과거가 되었고, 매일 더 멀어지고 있다. 유일하게 변하지 않은 것이 있다면 우리의 만남을 기념하는 나의 작은 표지판, 울타리 기둥에 부착한 세 글자다. 비록 현재처럼 가까운 벗은 아니라 해도 기억 역시 시간의 물살을 견디며, 내 곁을 지키고 있다. 현재는 한 귀퉁이를 미래에 걸친 채 언제나 새로운 것에 자신을 열어간다. 19세기 미국 시인 존 휘티어John Greenleaf Whittier(1807~1892)[1]는 말했다.

현재, 현재는 그대가 가진 모든 것
그대의 확실한 소유로서
족장의 천사처럼 그것을 꼭 붙들라
그것이 축복을 줄 때까지.[2]

그는 구약에서 야곱 족장이 밤에 천사와 씨름한 것을 언급하고 있다. 내게 올빼미는 야곱의 천사와 같고, 내가 어둠 속에서 올빼미와 씨름을 했다고 말한다면 좀 과장된 면이 없지 않지만 우리의 만남은 무언가 경이로운 것을 주었다. 저 밖에 범상치 않은 존재가, 이국적인 야생의 존재가 세상 속에서 꿋꿋이 자기 길을 가고 있고, 별로 특별할 것도 없는 우리 동네가 그들 몇몇에게 잠시 보금자리가 되었다는 것을 알게 해주었다는 말이다.

하지만 올빼미의 방문은 내게 다른 것도 주었다. 그것은 유일무

1 미국의 저명한 퀘이커교도 시인으로 노예제 폐지를 강력히 옹호했다.

2 야곱이 형 에서를 속여 장자권을 빼앗고 안전을 위해 14년간 집을 떠나 살며 고생하다가 집으로 돌아가는 길에 압복의 강가에서 천사를 만나 씨름을 하며 축복을 주기 전에는 가지 못한다고 주장해 기어이 축복을 받아낸 일을 일컫는다.

이한 '지금'의 체험, 현재와 나의 관계를 재조율하는 같은 시공간 안의 종소리 또는 건반 키였다. 휘티어의 시는 본질적으로 이 순간, 우리가 실제로 소유한 유일한 시간을 장악하는 것에 관한 것이다. 우리가 시간과 씨름한 대가로 얻어내는 것은 '시간 낭비'하고는 전혀 다른 높은 생산성과 알아차림의 약속이다. 휘티어의 권고는 친숙한 것이긴 하나, 우리는 어쩔 수 없이 할 일을 미루곤 하는 몽상가들이라서 현재를 사는 것은 거의 불가능해 보이고, 그런 일은 직업과 가정, 자녀를 가진 사람들보다는 선승禪僧과 명상가들에게나 적합한 것으로 보인다. 새뮤얼 존슨Samuel Johnson(1709~1784)[3]은 〈라셀러스Rasselas〉에서 말했다. "어떤 마음도 현재에 별로 전념하지 않는다. 우리의 매 순간은 다 회상과 기대로 채워져 있다."

대부분의 사람들이 선승이 아니라는 것을 감안할 때 우리는 어떻게 현재를 포용하고 또 어떻게 현재의 포용을 받는가? 방법은 경우에 따라 다르다. 때로 현재는 고요하고 깨어 있는, 온전히 알아차릴 수 있는 권태로부터 부상한다. 우리가 조바심을 내거나 지루해할 때만큼 현재에 머무는 경우도 많지 않다. 때로 현재는 사랑을 나누는 순간에 우리를 기습한다……우리는 그 순간 외에 그 어떤 곳에도 존재하지 않는다.

프랑스인들은 오르가슴과 함께 오는 이런 시간을 초월한 행복을

3 영국 시인 겸 평론가. 'Talker Johnson'이라고도 불릴 만큼 담화의 명인이기도 한 그는 "런던에 싫증난 자는 인생에 싫증난 자다"라 했으며, 〈워싱턴 포스트〉는 지난 1,000년 동안 최고의 업적을 남긴 인물과 작품을 고를 때 그를 최고의 저자로 선정했다.

'작은 죽음La Petite Mort'이라고 부른다. 하지만 이런 체험은 비현실적이다. 우리는 어떻게 '지금'을 묘사할 수 있을까? 그것은 '그러고 나서'와 '그 다음'사이의 공간, 나이프와 포크 아래로 솜씨 좋게 잡아당긴 식탁보인가? 현재는 한순간 지속되는 것인가? 또는 1밀리초 동안 지속되는 것인가? 또는 그것은 우리가 조용히 앉아 거기에 집중할 때 어떠할 것이라고 이해하는 것에 불과한가?

* * *

달 없는 도시의 밤이다. 이웃집 식구들이 일터에서 돌아오는 부산한 소음도 이제는 잦아들었고 어둠이 고요히 내려앉았다. 머리 위로 높이 떠서 빠르게 움직이는 골이 진 새털구름은 저 아래 도시의 불빛을 받아 별들 사이로 미끄러지는 물고기 화석의 형광 엑스레이처럼 보였다. 서재의 창틀에는 오후 햇살의 온기가 아직 남아 있지만 태양은 오래전에 사라졌다. 현재는 왜 그렇게 빨리 사라지는 걸까? 끝없이 연속되는 것처럼 보이는 현재의 순간은 어떻게 존재할 수 있을까? 언뜻 보면 자명한 것처럼 보여도 '지금'은 겉보기와는 다르다.

'지금'의 형태

토론토에서 이 글을 쓰는 지금은 싸늘하고 구름 낀 3월 하순의 오후다. 서재 창문을 통해 보이는 특색 없는 하늘은 백랍빛 회색이고 잎새 없는 나뭇가지는 짙은 색의 산호처럼 보인다. 그 그림자는 검은 윤곽선이라기보다 희미한 얼룩처럼 보였다. 일주일 전 오늘은 봄이 공식적으로 시작되는 날이었고, 어제는 서서히 푸르름을 더해가는 잔디밭 위를 울새 두 마리가 활보하고 있었다. 하지만 오늘은 정말 봄날 같지 않다.

정오 무렵 눈이 조금 내렸다. 커다란 함박 눈송이들이 하도 느릿느릿 내려앉아 마치 대기가 눈을 유체로 만들어버리고, 우리 집은 대양의 밑바닥으로 가라앉아버린 듯했다. 엄지손톱만 한 수정구슬들이 몇 분 동안 하늘을 슬로모션 대홍수처럼 가득 채우더니 어느 순간 딱 멈추어버렸다. 마치 환각 체험을 한 듯이, 차고로 이어지는 정원의 벽돌 보행로 위에는 젖은 흔적만이 군데군데 남았다. 그리고 이젠 그 흔적마저 말라버렸다. 한 시간 후면 나는 옷을 갖추어 입고 결혼식에 가야 한다. 신부는 내 오랜 친구인데 재혼이다. 지금 이 순간 그녀는 무슨 생각을 할까? 그 생각을 하자 그녀가 내 버전의 '지금'으로 들어선 것 같다. 하지만 '지금'은 그보다 훨씬 크다. 그것은 전 지구를 포함한다. 지구를 반 바퀴 돌아가면 그곳은 아프리카 대륙으로 밤이고, 세렝게티 초원에서는 자칼이 이리저리 배회하며 야행성 사자에 대한 경계를 늦추지 않고 있다. 저 남반구 끝, 남극으로 가면 계절은 늦가을이고 태양은 수평선 위로 떠오르는 것을 멈추었다. 달에 얼마나 자주 작은 운석이 떨어지는지 아는 나는 지금 이 순간 완두콩만 한 운석이 시속 145,000킬로미터의 속도로 '비의 바다' 표면을 소리 없이 강타하리라는 것을 추측할 수 있다. 이 충격에서 발생하는 열이 달 표면의 흙을 약간 녹여서 번들거리는 검은 구덩이를 만든다. 이 모든 일이 '지금'이라는 거대함 속에서 일어난다.

그럼에도 불구하고 현재의 순간이 매우 짧다는 것을 우리가 안다는 것은 진실이다. 하도 짧아서 1차원이라고, 심지어 1차원 이하, 평면 이하라고도 말할 수 있으리라. 어거스틴 성자도 그렇게 생각했다. 그는 현재를 과거와 미래를 가르는 칼날에 비유했다. 그는 현재는 더 작은 부분으로 나눌 수 없으며, 시간상의 연장이 없으며, '지금'은 모든 차원을 다 떠나 있다고 말했다. 다시 말해서 지금에는 깊이도 없고, 상하도 없고, 다만 그저 존재할 뿐인 것이다. 우주 만물은 비교적 동일한 속도로 시간을 통과하며 움직인다. 분명 '사람들이 별로 가지 않은 길'이라는 말은 할 수 있지만 '사람들이 별로 통과하지 않은 시간'이라는 말은 없다. 그런 의미에서 시간은 우리 모두가 밀려서 통과해온 하나의 길 또는 터널이라 할 수 있다.

현재는 우리의 온 삶을 담기에는 턱없이 작은 곳으로 보이고, 그것이 우리가 가진 전부라고 말할 수도 있겠지만 동시에 그것은 우리 모두보다 훨씬 큰 존재다. '지금'은 우리가 보는 모든 것을 담는다. 실은 우리가 볼 수 있는 그 이상을 담는다. 현재의 순간은 거대하다. 그 크기를 가늠하는 일은 '지금'이 온 지구를 포괄한다는 사실에서 출발한다. 우리는 모두 대륙과 대양과 산맥을 담고 있는 동시적 순간에 참여하고 있다. 세계 곳곳의 지역 시간을 무시한 채 인터넷 작동을 24시간 단위의 하루로 통일 조정하자는 안건이 상정되어 있다. 이 제도가 채택되면 인터넷의 '지구 보편시'는 광속으로 지구 전체를 담는 지구의 '지금'과 매초마다 동일할 것이다.

'지금'의 크기와 속도

그럼에도 불구하고 '지금'은 또한 우리 지구를 넘어 확장된다. 그것은 광속으로 1.3초 거리에 있는 달까지 닿는다. 하지만 거리가 더 멀어지면, 즉 태양까지의 거리인 1억 5,000만 킬로미터가 되면 동시적 순간은 사라진다. 그것이 어떻게 가능한가? 우리는 태양 빛이 지구에 도달하는 데 8분이 걸린다는 것을 알고 있고, 상식적으로 생각할 때 그런 시간 간격을 단순히 보정하면 된다고 쉽게 설명할 수 있다. 예를 들면 지금 이 순간 태양에 거대한 홍염이 일어난다고 상상할 때 우리가 그 홍염을 보려면 8분이 걸리겠지만 우리는 신의 눈처럼 동시에 모든 것을 본다고 직관적으로 생각할 수 있다. 우리는 그 홍염이 '지금' 발생하고 있다는 것을 안다. 단지 즉시 보지 못할 뿐이다.

하지만 시간은 그렇게 운반 가능하지 않다. 비록 전우주를 포괄하는 하나의 현재가 있다는 직관적 생각이 우리에게 있다 해도, 아인슈타인 이후로 물리학자와 과학자들은 시간이 '지역적'이라는 것을 발견했다. 보편적 '지금'은 없다. 따라서 상대성 원리를 적용할 때 시간은 우주의 각 지역마다 다른 속도로 흐른다. 거리는 왜 이렇게 시간에 영향을 미치는가? 우주의 각 곳마다 시간을 다른 속도로 흐르게 하는 것은 무엇인가? 시간의 템포를 변화시키는 것은 무엇인가?

아인슈타인은 우리 여행 속도가 광속에 더 가까워질수록 시간은 더 느려진다는 것을 발견했다. 스티븐 스필버그의 영화 〈제3의 종과의 조우Close Encounters of the Third Kind〉에서 30년 전에 외계인에게 납치되었던 2차 대전 조종사들이 마침내 우주선을 탈출했을 때의 나이가 이전과 똑같았던 것도 그런 이유 때문이다. 그렇게 속도와 상대성은 시간에 영향을 미친다. 하지만 공간 역시 시간에 영향을 준다. 더 큰 우주 속에서 거리는 단지 다양한 지역의 '지금'을 분리시킨다. 별과 은하의 상대적 움직임, 그리고 빛이 우주를 가로지르는 데 걸리는 시간 덕분에 인간은 각자 자신만의 '지금'을 가진 일종의 시간 메들리를 이루고 있다. 뿐만 아니라 중력도 시간에 영향을 미친다. 커다란 항성이나 별의 경우, 시간은 수백 킬로미터 상공에서보다 지표면에서 더 느리게 흐른다. 우리는 이런 놀라운 사실을 조금 뒤에 다시 살펴볼 것이다. 지표 시간과 고지대 시간의 차이가 극적인 가능성을 품고 있기 때문이다.

궁극적으로 우주의 모든 곳은 상대성에 의해 격리된 시간적 고립

상태로 존재하는 것으로 보인다. 각 곳의 '지금'은 우주를 한꺼번에 포괄하는 동시적 우주의 순간을 통해 연결될 수 없다. 우주 모든 곳이 동의할 수 있는 유일한 우주적 동시성은 우주가 탄생한 순간 그들이 가졌던 시간적 거리다. 그 외에는 모든 지역이 홀로 있다. 하지만 이런 사실들은 우리가 체험하는 나날의 지구 현실에 비할 때 우회로나 추상에 가깝다. 비록 우리 항성이 시간대로 분할되어 있긴 하지만 사실상 시간은 한 순간 안에 존재한다. '지금'에 대한 우리의 정의는 우주와 아무런 관계가 없다. 적어도 아직까지는 그렇다.

현재와 같은 시간은 다시 없다

우주 내 시간이 순응적이고 유연하긴 해도 오직 현재만이 존재함을 우리는 모두 본능적으로 분명히 알고 있다. 우리는 미래로 가서 상황을 변화시킬 수도, 과거로 돌아가 무언가를 바꾸어놓을 수도 없다. 우리는 현재의 순간에 갇혀 있다. 비록 우리의 기억이 사실이라는 것을 알고 있다 해도, 현재의 관점에서 볼 때는 과거 역시 환각일 수 있다. 우린 절대 과거로 돌아갈 수가 없기 때문이다. 과거로 가는 문은 잠긴 채 저 먼 곳에 있다. 인류가 발명한 사진, 영화, 영상 기술은 과거를 좀 더 살아 있는 것으로 만들었지만, 우리가 벽에 걸린 사진이나 책상 위의 기념품 등의 물리적 증거들을 아무리 많이 모은다 해도 과거와 실제로 접할 수는 없다. 이것은 우리의 비극인 동시에 해방이다. 나는 올빼미를 보았던 그 밤으로 되돌아갈 수 없다. 그럼에도 불구하고 나는 절대로 어린 나를 처음으로 두려움에 떨게 만들었지만 한편으로는 마음을 설레게도 했던 최초의 폭풍우를 다시 겪지 않아도 된다. 실은 1초 전은 100년 전이라고도 할 수 있다. 우리는 얼마나 끝없이 재창조되는가! 또한 우리에게 미래는 불투명하다. 어떤 면에서 인간은 미래를 향해 뒷걸음질하면서 현재를 일종의 주변적 시각으로 보고 있는 존재라고도 할 수 있다.

20세기 철학자이자 비평가인 발터 벤야민Walter Benjamin(1892~1940)은 이런 이미지를 사용해 현재를, 자기 발밑에 역사의 모든 증거가 파편처럼 쌓이는 가운데 미래로 뒷걸음질 치는 천사에 비유했다. "천사는 여기 머물면서 죽은 자를 깨우고, 이미 부서진 것을 온전하게 해놓고 싶어 한다. 하지만 천국에서 폭풍이 몰아닥치고 있다. 그 거센 바람이 천사의 날개를 광포하게 휘감아 돌아 천사는 날개를 접을 수가 없다. 폭풍 때문에 그는 저항도 못한 채 등을 돌리고 있는 미래로 떠밀려가고, 그동안 그 앞에는 파편 조각이 계속 쌓여 하늘에 가 닿는다."

우리 역시 마찬가지다. 기차에서 뒤로 앉아 가는 승객처럼 우리는 단지 지나온 풍경만을 볼 수 있고 앞에 있는 것은 볼 수 없다. 시계와 달력은 시간을 재고 미래의 사건을 예상할 수 있게 해주지만, 다가오는 사건을 미리 사고할 수 있다는 잘못된 세계관을 주기도 한다. 마치 차를 운전하는 사람이 어떤 사물을 지나치기 오래전부터 볼 수 있었다는듯이, 우린 적어도 앞을 향하고 있다는 착각을 한다. 우리는 휴일이 오기도 전에 그것을 만끽할 수 있고, 달력 위에 표시해둔 날짜들(오찬, 졸업, 치과 예약)은 마치 컨베이어벨트 위에 놓인 물품처럼 우리를 향해 흘러오는 것처럼 보인다. 하지만 그것은 단지 우리의 시간 척도가 내면에 심어놓은 착각에 불과한 것이다. 우리는 미래가 예기치 않게 도래한다는 것을 너무도 잘 알고 있다.

하지만 우리의 집단적 현재 의식, 우리 모두가 동의하는 그 감각은 '지금'에 대한 우리의 사적인 감각과 같지 않다. 비록 남들이 미래에서 과거로 가는 시간의 흐름을 비교적 동일하게 체험하고, 동일한 동시성을 체험하리라는 것을 알고 있다 해도, 우리의 개인적 시간 감각은 고유한 것이다. 어쩌면 우리의 개인적 '지금' 안에서 실제로 과거와 미래를 가르며 사라지는 경계선을 포착해 시간을 자연력으로 체험할 수도 있을 것이다. 하지만 그것마저도 어렵다. 우리의 사적인 시간 체험은 '지금 이 순간'이, 절대 기다리는 법이 없는 '지금 이곳'이 얼마나 포착하기 어려운지 잘 알려준다.

현재는 과거를 밀리초 단위로 배출해내는, 회전하는 레코드판 위에 놓인 바늘 같다. 단지 이 경우에 바늘은 레코드판이 돌아가는 동안 또 레코드판을 만들고 있다는 것이 다르다. 그것은 모자에서 화려한 스카프를 끊임없이 뽑아내는 마법사처럼 진정한 마술이다. 하지만 이 마법사의 모자는 하도 작아서 눈에 보이지 않는다. '지금'에는 거의 아무것도 없다. 실은 '지금'은 하도 어렴풋해서 수학적 점에 가깝다고 할 수 있다. 그리고 현재는 거의 무한대로 분할 가능해 보인다. 우리는 환원 불가능한 순수한 '지금'을 찾는 허깨비 같은 추구를 통해 점점 더 작은 시간 단위를 측정한다. 미국의 수학자 데이비드 핑켈스타인David Ritz Finkelstein(1929~)[4]은, 마치 물질의 양자처럼, 궁극적으로 더 이상 쪼갤 수 없는 시간 단위인 '크로논'이, 그것을 넘어서는 더 이상 현재 순간을 쪼갤 수 없는 그런 상태가 존재하리라 추측했다. 하지만 이 지점에서 탐색은 끝이 없어 보인다. '지금'의 핵심은 과학이 파악할 수 있는 한계를 넘어선 곳에 있을 수 있다. 만약 그렇다면 그리고 시간이 끝없이 점점 더 작은 단위로 쪼개질 수 있다면 시간은 무한히 안으로 향해가고 있는 것이다! 무한을 1초 안에 체험하려면 우린 단지 의식을 가속하기만 하면 된다.

시간 접촉

'순간을 장악하라', '햇빛이 있을 때 건초를 만들어라' 등의 속담이 의미하듯 '지금 여기'처럼 좋은 시간은 없다. 하지만 좀 더 엄격한 문자적 의미에서 볼 때 '현재'라는 시간은 없다. '지금'은 우리가 작업해야 하는 전부이고 '지금'은 내가 시간을 접촉하고 그것을 새

---

4 조지아 공과대학의 물리학 명예교수. 논리학과 물리학의 관계를 연구했으며 역학 시스템은 '크로논'이라 불리는 시공의 양자에 의해 양자화된다고 제창했다. 일반 상대성 이론에도 기여했으며, 블랙홀의 이론적 가능성을 확립했다.

로이 체험할 수 있다고 생각했던 유일한 지점이다.

시간의 역설에 빠져들수록 나는 그 본질을 파악할 수 없다는 것을 더 알게 된다. 우리의 안과 밖에 있는 시간보다 우리에게 더 가까운 것은 없지만 그 시간을 어떻게 접할 수 있을까? 나는 시간의 흐름을 마치 원소를 체험하는 듯한 실험을 하기로 했다. 수맥을 찾는 풍수쟁이처럼 그 흐름을 느껴보기로 한 것이다. 나는 뜨락으로 나가 한순간에 최대한 집중을 하여 매 초마다 시간의 흐름을 느껴보려 했다. 나는 이 흐름을 어떻게 감지해야 하는지 몰랐다(심지어 무엇을 느껴야 하는 건지도 몰랐다). 하지만 나의 어떤 부분이라도 그것을 느낄 수 있으리라 생각하고 강렬한 의지로 집중했다.

물론 역사적으로도 그런 체험은 있었다. 미국의 저명한 심리학자인 윌리엄 제임스William James(1842~1910)[5]도 언젠가 유사한 시도를 했다. "누구든 현재 순간을 장악한다는 표현을 쓸 수는 없겠지만, 알아차리고 주의를 집중해보라. 아마도 삶에서 가장 불가사의한 체험을 하게 될 것이다. 이것, 이 현재는 어디 있는가? 그것은 우리의 이해 속에 녹아 있고 우리가 접하기도 전에 달아나며, 존재하는 순간 사라지고 만다." 현대미술의 아버지라는 평을 받고 있는 위대한 프랑스 화가 폴 세잔 역시 현재를 장악하고 체험해보려 했다. 그는

---

5 미국의 심리학자이자 프래그머티즘 철학의 확립자. 하버드 대학에서 의학 박사학위를 받은 후 심리학을 집중적으로 공부해 미국 대학 최초로 심리학 강의를 시작했고, 이후 하버드 대학에서 생리학과 철학 교수 등을 역임했다. 다양한 분야를 아우르며 연구한 지적 순례자로서 그의 사상은 현대 심리학·종교학·문학·철학에 큰 영향을 미쳤다.

이렇게 썼다. "지금 이 순간 시간의 한 점이 스쳐 지나가고 있다! 그 실체를 물감으로 포착하라! 그러려면 마음속에 있는 모든 것을 내보내야 한다. 우린 그 순간 자체가 되어야 한다……"

며칠간을 그렇게 실험했더니 무언가가 일어났다. 나는 순간을 체험했을 뿐만 아니라 시간 자체의 질감까지도 느꼈던 것이다.

시간 바람

나의 문밖 테라스 가장자리에는 잎이 넓은 상록 대나무가 몇 그루 자라고 있다. 위도가 꽤 높은 북쪽까지도 자랄 수 있는 일본 품종이다. 댓잎은 에메랄드빛으로 열대성이라서 진달래와 함께 이른 봄 내 뜨락에서 여름 잎새를 보여주는 유일한 나무다. 3월의 마지막 밤, 따스한 남쪽 바람이 불기 시작하자 나는 여름의 첫 숨결을 느껴보리라 마음먹고 밖으로 나갔다. 별이 총총했다. 마야 제국의 시간을 관리했던 역법의 항성인 목성은 남쪽 하늘 한가운데에서 밝게 빛나고 있었다. 산들바람이 댓잎을 사각거리며 지나갔고, 그 휘돌아가는 바람이 나의 살갗을 부드럽게 어루만져주었다.

그 순간 나는 바람이 내 살갗 깊숙이에서 불고 있음을, 나를 아주 부드럽게 통과해서 흐르고 있음을 느꼈다. 따스한 바람이 내 살갗을 쓸어내려가더니 근육과 뼈에 도달하고 나의 세포에까지 도달했다. 마치 바람이 그 모든 것들을 관통하는 것을 내가 다 느끼는 것 같았다. 그때 나는 바로 그것이 시간이라는 것을 깨달았다. 적어도 내게는 그랬다. 육신을 관통하는 바람, 실은 모든 물질을 다 관통하는 바람. 그런 깨달음이 찰나에 온 것처럼 육신의 느낌도 찰나에 사라졌다. 다시 한 번 시간의 손길 밖으로 추방되어 나는 산들바람에 서걱거리는 밤의 댓잎을 보고 있었다.

이후 나는 그것이 순전히 나만의 시간 체험이었는지, 아니면 내가 정말로 적어도 잠시 동안은 매우 심오한 체험, 시간에 대한 새롭고 본질적인 체험을 한 것인지 궁금해졌다. 며칠 후 나는 로렌스 D. H. Lawrence의 시 〈성공한 남자의 노래Song of a Man Who Has Come Through〉에서 "내가, 내가 아니야. 바람이 나를 통과하며 부는 거야"의 구절을 발견했다. 그랬다. 로렌스 역시 시간의 바람을 느꼈던 것이다. 나중에 시를 통해 우리도 배우겠지만, 그것은 일종의 비어 있는 바람, 거의 불길하긴 해도 궁극적으로는 감격적인 바람이었다. 그는 그 바람에 실려가고 싶었고, 시간의 새로운 방향이 되고 싶었다.

그 바람은 시간의 흐름이 내가 생각한 것보다 훨씬 더 공기와 같다는 것을 의미했다. 마치 극히 미세한 모래 폭풍이 불 때 모래가 스며들지 않는 것이 하나도 없는 것처럼, 시간은 강철과 콘크리트와 별들마저도 비어 있는 공간처럼 쉽사리 통과할 수 있음을 나는 깨달았다. 만물은 시간을 거르는 체이고 시간이 없는 곳은 없다. 시간을 못 들어오게 할 수도 없다. 천 톤의 콘크리트 벽 안에 강철 상자를 넣고 그 안에 다이아몬드를 채운다 해도, 시간은 여전히 망창을 통과하듯 쉽게 그 벽과 다이아몬드를 통과하여 불어갈 것이다.

시간의 비밀스러운 손길

내가 뜰에서 했던 것처럼 현재 순간을 명상하지 않고도, 비교적 단시간 동안에 일어나는 시간의 효과를 체험하는 방법이 있다. 만약 우리가 가장 잘 알고 있는 세상에 시간이 보이지 않게 미치는 작용을 목격할 수 있다면, 아마도 좀 더 밀접하게 시간을 알 수 있으리라. 1세기에 루크레티우스Titus Lucretius Carus는 말했다.

"누구도 시간 자체를 느끼지 못함을 우린 고백해야 한다./ 다만 사물의 비약이나 정지를 통해서만 시간을 알 뿐."

휴가를 다녀온 후 집에 있는 물건에 시간이 미친 영향을 아마 모두 느껴본 경험이 있을 것이다. 처음에는 모든 것이 확실히 이전과 동일하다. 의자와 탁자 가구들은 깨끗하고 두고 간 그대로 있으며, 쇼핑 목록을 적은 쪽지도 식탁 위에 그대로 놓여 있다. 냉장고는 평화롭게 윙윙거리고 있다. 커튼도 두고 간 그대로 닫혀 있다. 하지만 어떤 변화, 시간이 침투한 흔적이 있다. 그릇에 담긴 사과는 시들어 쭈글거린다. 욕실 세면대 위 유리잔에 담겼던 물은 완전히 증발해버렸고 잔 안쪽에 층층이 하얀 동그라미를 남겼다.

마치 어떤 존재가, 그 어떤 자물쇠나 보안장치도 막을 수 없는 무언가가 우리가 없는 동안 집 안에 들어와서는, 사물을 조금씩 변화시키며 미세한 작업을 한 것만 같다. 대부분 이전과 다름없어 보이나 실은 시간의 손끝이 스치지 않은 것은 하나도 없다. 나무 의자의 니스 칠은 좀 더 누레졌고, 냉장고 모터는 약간 더 닳았으며, 집의 지반도 알아차리지 못할 만큼 내려앉았다. 어떤 면에서 우리는 이전과 같은 집에 돌아온 게 아니다. 이곳을 다녀간 시간의 체가 원래 있던 물건들을 다 치우고는 약간 변형된 복제품을 들여놓은 것이다.

이렇게 하면 적어도 직관적으로는 시간을 관찰하는 일이 매우 쉬워 보일지 모른다. 그러나 여전히 시간을 파악하는 일은 어렵다. 시간은 모든 곳에 있고 집 안의 모든 것을 접하는 동시에 시간의 밖에서는 그 흐름을 반영하지 않는 것이 없을지라도, 그래도 여전히 시간은 형체가 없다. 루크레티우스처럼 우리는 그 행동의 결과만을 볼 수 있고, 시간 자체는 보지 못한다. 시간은 그 어떤 친밀성도 초월할 만큼 친밀한 존재지만 만질 수가 없다. 그것은 초원에 부는 바람 같다.

하지만 그 어떤 생물보다도 우리 인간은 시간의 흐름을 깊게 체험할 수 있다. 수천 년 동안 인류는 기술과 추상적 사고를 통해 삶이 계획되고 측정되는 연대적 문화와 시간의 제국을 건설했다. 우리는 삼라만상과 일을 관장하기 위해 시간을 재고 사용할 뿐만 아니라 오락과 예술을 위해서도 사용한다. 음악이나 영화 등 시간을 기반으로 하는 예술은 대체로 시간과 함께 또는 시간 안에서 춤을 춘다. 앞으로 더 이야기하겠지만 이 지구상에서 인류는 새로운 존재다. 즉 우리는 시간의 생물이지만 살아 있는 그 무엇과 전혀 다른 방식으로 시간 안에 존재한다. 우리보다 더 오래 사는 생명이 있을 수 있고, 우리보다 더 빠르게 말하는 생명도 있을 수 있지만, 인간만이 시간을 지배한다. 인간의 삶에 있어 시간은 올빼미에게 있어 공기와도 같으니, 우리가 혹시라도 날게 된다면 우린 시간을 관통해서 날아갈 것이다. 그런 까닭에 피츠제랄드Edward Fitzgerald(1809~1883)[6]는 《오마르 하이얌의 루바이야트》에서 말했다. "시간의 새에게는 갈 길이 조금밖에 남아 있지 않네./ 그런데 보라! 새는 이미 날고 있구나."

---

6 영국의 시인·번역가. 그가 1859년에 11세기 페르시아 시를 영역해 출간한 《오마르 하이얌의 루바이야트The Rubaiyat of Omar Khayyam》는 철저한 숙명론과 허무주의에 뿌리를 내리고 있으면서도 감상주의에 빠지지 않고 '오늘'의 중요성을 강조해 시인들의 공감을 얻었다.

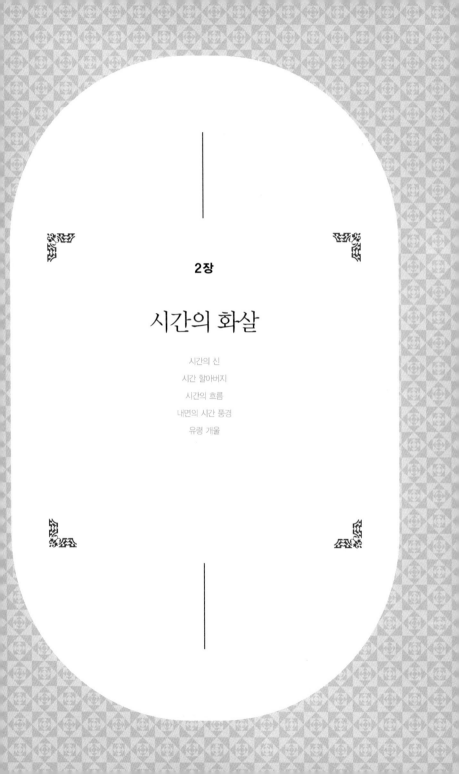

2장

시간의 화살

시간은 위대한 스승이긴 하지만, 불행히도
자신의 제자를 모조리 죽여버린다.

— 헥토르 베를리오즈 Hector Berlioz(1803~1869)*

* 프랑스의 유일한 후기낭만주의 교향곡 작곡가.
1830년 발표한 〈환상 교향곡〉으로
"표제 음악Program music"이라는 극적인
관현악곡 스타일을 창시했다.

2

나는 강수량을 양동이로 잰다. "양동이로 들이붓듯 억수로 쏟아진다"는 수사적 표현이 아니라 말 그대로 양동이로 잰다. 비가 내리면 나는 뒤편 계단 위의 작은 지붕에서 내려오는 빗물을 양철 양동이에 받는다. 그 물을 실내의 화분에 준다. 양동이가 반이 차면 비가 알맞게 내린 것이다. 가득 차면 억수로 내리는 큰비다. 지난 며칠간은 그 양동이를 열 번도 더 채울 수 있을 정도로 비가 내렸다.

4월 첫째 주에는 봄비에 더하여 큰비가 며칠이나 이어졌다. 밤이면 지붕 위로 장대비가 떨어지는 소리가 마치 열대지방의 우기 같았다. 앞뜰의 단풍나무 둥치에도 빗물이 타고 내려와 땅과 만나는 지점에서 포말이 일었다. 먹을거리를 사러 식품점으로 차를 몰고 갈 때면 빗물이 차를 세차장보다 더 깨끗이 닦아주었다. 한번은 집 앞의 도로에 물이 보도블록까지 차오르더니 이윽고 작은 운하를 이루어 서쪽으로 흘러갔다. 울새들이 익사한 지렁이들로 포식을 했고 비에 젖어 털이 꼬질꼬질해진 다람쥐들은 나뭇가지 위에 처량하게 앉아 있었다. 갈매기들이 동네에 쳐들어왔고, 어느 날 아침에는 들오리 울음소리도 들렸다. 매일 밤 지역 뉴스 시간에는 홍수로 고립된 차들과 허벅지까지 물이 찬 지하실에 의자가 둥둥 떠다니는 영상이 보였다.

어느 비 내리는 오후 나는 내 책을 출판하기로 한 출판사로 차를 몰았다. 모든 것이 빗물에 흠씬 젖어 있었다. 옥외 광고판에는 패션 모델의 이마 부분의 시트지가 떨어져서는 얼굴 위로 접혀버렸다. 아파트 건물의 콘크리트 벽에는 검은 줄무늬가 줄줄이 그어졌다. 차 안의 시계도 뿌옇게 흐려져 시간을 볼 수가 없었다. 손으로 문질러 보았으나 소용이 없었다. 수증기의 응축은 안에서 일어났고 시간 측정기가 작은 테라리움 정원으로 변해 있었던 것이다. 머리 위를 보니 구름도 더 아래로 내려앉아 마치 내리는 비가 구름까지 아래로 끌어내린 것 같았다. 출판사를 포함한 고층건물 지붕들은 구름 속으로 사라져버렸다. 축축한 지하 주차장에 주차를 한 후 나는 우산을 움켜쥐고 밖으로 나섰다.

온통 물 세상이었다. 지나가는 차가 모터보트처럼 튀기는 물세례가 보도 위로 차양처럼 뿌려지고 있었다. 사방에 펼쳐진 우산은 텐트 지붕처럼 번들거렸다. 혼잡한 보도 위에서 우산과 우산이 충돌했다. 공기는 후덥지근했고, 풍요한 습기 속에는 봄의 전율이 내밀하게 숨어 있었다. 출판사에 도착한 나는 로비에서 우산의 물기를 털고는 엘리베이터에 몸을 싣고 구름 속으로 올라갔다.

20층 창문에서 본 경관은 마치 두터운 구름 속을 나는 비행기를 타고 창밖을 보는 것 같았다. 특색 없는 청회색 하늘에 약간의 청녹색이 가미되었다. 시계를 본 나는, 안개 서린 차내 시계와 나를 현재에 붙잡아둔 작은 혼란들에도 불구하고, 정각에 도착했다는 사실에 놀랐다. 바깥세상은 폭우가 과거와 미래를 함께 휩쓸어가버린 듯했지만, 이곳 사무실 안은 다시 시간이 지배하고 있었다.

담당 직원이 안내한 회의실은, 밖의 안개 바다를 저지하는 대형 판유리창이 양쪽 벽에 설치된 방이었다. 도시의 소음과 극적 사건들은 저 아래서 숨을 죽였다. 모든 것이 무형이었고 정지했다. 한 시간 가까이 대화를 나눈 뒤 그녀는 나를 엘리베이터까지 배웅했다. 그녀 뒤로 보이는 창밖은 마침내 구름이 걷히기 시작하고 있었다. 엘리베이터 문이 닫혔고 나는 다시 빗속으로 내려왔다. 집으로 가는 길에 저녁에 무엇을 만들어 먹을까 하는 생각을 앞세우는 순간, 하늘을 온통 뒤덮는 섬광이 일더니 온세상이 짙은 형광빛 녹색으로 변했다. 번개였다. 올해 첫 폭풍이었다. 집 앞에 차를 세우는데 천둥이 울렸고, 거센 돌풍에 정원에 갓 피어난 수선화가 허리를 굽혔다. 제우스신이 마차를 타고 분주히 구름 사이를 누비고 있었다.

시간의 신

시간은 현대의 발명품이다. 우리는 분分, 월月, 년年 속에서 살아가면서 마치 시간이 편안한 옷이라도 되는 양, 시간을 당연시한다. 하지만 시계가 등장하기 이전에도 시간은 존재했고, 그 시절 시간의 가장 놀라운 특성은 정확히 '측정할 수 있다'는 것이 아니라 '흐른다'는 것이었다. 영원 속에 머무는 것이 아니라 무자비하게 한쪽 방향으로만 흐르는 것이었다. 이런 일방향성은 시간의 잔혹성이고, 우리가 내려설 수 없는, 움직이는 보도步道다. 하지만 신들은 그것이 축복인 동시에 비극이라는 것을 이해하고 있었다.

크로노스를 제외하고는 그리스 신화의 초기 신들 중 누구도 시간을 지배하지 못했다. 심지어 크로노스의 아들이며 가장 강력한 신인 제우스마저도 시간을 되돌려놓을 수는 없었다. 역사적으로 고전학자들마다 해석이 다르긴 하지만 크로노스(로마신화에서는 새턴)는 시간의 신으로 대중에게 알려졌다. 크로노스의 불같은 성미와 당연히 모든 것을 자신이 지배해야 한다는 생각은 아들에게도 유전되어 제우스도 빈번히 분노를 표출하면서 때로 지상에 벼락을 때렸다.

크로노스는 그리스 신화에 매우 일찍 등장한다. 그는 최초의 신들인 천신天神 우라노스와 지신地神 가이아 사이에서 태어났다. 자식들에게 권력을 찬탈당할 것을 죽도록 두려워했던 우라노스는 크로노스를 비롯한 자식들을 아내 가이아의 자궁에 가두어 두었지만, 가이아는 남편 몰래 크로노스의 손에 날카로운 낫을 쥐어준다. 신화의 완곡한 표현대로 다음 번 우라노스가 '가까이 왔을 때(즉 오르가슴에 이르렀을 때)' 크로노스는 낫으로 부친을 거세했다. 우라노스의 상처에서 흘러나온 피가 거인들과 복수의 여신들이 되었고, 바다로 떨어진 그의 페니스는 다시 생명력을 얻어 결국에는 사랑과 미의 여신인 아프로디테(비너스)가 되었다.

크로노스가 낫으로 제거한 것은 불사의 존재만이 사는 목가적인 영원의 세상, 즉 시간의 에덴이었고, 이후 시간이 지배하는 냉혹한 세상이 우라노스의 거세된 상처에서 뿜어져 나온 피처럼 흘러나왔던 것이다. 나는 이 사건이 과거에서 미래로 흘러가는 돌이킬 수 없는 시간의 시작이라고 생각한다. 플루타크는 이렇게 말했다. "강물이 흐르듯 시간이 세상으로 흘러들어가는 그곳에 영원의 세상이 있다." 시간의 화살이 시위를 떠났던 것이다.

크로노스는 결혼을 해 다섯 명의 자녀를 두었다. 그도 자신이 아버지를 제압했던 것처럼 자식들에게 타도되리라는 예언이 있었기 때문에, 아이를 낳자마자 삼켜버렸다. 하지만 가이아가 그랬듯이 레아 역시 꾀를 써서 남편을 속였다. 그녀는 남편에게 새로 태어난 아기 제우스를 대신해 돌을 주었는데, 그렇게 해서 그녀는 그 아이 한 명만은 살릴 수 있었다.

크로노스가 자식을 먹어치우는 행위를 시간에 관한 비유로 해석하는 사람도 있다. 시간은 아버지처럼 인간을 존재하게 해주지만 결국에는 인간보다 더 오래 살며 인간을 파괴한다는 것이다. 오비디우스Publius Ovidius Naso(기원전 43년~기원후 17년)[1]는 〈변신이야기〉에서 이렇게 말했다. "시간은 만물을 먹어치운다." 수많은 예술가들이 시대를 막론하고 이 식인 주제를 즐겨 다루었지만 고야Francisco Goya(1746~1828)만큼 이것을 사실적으로 그린 사람도 드물다.

1823년 완성되어 마드리드의 프라도 박물관에 걸려 있는 고야의 유명한 그림이 있다. 제목이 '아들을 잡아먹는 새턴Saturn Devouring One of His Sons'인 이 작품은 마드리드에 있었던 고야의 자택 실내를 장식했던 '검은 그림들black paintings'[2] 중 하나다. 그림은 사실에 충실하며 섬뜩하다. 악몽 같은 검은색 배경 위에 시간의 아버지가 알몸으로 눈을 부라린 채 어린 아들을 잡아먹고 있다. 힘센 두 손에는 유혈이 낭자한 머리 없는 아기 시체가 들려 있고 이빨은 팔을 물어뜯고 있다. 고야가 이 섬칫한 그림을 걸어둔 곳은 역설적이게도 식당이었다고 한다.

어떤 면으로는 고야의 이런 해석은 시간의 특성을 유혈성으로 정의하는 좀 더 최근의 전통에 속하는 것이다. 올더스 헉슬리Aldous Huxley는 〈계절들Seasons〉에서 이렇게 말했다. "세상의 피, 시간은 그침 없이 흐르네. / 그 상처는 치명적인 나의 것이네." 크로노스의

---

1 로마시대의 시인. 이탈리아 중부지방의 부유한 기사 가문에서 태어나 이야기 시 형식으로 엮은 필생의 대작 〈변신이야기Metamorphoses〉를 완성했다.
2 고야가 만년에 자택의 벽면을 장식하기 위해 그린 열네 편의 그림으로서 어둡고 기괴하며 인간의 어두운 면을 가장 잘 부각한 작품 중 하나로 여겨진다. 당시 그는 부귀영화를 모두 잃고 망명자처럼 살고 있었고, 투병 중이었으며, 작품 때문에 종교재판까지 받은 상황이었다고 한다.

아버지 우라노스처럼 우리는 죽음의 상처에서 시간의 피를 흘린다. 크로노스의 자녀들처럼 우리는 제물로 바쳐진다. 시간은 또 창조한 것을 파괴한다. 하지만 본래의 그리스 신화는 그보다는 덜 본능적인 당대의 철학적 관점과 우열을 다투었다. 20세기 철학자인 버트런트 러셀Bertrand Russell도 이 고대 신화에 대해 좀 더 낙관적인 시각을 피력했다. 그는 〈자유인의 신앙과 기타 에세이A Free Man's Worship and Other Essays〉에서 플루타크와 유사한 견해를 펼쳤다. "내 생각에 세상의 참모습은, 시간이 만물을 삼키는 폭군이라고 여기는 관점보다는, 외부의 영원한 세상에서 만물이 시간의 흐름 안으로 들어오는 이미지에서 얻어진다."

러셀은 과거와 미래가 혼합되는 현대 물리학자들의 '시간 풍경timescape'이 보여주는 명상적 정적을 이미 예견하고 있던 것이다. 하지만 시간의 화살은 여전히 우리 일상생활을 지배하고, 과거는 매초 시간의 등을 떠미는 것만 같다.

매일 나는 현재를 소모하는 것—커피를 마시며 음미하는 것—과 포학한 시간에 소모되는 것 사이를 중재한다. 시간은 나를 삼켜버리지는 않지만, 조금씩 갉아먹는다. 시간은 말한다. "5분 후면 너는 강의에 지각을 할 것이고, 학생들을 기다리게 만들 거다." 우리는 이렇게 하루 종일 시간과 시시덕거리고 시간과 말다툼한다. 앤드류 마블Andrew Marvell(1621~1678; 영국 시인)은 이렇게 말했다. "등 뒤에서 언제나 들리는 소리/ 시간의 날개 달린 전차가 다가오는 소리." 자동차 문이 쾅 닫히며 잠기는 소리가 나는 순간 키가 꽂힌 채

엔진이 돌아가고 있음을 깨닫거나, 매우 사적인 이메일에 '보내기' 버튼을 잘못 누르거나 하는 순간, 우리의 행동은 이미 과거 속으로 미끄러져 들어간다. 이제 그것은 역사의 소유물이 되었다.

하지만 크로노스는 계속 살아간다. 그는 현대의 시간 할아버지의 기원이 될 뿐 아니라 '시계학horology'이라는 영어 단어도 그에게서 파생되었다. 그리스인들은 크로노스를 '시각hour'을 의미하는 'Horae'의 아버지로 여겼다. 또한 인간의 삶에서 가장 중요한 두 가지(세상과 마음)를 주재하는 크로노스를 전능하다고 생각했다. 그는 생명을 존재하게 했고, 늙어 사라지게도 만들었다. 게다가 그는 지성도 관장했다. 어쨌든 시간의 질서 있는 흐름이 없다면 무엇을 배우거나 이룰 수 있단 말인가? '전'과 '후', 원인과 결과가 없을 때 우리의 정신세계는 무의미 속으로 해체되고 만다.

궁극적으로 크로노스는 아들의 분노에 희생된 것이 아니다. 그리스인들은 크로노스가 두 가지 형태로 존재한다고 생각했는데, 그 절대적 형태는 영원이었고 상대적 형태는 시간이었다. 그는 유한한 시간 바깥 쪽에 언제나 한쪽 다리를 걸치고 있었던 것이다. 아마도 그래서 그는 제우스의 마지막 복수를 피하여, 과거 · 현재 · 미래의 카드를 뒤섞어버리고는 이탈리아로 망명하여 로마의 신 새턴으로 살아갔던 것 같다. 궁극적으로 그는 신비로운 신이었다. 그의 세상은 물리적으로 존재하지 않았다. 다만 그의 행동만이 보였을 뿐, 그는 우리에게 보이지도 들리지도 않았다. 셰익스피어는 〈끝이 좋으면 다 좋다All's Well That Ends Well〉에서 이렇게 말했다. "들리지도 않고 소리도 없는 시간의 발자국."

1,000여 년 동안 우라노스의 아들이며 제우스의 아버지인 크로노스Cronos는 시간을 의인화한 신 크로노스Chronos와 자주 합성이 되곤 했다. 하지만 의인화된 존재 크로노스는 신이라기보다는 관념이다. 그의 이름은 시간에 관련된 많은 단어들, '연대학chronology', '연대기chronicle', '동시에 발생하는synchronous' 같은 말의 어근이 되었다. 실은 시간을 측정하기 위해 우리가 사용하는 모든 기계에는 다 그의 이름이 보전되어 있으니, GPS가 발명되기 전에 바다를 항해하는 선박이 육분의六分儀와 함께 사용했던 시계인 '크로노미터'가 그 예다. 로마의 조각상과 회화에서 노쇠하고 낫을 휘두르는 모습으로 묘사되는 새턴 역시 현재까지 살아남아, 신문의 풍자만화에 등장하거나 새해에 관련된 조상 중에서도 조금은 우스꽝스러운 시간 할아버지로 묘사되고 있다.

시간 할아버지

그는 길고 흰 수염을 기르고 있고, 직업상 필요한 도구인 낫과 모래시계를 항상 지니고 있다. 낫은 풍성한 시간(죽음과 연관)을 추수하는 것을 상징하는 반면 모래시계는 시간의 끊임없는 흐름(그리고 우리에게 남은 시간이 얼마나 적은지)을 상징한다. 시간 할아버지의 낫과 죽음과의 관련성은 역시 낫을 휘둘렀던 인물인 '죽음의 신'[3]에서도 나타난다. 때로 모래시계를 지니기도 하는 죽음의 신은 좀 더 자비로운 시간 할아버지의 해골 버전이라 할 수 있다. 로마에서 농업의 신 새턴으로 환생한 것을 반영해볼 때 시간 할아버지의 낫은 계절이 차고 기우는 것 그리고 곡식을 심고 거두는 주기를 상징한다. 낫의 형상을 초승달과 연관시키는 사람들도 있다. 또는 낫이 크로노스가 아버지의 페니스를 자르는 데 사용한 돌낫을 상징한다고도 한다.

시간 할아버지의 연륜은 과거에는 시간이 가져오는 지혜와 시간의 헤아릴 수 없는 깊이를 상징했다. 그런데 현대에 들어와서 그는 약간 우스꽝스러운 시대착오적인 존재가 된 것 같다. 언제부턴가 신문 풍자만화가가 그를 '가는 해'의 상징으로 묘사하기 시작했고, 이후 그의 모습은 연말에 고정으로 등장하는 인물이 되었다. 새해를 그린 만화에서 가는 해는 오는 해를 상징하는 기저귀 찬 아기에게 권력을 빼앗긴 채 조롱을 당하며 과거 속으로 구부정한 등을 보이며 사라지고 있다. 시간 할아버지를 경외하던 고전적 이미지는 사라져버렸다. 현대에 환생한 크로노스의 이런 모습은 인간에 대한 크로노스의 지배력이 감소했다는 믿음을 반영할 수도 있다. 그의 시대착오적 연장인 낫과 모래시계 역시 이미 벌채 기계와 원자시계에게 권력을 빼앗겨버렸다.

---

3 죽음을 의인화한 이름. 무자비하게 우리 생명을 거두어간다는 의미에서 붙여진 이름이며, 수의를 걸치고 손에 낫scythe을 든 해골로 묘사된다.

시간의 흐름

우리 옆집에 사는 나이 든 포르투갈 남자는 집 마당 기둥에 닭 모양의 풍향계를 달아놓았다. 부인과 함께 수년간 여기에 살고 있는 그는 계절에 맞추어 과실수와 채소밭을 가꾸면서 대지와 절기에 조화를 이루고 있다. 농부들에게 으레 그렇듯 그에게도 날씨는 중요하고, 화살 모양의 풍향계는 그에게 바람의 방향을 알려 미리 경고를 해준다. 동풍은 늘 비를 예고한다. 지난 주 내내 호우가 내리는 동안 화살은 동쪽을 가리켰다. 나는 그 풍향계를 현재 시간이 정지된 화살표로, 시간의 바람이 그 몸통을 지날 때 미래를 향하고 있는 화살표로 생각하는 것이 즐겁다. 나는 화살의 대를 떼어내고, 그것이 마치 제논의 화살처럼 공중에 떠 있다고 상상하곤 한다.

* * *

엘레아의 제논Zeno of Elea(기원전 490~430경)[4]은 기원전 488년 이탈리아 남부의 그리스 식민지인 마그나 그라에시아에서 태어났다. 철학자 파르메니데스가 그를 입양해서 키웠다. 제논 역시 성년이 되자

---

4 엘레아학파의 파르메니데스Parmenides의 제자로 '운동 불가능론'을 주장했다. 아리스토텔레스가 변증법의 창시자라 일컬을 정도로 많은 역설을 만들어냈다. 플라톤 등은 그의 교묘하고 치밀한 변증을 '투쟁에서 유래한 논쟁'이라 불렀다. 철학자 디오게네스는 그를 '파르메니데스의 제자요 정부'라 불렀지만 오늘날의 동성애 개념은 아니었다고 한다.

철학자가 되어 플라톤과 함께 아테네로 가서 자신만의 엘레아학파를 설립했다. 제자 중에는 소크라테스와 페리클레스가 있다. 그는 '제논의 화살'이라 알려져 있는 유명한 패러독스를 창안해냈다. 이것은 운동에 관한 패러독스로서 창공을 나는 화살을 비유로 사용했다. 이 패러독스에 대한 해석 중 하나는 표적을 향해 쏜 화살은 절대 표적에 도달하지 못하리라는 것이다. 최초의 해석에 의하면 나는 화살이 표적까지의 거리의 절반에 도달했을 때 화살은 여전히 남아 있는 거리를 날아야만 한다. 남아 있는 거리를 반으로 나누면 화살은 다시 그 거리만큼 날아갈 것이다. 하지만 표적까지의 거리를 이렇게 계속 점점 더 작은 거리로 반분한다면 어떻게 될까? 남은 거리를 무한히 반분해야 하고 그렇다면 화살은 절대 표적에 닿을 수 없다고 제논은 선언한다. 무한히 반분할 수 있는 거리를 항상 날아야 하기 때문이다.

제논의 패러독스에 대한 또 다른 해석은 좀 더 섬세하지만 결국에는 우리에게 유사한 딜레마를 안겨준다. 현대 철학자 루틀리지 N. A. Routledge는 설명한다. "모든 것이 자신과 동일한 크기의 공간을 점유할 때 단지 정지하거나 움직이거나 둘 중 하나만을 행한다면, 움직인 물체는 순간 속에 존재하는 반면, 움직이는 화살은 움직이지 않았다고 제논은 말한다." 이것은 정신 훈련에 가깝다고 생각된다. 패러독스의 최초 버전은 시간이 무한히 분할 가능하다는 데 의존하고 있고, 두 번째 버전은 시간에는 고정된 '순간들'이나 '지금들'이 있다는 데 의존한다. 둘 다 매우 추상적이다. 화살이 결국에는 표적에 닿으리라는 것을 우린 알고 있다. 하지만 제논의 말은 일리가 있다. 그는 상식이 논리에 의해 얼마나 혼동될 수 있는지를 보여주려 했고, 그 패러독스는 두 가지 질문을 이끌어낸다. 공간은 무한히 분할 가능한가? 그리고 시간 역시 무한히 분할 가능한가? 우리는 물리학자가 시간을 점점 더 작은, 측정 가능한 단위로 나누는 것을 알고 있고, 그런 면에서 시간은 무한히 분할 가능할 수도 있다. 제논은 또한 시간이 무한히 분할 가능하지 않다면, 만약 데이비드 핑켈스타인David Finkelstein의 '크로논'처럼 측정 가능한 단위들이 연이어 연결되어 있는 것이라면, 화살은 그런 순간들 안에서 일시적으로 동결되었을 때 전혀 움직이지 않는다고 말할 수 있는 것이라고 했다.

* * *

분명 제논의 화살은 시간의 화살이 아니지만 어떤 중요한 의미로는 이 두 개의 화살은 하나이며 동일하다. 이들은 둘 다 시간의 본질을 반영하는 것이다. 하지만 시간은 나침반이나 풍향계로 표시되지 않은 방향, 상하도 전후도 아닌 하나의 방향에서 불어오는 바람이다. 실은 오스트레일리아의 이론 물리학자이며 과학 작가인 폴 데이비스Paul Davies(1946~)에 의하면 시간이 강물처럼 흐른다는 우리 인식은 잘못된 것이라고 한다. 시간은 그저 존재한다. 저서《시간에 관하여About Time》에서 그는 현대 물리학자들이 우주를 모든 시간—과거·현재·미래—이 동시에 존재하는 사차원의 시간 풍경으로 보고 있다고 설명한다. 그런 데이비스조차도 시간을 연구하는 물리학자들이 이런 관점에 명백한 편향성을 본다는 것을 인정해야만 했는데, 물리학자들은 그것을 '시간축에서 과거와 미래 방향 간의 현저한 불균형'이라 지칭한다고 했다. 다시 말해서 시간을 여행하는 물체는 미래에서 과거로는 움직일 수 없어 보인다는 것이다. 슬프지만 일상 언어를 사용한다면, 지난 일은 지난 일일 뿐이다.

이런 '불균형'은 유한한 우주 안에서 무질서가 증가한다고 예고하는 열역학 제2법칙에서도 분명히 드러난다. 깨어진 와인 잔은 다시 붙일 수 없다. 한번 받은 주차 위반 통지서는 취소될 수 없다(실은 현시대의 주차 단속원은 시간의 관료적인 선형성의 화신인지도 모른다). 게다가 물리학자의 추상적, 이론적 개념과는 상관없이 우리 삶은 시간의 화살이 나는 방향에 따라 완전히 지배된다. 그리고 우리 모두에게 시간의 바람은 단지 한 방향으로만 분다.

시간의 흐름을 액체로 표현한 과학자와 철학자도 있다. 러시아 물리학자 이고르 노비코프Igor Dmitrievich Novikov(1849~1912)는 자신의 저서 《시간의 강The River of Time》이 '인간은 같은 강물을 두 번 건널 수 없다'는 헤라클리투스Heraclitus의 유명한 격언을 상기하는 뜻에서 저술된 것이라고 말했다. 시간은 물처럼, 며칠 전 우리 집 앞길에 잠시 펼쳐졌던 그런 강처럼 흘러간다. 로마 황제 마르쿠스 아우렐리우스Marcus Aurelius는 저서 《명상록Meditations》에서 말했다. "시간은 사건들로 이루어진 강물이고 그 물살은 거세다. 무언가가 나타나는 순간 휩쓸려가버리고, 곧이어 다른 것이 그 자리에 도래한다. 그리고 또 순간 휩쓸려간다." 영국 시인 매튜 아놀드Matthew Arnold(1822~1888)는 저서 《미래The Future》에서 이런 아우렐리우스의 정서에 공감을 표명했다.

방랑자로 태어난 인간
시간의 강가에 놓인
배 안에서 태어났지.

물리학자가 되어 시간을 본다면 어떨까? 물리학자는 시간을 바다로 이해한다고 보면 적절할 것이다. 인간을 비롯한 우주 만물은 이 액상 매체 위에서 부유하거나 표류한다. 과거·현재·미래는 그저 표류 중인 해류에 불과하다.

작가들 역시 독자적으로 시간과 바다의 유사성을 발견했다. 미국의 소설가 조이스 캐롤 오츠Joyce Carol Oates(1938~)는 소설 〈마리아Marya〉에서 말했다. "시간은 우리가 존재하는 원소이다……우리는 그에 의해 떠내려가거나, 또는 그 속에서 빠져 죽을 뿐이다." 오스트레일리아 소설가 팀 윈튼Tim Winton(1960~)은 최근 출판한 이야기 모음집 《회전The Turning》에서 시간의 범상치 않은 물리적 양상을 묘사했다. "시간은 두드릴 때마다 짤깍하면서 켜지는 무언가가 아니다. 시간은 파도처럼 갔다가 되돌아오고 물처럼 포개진다. 시간은 먼지처럼 펄럭이다 떨어지고, 일어났다가 소용돌이치며 제자리로 떨어진다. 파도가 부서질 때 물은 움직이지 않는다. 큰 파도 자체는 먼 거리를 움직였지만, 단지 에너지만 이동될 뿐 물은 움직이지 않는다. 아마도 시간이 우리를 통해 움직이는 것이지, 우리가 시간을 통해 움직이는 것은 아닐 것이다……. 과거는 우리의 뒤에 있는 것이 아니라 우리 안에 있다. 따라서 우리에게 완전히 끝나는 일이란 절대로 없다."

내면의 시간 풍경

완전히 끝나는 일이란 절대 없다. 우리는 각자 자신만의 사적인 시간 풍경 안에 존재하고, 그 시간 풍경 안에서 과거는 우리를 통과해 굽이치며 흘러가는 것이 아닐까? 때로는 그 소리 없는 흐름이 우리 눈에 보이지도 느껴지지도 않는다. 때로는 우리 삶에 생기를 불어넣어주는 이 숨어 있는 흐름이 느껴진다.

이틀 전 퍼붓던 비가 잠시 멈춘 적이 있다. 구름 사이로 햇살이 환하게 쏟아졌고 나는 아침 식사 후 커피 한 잔을 들고 뜨락에 나앉았다. 명상의 순간이었다. 뜨락을 바라보던 나의 눈이 내면으로 향했다. 마음은 과거·현재·미래를 종횡무진 옮겨 다니고 있었다. 천천히 커피를 음미하며 댓잎을 바라보던 내게, 몇 년 전 휴가 여행을 갔을 때 보았던 눈부신 햇빛 속에서 초록 비닐처럼 반짝이던 야자수 이파리가 겹쳐졌다. 그때였다. 전화벨이 울리는 순간 나는 현재로 돌아왔다. 친구였다. 그녀는 주말에 디너파티를 한다며 올 수 있느냐고 물었다. 나는 안으로 들어가 스케줄을 확인해보고는 좋다고 대답했다. 토스터 오븐의 종료 벨 소리에 대화가 중단되었다. 10분 전 데우려고 넣어놓은 크루아상이 이제 알맞게 따끈해졌다. 나의 타임캡슐처럼. 나는 한 템포도 놓치지 않고 과거에서 현재로, 그리고 미래로 갔다가 다시 현재로 돌아왔다. 적어도 내 마음속에서는 나만의 시간 풍경 안에서는 어디든 내 의지대로 갈 수 있을 만큼 자유로웠다.

우리를 지금과 같은 생물로 만든 것은 이렇게 마음속에서 시간 여행을 가능하게 한 능력이다. 이런 능력이 없다면 예술도 꿈도 없고, 도시도 건물도 없을 것이다. 우리가 이룩한 모든 것은 우리가 바라는 미래 속에서, 상상 속의 세트에서 시작된 것이다. 파르테논 신전도 한때는 페리클레스의 상상 속에 어렴풋이 존재했었다. 하지만 동시에 우리 인류는 거대한 역사와 그보다 훨씬 더 거대한 선사先史의 상속자이다. 이 역사가 우리의 '지금'을 건축할 기본 자료와 원형들을 제공해주었다. 역사는 현재가 딛고 서 있는 초석인 것이다.

유령 개울

오래간만에 해가 나오자 비의 정령들이 깜짝 놀라 지구를 떠난 모양이다. 랭보의 표현대로 '대홍수 이후Après le déluge'[5]다. 뜨거운 4월의 햇살 아래 젖은 풀밭과 포장도로와 정원과 집들에서 김이 모락모락 나고 있다. 나는 이 장관을 보려고 집 밖으로 나왔다. 안개가 휘돌아가며 지붕 위로 권태롭게 솟아오르더니 창공으로 사라졌다. 나뭇가지에는 안개 몇 자락이 성긴 목화솜처럼 걸려 있었다. 깊은 정적은 작은 소음조차 증폭시켜 홈통에 넘쳐흐르는 물소리, 누군가의 뜰에서 지저귀는 철새 소리도 큰 소리로 들리게 했다. 가볍고 얇은 안개 기둥 사이로 햇살이 성당 유리창으로 쏟아져 들어오듯 그렇게 쏟아져내렸다.

길 건너에는 조지가 하얀 물막이 판자로 지은 자기 집 앞에서 뜰을 바라보며 조각상처럼 서 있었다. 나는 그가 이미 완벽한 잔디를 다시 손보거나 노간주나무 덤불을 쳐내면서 거기 있는 모습을 자주 보았었다. 1년쯤 전인가 우린 잠시 이야기를 나눈 적이 있는데 그는 이 주변 세 블록 내에서 평생을 살았다고 말했다. 조지는 길을 하나 건너면 있는 집에서 80여 년 전에 태어나서는 거의 한 세기를 근처의 여러 아파트와 주택에서 살아왔다. 비록 아직 강건하고 허리도 굽지 않았지만 시간은 조지라는 인물 안에 응결되어 있다.

내가 소리쳐 인사를 건네자 조지는 손을 흔들더니 길을 건너서 내 쪽으로 걸어왔다. 그는 푸른색 나일론 점퍼와 야구모자를 착용

<hr />

5 프랑스의 천재시인 랭보의 산문 시집 《일뤼미나시옹Illuminations》에 수록된 작품으로 '불길함'을 나타내는 정체된 '물'은 초록빛 바다에서 '생명력'을 얻게 된다. 랭보는 대홍수 속에서 태초와 종말의 이미지, 천국과 지옥의 이미지, 시공간의 파괴를 보았다.

하고 있었다. 검게 그을린 피부에 흰머리를 짧게 커트한 그는 고급 골프장의 정원사처럼 보였다. 우리는 함께 수증기가 올라가는 것을 바라보며 최근의 호우에 대해 이야기를 나누었다. 조지는 우리 집 지하실에 물이 들어왔느냐고 물었고, 나는 다행히도 우리 집 지하실은 뽀송뽀송하다고 말해주었다. 그는 자기 옆 집과 우리 집에서 한 집 건너에 있는 집에도 지하실에 물이 들었다고 했다. "지난 몇 년간 지하실에 물이 들었다는 집을 살펴보니 모두 구불구불한 선으로 연결되더군요." 그는 손으로 구불구불한 모양을 그렸다. "예전에 이 동네에 처음 집을 지을 때 개울을 메웠었는데 아마 그 개울이 있던 자릴 겁니다."

이야기를 좀 더 나누다가 그는 자기집 잔디밭으로 돌아가고, 나는 우리 집 옆으로 돌아 뒷마당으로 갔다. 오후도 중반으로 접어들었고 안개로 둘러싸인 나의 잔디밭은 햇살을 받아 에메랄드빛으로 빛나고 있었다. 동쪽에 있는 이웃집 뜰을 내려다보니 나뭇가지에 돋은 움이 막 팽창하기 시작했다. 120년 전 이곳에 집이 한 채도 없었을 때는 어떤 모습이었을까 상상해보았다. 나는 그 작은 개울에 빗물이 불어 수위가 높아지고 초록빛 애기부들과 버드나무와 삼목이 개울둑을 따라 늘어서서 자라나는 모습을 상상했다. 커다란 푸른 왜가리가 얕은 개울물 위에 긴 다리를 딛고 서 있는 모습도.

절벽이나 계곡에 비할 때 강은 좀 더 살아 있다고 할 수 있다. 강은 움직이고 변화하고 적응한다. 조지가 해준 말을 곰곰이 생각해보면 수백 년간 매립되었던 강조차 여전히 영혼을 지닌 것 같다. 물

분자가 주욱 연결되어 가늘고 고집스런 줄기를 이루고 이것이 계속 호수를 향해 흘러가는 것이다. 지금 여기 현재에서 그 사라진 이름 없는 개울은 지하를 떠도는 유령 개울에 가깝다고 할 수 있다. 그 것은 우리가 인식하지 못할 때도 소리 없이 우리 삶을 통과해 흘러 가는 과거의 시간과 같다. 개울이 존재한다는 단 하나의 증거는 물 이 차는 지하실들이다. 우리 집은 아마도 지금은 사라진 개울의 강 둑 근처에 있었던 듯싶다.

나는 개울을 부활시킬 방법을 생각하기 시작했다. 이웃집에 세계 최초의 매몰 개울 복구 프로젝트에 참여하라고 안내장을 돌리면 어떨까? 설득 방법도 생각해보았다. 우선 지하실에 물이 차는 집부 터 표적으로 삼아야 한다. 우리가 개울과 싸우지 말고 물이 흘러갈 길을 터주면, 그래서 개울의 존재를 인정해주면 아마도 그들의 지 하실엔 물이 마르리라고 말하면 될 것이다. 그런 후에 나의 계획을 차근차근 설명하리라.

지하에 특수한 수관을 연결시켜 개울물이 흘러가게 할 것이다. 유리 파이프를 연결한 후 밀폐 지하 수조를 만드는 것이다. 흐름이 재개되면 수조에 작은 물고기를 넣고 수초도 심어 제한적이지만 자 생력 있는 생태계를 만들 것이다. 한겨울 밤 인공 조명 아래서 피라 미만 한 큰가시고기가 지하 수조에 조약돌로 보금자리를 만드는 모 습이나 잠자리 애벌레가 느린 물살을 타고 지하실 한쪽으로 들어 와서는 다른 쪽으로 흘러나가는 모습을 지켜보는 것도 좋은 놀이 가 될 것이다.

별안간 진홍빛 홍관조가 우리 집 목련나무에 내려앉아서는 도탄 사격소리처럼 울어 젖히자 나는 깜짝 놀라 백일몽에서 깨어났다. 이윽고 나는 이 과거의 개울이 아마 다시는 흐르지 않으리라는 것을 깨달았다. 그 공학적 수행이 좀 의심스러워졌던 것이다. 수천 년 동안 흐르던 강을 막아 매립하고 절멸시켜 그것이 존재했다는 흔적조차 건물과 콘크리트 아래로 숨겨버렸다. 유령 개울을 복구하려는 계획을 짜다 보니 그 계획이나 생각 자체가 이미 역사가 되어 과거로 움직이고 있음을 깨달았다.

'현재는 얼마나 빨리 역사 속으로 사라지는지.'

심지어 내 생각조차 과거를 가지고 있고, 내 생각조차 시간의 화살에 부착되어 있다. 또는 정말 그러한가? 유령 개울은 내 상상 속에서 살아 있지 않은가? 또 하나의 세상이 있다. 내 마음속에서 살고 있고 나의 기억이 소생시킨 과거의 세상. 내면의 눈을 통해 나는 우리 집 벽돌 하나하나까지 다 볼 수 있고, 정원에 박혀 있는 석회암 장식의 모든 형상 그리고 가죽처럼 반들거리는 진달래의 초록빛 잎사귀도 다 볼 수 있다. 나는 가상의 차고로 들어가 가상의 문을 열고 안으로 들어갈 수 있다. 나는 작년에 강한 눈보라가 있은 뒤 차고 지붕에 눈이 쌓이고 창문 안쪽에는 성에가 섬세하게 세공되어 있던 그 차고의 모습으로 되돌아갈 수 있다.

나는 시간의 흐름 안팎으로 자유로이 드나들 수 있다. 그리고 이런 방식을 통해 우린 현재에 고립되지 않고 시간의 일방적 흐름에 갇히지 않을 수 있는 것이다. 우리의 기억과 상상은 과거를 재구성하고 부활시키며, 시간의 화살을 우리가 원하는 어떤 방향으로든지 돌릴 수 있도록 해준다. 이 우주에서 시간의 잔혹성과 무관한 유일한 곳은 우리 마음뿐이다. 그것이 우리가 시간에 잡아먹히지 않을 수 있는 유일한 방법이다. 우리는 세상을 거의 어떤 관점에서든 볼 수 있다. 독수리나 돌고래, 박쥐나 나비가 되는 것은 어떤 것일지 상상할 수 있다. 심지어 시간 그 자체가 될 수도 있다. 호르헤 보르헤스Jorge Luis Borges(1899~1986)[6]는 에세이 〈시간에 대한 새로운 반박A New Refutation of Time〉에서 말했다. "시간은 나를 만든 물질이다. 시간은 나를 운반해주는 강이지만, 내가 또 그 강이다. 시간은 나를 잡아먹는 호랑이지만, 내가 또 그 호랑이다. 시간은 나를 태워버리는 불꽃이지만, 내가 또 그 불꽃이다." 죽음에 대한 우리의 승리는 시간의 화살을 비켜가는 능력이다. 우리는 모든 방향으로 시간을 통과해 유영하는 시간 여행자이며, 그러기에 이 행성의 그 어떤 것하고도 다른 존재다.

---

6 아르헨티나의 소설가이자 시인이자, 평론가. 현대 소설의 아버지라 불리는 헨리 제임스처럼 정규 교육과는 거리가 먼 성장기를 보냈지만 국제적으로 인정받은 최초의 라틴아메리카 작가가 되어 라틴아메리카의 '마술적 사실주의'를 꽃피웠다. 예순여섯 살에 어릴 적 친구였던 여성과 처음으로 결혼하지만 3년 만에 헤어지고, 숨지기 몇 주 전 자신의 제자이자 비서인 여성과 재혼했다. 앞을 못 보면서도 세계 곳곳에 강의 여행을 다녔다. 1980년 세르반테스 문학상Cervantes Literary Award을 받았다.

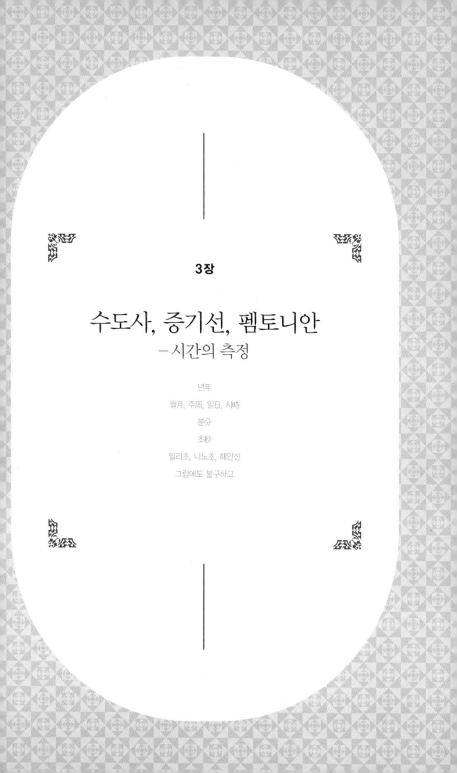

3장

수도사, 증기선, 펨토니안
−시간의 측정

년年

월月, 주周, 일日, 시時

분分

초秒

밀리초, 나노초, 해안선

그럼에도 불구하고

이곳에 해시계를 설치해
나의 하루를 그리도 가증스럽게
작은 토막으로 자르고 난도질한
그에게도 저주를 내리라.

— **티투스 플라우투스**Titus Maccius Plautus
　(기원전 254~184) *

* 테렌티우스와 함께 로마의 2대 희극작가로 손꼽힌다.
그리스 신희극新喜劇을 본떠서 독창적 작품을 썼는데,
총 130여 편 가운데 21편이 전해진다. 셰익스피어, 몰리에르 등
근세 극작가에게 크게 영향을 주었다.

3

이제 금방이라도 나뭇가지에 움이 돋을 것이다. 4월도 끝자락에 접어들었고 이웃집 마로니에의 잔가지들에는 청동 홀笏처럼 가지 끝마다 달린 튼실하고 윤기나는 싹이 보인다. 매일 아침 나는 괜스레 만들어낸 볼 일(우유, 오렌지, 치즈 등 생각할 수 있는 것은 무엇이든)로 모퉁이 식품점을 찾는다. 가는 길에 이웃집 단풍나무를 살펴보기 위해서다. 황록색 꽃송이는 이미 개화해, 멀리서 보면 화관은 몽롱한 연둣빛이다. 하지만 잎은 아직 나오지 않았다. 다만 꽃이 개화하면 잎이 필 날도 머지않다는 것만을 알 뿐이다. 꽃송이 하나하나는 작은 낙하산에 달린 줄 같다. 잡아당기기만 하면 곧 이파리가 나올 것이다. 그래서 나는 봄 햇살 아래 서서 두 손을 눈 위에 대어 그늘을 만들고는 올봄에 처음 얼굴을 내민 푸른 잎을 찾고 있는 것이다.

지난 20~30년 동안 나는 첫 잎이 나온 날을 정확히 기록해두었다. 작년에는 4월 29일, 재작년에는 5월 7일이었다. 내가 기록을 시작하고 나서 잎이 가장 일찍 나온 때는 4월 14일이었고, 가장 늦은 때는 5월 8일이었다. 언제나 롤러코스터처럼 오르락내리락했다. 겨울은 봄에게 순순히 자리를 내주지 않고 한껏 머물러 있다. 한랭전선이 도래하면 잎이 피는 장관이 지연되어 때로는 몇 주까지도 늦어진다. 개나리 덤불은 꽃집 냉장고에 보관된 꽃들처럼 오래도록 노란 꽃으로 머물러 있다. 목련꽃은 2주일 동안 그 상태로 머물 수 있다.

2년 전 봄 잎이 좀처럼 피어나지 않자 나는 마음이 다급해졌다. 다가오는 봄의 물결을 내가 먼저 가서 맞이하자는 충동이 일면서 나는 차를 몰고 남쪽으로 달려가고 싶었다. 봄은 어디쯤에선가, 멈추어 서 있었고 나는 그곳으로 가고만 싶었다. 10년 전쯤이던가 나는 올즈모빌을 타고 마이애미에서 토론토로 봄의 물결과 경주를 하며 북쪽으로 달린 적이 있다. 2월 말이었지만 조지아 남부에는 봄 기운이 만연했고 날씨는 따스해, 나는 간선도로에 설치된 임시 대피소에서 창문을 열어둔 채 차 안에서 잠을 잤다. 밖에는 나뭇잎이 이미 싹을 틔웠고 밤공기는 개구리 노랫소리로 가득했다. 토론토의 5월 말과 비슷한 날씨였다. 다음 날 집에서 만들어간 피칸파이 한 조각으로 아침을 때우고 계속해서 북쪽으로 달렸다. 조지아를 지나 테네시로 들어섰을 때는 자연의 모습이 이미 5월에서 4월을 거쳐 3월로 접어들고 있었다. 분홍색과 청색이 섞인 석회암층이 층층이 케이크처럼 얹혀 있는 애팔래치아산맥 남부를 지날 때 봄의 초록 잎이 듬성듬성해지더니, 켄터키에 도착했을 때는 나뭇가지는 겨우 움트기 시작하고, 도로변의 움푹한 곳에는 여전히 눈이 소복했다. 나는 그날 밤을 탄광촌의 모텔에서 보냈다. 다음 날 아침은 추위 속에 동이 텄고 오하이오로 가는 도중에는 눈이 내리기 시작했다. 캐나다 국경에 도착할 즈음에는 눈보라가 치고 있었다. 이제 여름은 아주 멀리, 1,600킬로미터 뒤에 있었다.

년年

봄의 충격은 하루 25킬로미터씩 북상한다. 그 속도는 대략 시속 1킬로미터가 넘는다. 그러니까 그저 걷기만 해도 쉽사리 봄을 앞지를 수 있는 것이며, 마이애미에서 토론토까지 봄이 도래하는 데 몇 개월이 걸리는 것이다. 봄의 전진은 실은 지구의 기울기로서 지구가 태양을 한 바퀴 돌면 15도의 기울기가 운동으로 변환되는 것이다. 12월 말부터 시작된 이 운동이 3월 21일 이후에는 가속화되어 북반구는 마치 해변에 앉아 있는 태양 숭배자처럼 태양을 향해 기울어진다. 매일매일 태양은 좀 더 하늘 높이 떠오르면서 비너스의 결혼 열차처럼 그 뒤에 봄의 물결을 이끌고 온다. 그 시점이 하도 정확해 우리는 그것을 기준으로 시계도 맞출 수 있을 정도다.

지침으로 삼을 만한 달력이나 시계가 없어도 나는 적어도 토론토에서는 '나뭇잎 시계'가 3주라는 오차 범위 안에서 정확하다는 것을 알고 있다. 나는 수중에 시계나 달력이 없어도 철새의 이동, 식물의 발아나 개화 등의 신호를 찾아서 봄을 예측했던 초기 인류와도 같다. 자연의 달력에는 중첩된 신호도 많기 때문에 일부 신호가 지연되더라도 문제가 되지는 않는다. 이를테면 이곳 토론토에서는 만약 쏙독새가 좀 늦는다 해도 고사리는 정확한 시간에 피어난다. 만약 한파가 밀려와 잎이 1~2주 늦게 핀다면 호랑나비가 어느 따스한 5월 오후에 때 맞추어 나타날 것이다. 이런 것들이 예비 신호로 준비되어 있다.

태양은 좀 더 정확하다. 내가 만약 커다랗고 평평한 바위 틈에 나무 막대를 박아넣어 심지어 겨울 폭풍마저도 그 막대를 움직일 수 없게 해놓는다면 나는 태양 관측소를 건축해놓은 것이다. 나는 그것을 이용해 일년 내내 정오에 그림자의 길이만큼 바위 표면을 긁어 표기할 수 있다. 하루가 지난 뒤에는 거리 차이가 미미하겠지만, 음력 한 달인 29일 뒤에는 정오의 막대 그림자 길이에 눈에 띄는 변화가 온다. 이것이 천문학의 시작이다. 매년 여름 하지 때마다 그림자는 정확히 동일 지점에 올 것이다. 여기서부터 스톤헨지나 이집트 피라미드, 갈릴레오에 닿기까지는 그리 멀지 않다. 하지만 나는 너무 앞서가고 있다. 이런 방법으로 1년을 측정하기는 아주 쉽다. 계절을 잊어버리고 한 달 한 달이 영원에 고여 있는 열대지방에서조차 그러하다.

월月, 주周, 일日, 시時

어제 5월 1일, 드디어 망울이 터지면서 잎이 모습을 드러냈다. 오후에 날씨가 더워지자 사람들은 모두 밖으로 나와 산책을 하는 듯 보였다. 젊은 엄마는 고무바퀴가 달린 유모차를 밀었고, 아이들은 요란하게 스케이트보드를 탔으며 노년의 부부는 팔짱을 끼고 걷고 있었다. 따스한 바람에는 사람을 들뜨게 하는 쾌활함이 묻어 있고, 물기 어린 공기가 적절히 배어 있는 부드러움 속에서 마치 도시 전체가 하룻밤 사이 아무도 모르게 카리브해로 이동한 것만 같았다. 나는 오후 내내 정원의 풀을 뽑고, 작년 동장군으로 인해 어지러워진 꽃밭과 잔디밭 사이의 경계석을 재정비하고 있었다. 그러고는 창고로 가서 야외용 탁자와 의자들을 꺼내서 겨우내 쌓인 먼지를 털어낸 후 뜨락에 다시 펼쳐놓았다. 볕을 쬐며 야외에 있으니 좋았다.

저녁 무렵도 기온은 계속 따스해 나는 와인 한 잔을 들고 나와 앉아 새로 다듬어지는 나무 꼭대기 위로 솟아오르는 달과 함께 축배를 들었다. 보름을 넘긴 달은 한쪽으로 기울어지는 커다란 오렌지 형상으로 떠올라서는 5월 밤의 따스한 품에 안겼다. 마치 여름의 달처럼 나지막이 하늘을 도는 달의 반짝이는 피부는 검은 분화구와 창백한 사막으로 구성된 빛바랜 키아로스쿠로chiaroscuro[1]처럼

---

1 이탈리아어로 명암이라는 뜻으로 평면에서 도드라져 보이는 느낌을 주기 위해 그림 속에 어두운 부분에서 밝은 부분이 떠오르듯 형체를 묘사해 나가는 명암 대조적 회화 기법을 말한다.

보였다. 달은 연노랑 코로나 광환으로 둘러싸였고 가장자리엔 초록 빛이 묻어 있었다. 달은 기울고 있었지만 아직은 빛이 매우 밝아 우리 집 뒷마당에 그림자를 던져주고 있었다. 나는 그 빛이 한 번 사용된 빛임을, 달 표면에서 반사하여 공기 없는 폐허를 가로질러 내게 온 것임을 생각하지 않을 수 없었다. 그러니 달빛이 닿는 것마다 최면을 거는 것처럼 보이는 것도 당연했다. 그날 밤의 달은 무너지고 있는 공허한 문명의 타원형 지도 같았고 녹색에 가까운 하늘에 빛을 던져주는 화석 카메오 같았다. 그것은 나뭇잎의 녹색이었다.

어둠 속에 얼마나 많은 잎이 피고 있는지, 펼쳐지는 소리가 들리는 것만 같았다. 그 밤은 깊은 밤의 에메랄드 색이 흠뻑 젖은 엽록소로 채워지고 있었고 따스한 공기는 수백만 장의 새 잎이 내뿜는 신선한 향내로 가득했다. 가공되지 않은 원초적 푸릇함, 성장을 추진하는 섬세하고 가늠할 수 없는 힘이 황혼을 흠뻑 적시고 있었다. 수백만 장의 잎이 망울에서 마치 누에고치를 떨치고 태어나는 초록 나비처럼 날개를 펼치고 있었다. 다음번 보름달이 뜨는 밤이 될 때까지 그 잎들은 충분한 크기(여름내 유지할 형태)로 자랄 것이다.

나의 원시적 해시계에 만약 보름달이 뜰 때마다 정오에 새긴 금 위에 또 하나의 동그라미를 새긴다면 결국에는 1년에 보름달이 약 열두 번 있음을 알게 될 것이다. 그것은 1년을 분할하는 자연스런 방법으로서 역사상 아주 초기에도 1년은 열두 달로 인식되고 있었다. 고미술품 해석을 전문으로 하는 인류학자 알렉산더 마샥 Alexander Marshak은 인류 최초의 달력으로 생각되는 것의 암호를 풀었다. 1960년 우간다에서 발견된 이 달력은 2만 년 전 것으로서 뼈 위에 일련의 선을 새겨 넣은 것이다. 마샥의 생각이 옳다면 이 석기시대 유물은('이상고Ishango의 뼈'라고 일컫는다) 세계 최초라고 공인된 음력(기원전 750년 제작된 바빌로니아의 점토판 지도)보다 17,000년을 앞서는 것이다.

어느 지역에서든 관찰할 수 있는 달의 주기적 변화는 인간이 최초의 달력을 만들게 해주었고, 유대교와 이슬람교를 비롯한 많은 종교가 지금도 음력을 천체관측 시간의 기준으로 사용하고 있다. 그 중에서도 이슬람교가 더 엄격하게 음력을 사용한다. 이슬람교의 모든 주요 제례는 사제가 초승달을 육안으로 처음 목격했을 때 시작된다.

오늘날 달력은 종교나 성스러움하고는 상관없이 대체로 세속적, 실용적인 것이 되었고, 점점 정교해지는 측시술을 동원해 달과 주와 날을 측정한다. 달력은 어느 정도 미래를 예측하는 것과 비슷하다. 아마도 그래서 달력을 당겨서 보면 불운이 온다는 미신이 나온 것 같다. 물론 이 미신을 믿는 사람은 생산력이 떨어진다. 달력은 가장 기본적인 미래 계획이 되기 때문이다. 그리고 하루하루는 좀 더 자연스럽게 시간을 나눈다. 밤과 낮이 교차하는 24시간 주기의 리듬은 최초의 생명을 유래하게 한 우리 존재의 근원적 약동이다. 하지만 주는 좀 더 추상에 가깝다.

기원전 400년 그리스인들은 독특하게도 일주일을 구성하는 날에 각기 다른 항성 이름을 붙여 그 항성이 그날을 지배하는 체계를 만들었으니 바로 태양, 달, 수성, 금성, 화성, 목성, 토성이다. 알렉산더 대제가 기원전 323년에서 336년사이에 아시아를 정복했을 때 이 역법을 이집트로 가져갔고, 이후 계속 사용되게 되었다. 이 제도는 오늘날에도 영어와 프랑스어에 살아 있는데 프랑스어에 그 특징이 좀 더 분명히 남아 있다. 영어에는 토요일Saturday이 토성Saturn(농업의 신 새턴)의 날, 일요일Sunday이 태양Sun의 날로 되어 있지만, 프랑스어에서는 월요일lundi은 달Moon의 날, 화요일mardi은 화성Mars(군신 마르스)의 날, 수요일mercredi은 수성Mercury(상인의 신 머큐리)의 날, 금요일vendredi은 금성Venus(사랑의 여신 비너스)의 날, 그리고 목요일jeudi이 목성Jupiter(하늘의 신 주피터)의 날이 되었다.

지중해 연안의 대부분 문명권에서는 이후 수백 년간 주 8일제를 사용했고, 유대인들은 나름의 이유가 있어 주 7일제를 지켰다. 이런 일관성 없는 역법은 로마제국이 등장할 때까지 수천 년간 지속되었다. 로마는 에트루리아에게 주 8일제를 물려받았지만 제국이 성장함에 따라 차츰 이집트 역법을 알게 되었다. 로마는 항상 중동에서 연원한 신비한 유행이나 풍습에 매료되었고 특히 이집트 문화라면 더욱 그랬다. 또한 하루하루를 신들과 관련시킨 이 제도는 거부할 수 없을 만큼 매혹적이었다. 흥미로운 것은 그리스 문화의 모든 것(로마 문화는 결국 90퍼센트가 그리스 문화)을 전수받은 로마에 아직 주 7일제가 도달하지 않았다는 사실이다. 그런데 무슨 연유에선지 7일제는 그리스에서 이집트로 먼저 전해졌다가 거기서 로마로 건너갔다. 로마는 기원전 50년부터 서기 30년에 걸쳐 서서히 7일제를 받아들였다. 베수비오 화산이 폭발하던 해인 서기 79년, 로마제국에서는 대부분 7일제가 시행되고 있었다.

주 7일제는 음력에 더 잘 맞아, 월 29일 주기를 좀 더 고르게 나눌 수 있었다. 음력은 달력 제작자에게 늘 문제를 안겨주었다. 약 3,500년 전에 바빌로니아인들은 태양력이 서서히 음력과 어긋난다는 것을 알아차렸다. 이들은 음력의 한 달에 하루를 더하고, 일 년의 일수를 348일에서 360일로 바꾸면 태양력의 한 해 길이와 좀 더 잘 맞는 것을 발견했다. 하지만 결국에는 그 역시 맞아떨어지지가 않아, 한 해의 길이를 작게는 353일에서 많게는 385일까지 변화시키는 복잡한 방법을 새로 고안했다.

이집트인들은 일찍이 아마도 기원전 3,000년 쯤 바빌로니아 역법을 채택한 후 음력을 다 버리고 역법을 단순화했고, 나일강의 홍수 범람을 기준으로 일년 365일 역법을 실시했다. 한 달은 30일이었고 연말에 5일을 더 추가했다. 이것이 바로 로마인들에게 전해진 역법이었다. 하지만 로마인들은 머지않아 이집트 역법이 태양에 근거한 1년과 소소한 차이가 나는 것을 발견했다. 이로 인해 줄리어스 시저 Julius Caesar는 완벽한 달력을 만드는 일에 과도하게 몰두하게 되었다. 본질적으로 그가 만들어낸 달력이 오늘날 전세계에서 사용되는 것이다. 물론 교황 그레고리 13세가 1582년에 약간 미세한 조정을 했고 그로 인해 오늘날에는 그레고리력이라 불린다. 하지만 이집트인들은 어떻게 시간이란 것을 구상했으며, 하루는 왜 24시간이 되었을까? 음력의 한달은 달의 주기에 의한 자연스러운 분할이고, 연이나 일 또한 그러하다. 반면 시간은 약간은 더 모호한 수비학數秘學[2]적 유래를 가지고 있다.

12라는 숫자는 이집트인들에게 신비로운 의미를 담고 있었다. 아마도 1년이 자연스럽게 열두 개의 음달로 나뉘었고, 태양신의 사제들은 그것에 따라 낮과 밤을 모두 열두 시간으로 나눈다고 선포했는지도 모른다. 그런데 이렇게 나뉜 시간들은 동일한 길이가 아니었다. 알렉산드리아에 동지가 오면 밤은 14시간 동안 지속되고 낮은 10시간이 되어 밤에는 한 시간이 70분이 되는 반면, 낮에는 한 시간이 50분밖에 되지 않았다. 이집트인들은 아마도 이런 성향을 짐작했겠지만 시계가 없으니 한 시간을 정확히 잴 도리가 없었다. 기원전 1,600년경에는 이집트와 바빌론 모두 물시계를 사용했다. 한쪽통에 일정량의 물을 담고 다른 쪽 통에 물을 떨어뜨려 시간의 길이를 재는 도구였다. 문제는 이 시계가 몹시 까다롭고 온도에 민감하다는 것이었다. 밤에 수온이 식으면 '시간'은 두 배나 빨리 흘러갔다. 그래도 하루 24시간제가 우세했고 궁극적으로는 세계 표준이 되었다. 하지만 시간을 분으로 나누려면 이집트인들은 아직 수천 년을 더 기다려야만 했다.

어떤 면에서 내가 가진 모든 시계들―가스렌지의 디지털 시계, 아

---

2 숫자의 과학. 숫자와 숫자가 인간의 생활에 미치는 영향에 대한 의미를 연구하는 것이다. 피타고라스는 우주 만물을 수로써 풀어보려고 시도한 최초의 인물로도 알려져 있다.

날로그 손목시계, 다수의 벽시계―에도 불구하고 시간의 흐름은 여전히 수수께끼로 남아 있다. 시계의 시간은 추상적으로 보이고, 달이 뜨고 별이 지는 것처럼 내가 경험하는 연속적 시간과는 단절되어 있는 것으로 보인다. 프랑수아 라블레Francois Rabelais(1493~1553)는 말했다. "나는 시계를 따르는 법이 없다 ― 시간이 인간을 위해 만들어졌지, 인간이 시간을 위해 만들어진 것이 아니다."

오늘 아침 나만의 시간에 나는 새로운 세상, 초록의 제국을 향해 창의 블라인드를 열었다. 우리 집은 에메랄드 빛 광선으로 흘러넘쳤다. 어젯밤 달빛에 비친 나무들은 가지에 망울이 살포시 솟은 모습이었지만, 이젠 잎새가 살랑거리는 풍경으로 변해 있었다. 여름이 오고 있었다. 아침의 산들바람에 쉼 없이 흔들리는 나뭇가지는 새로운 생명의 무게를 느끼며 삶을 구가하고 있었다. 새로운 계절이 막을 열었다. 나는 잠시 가슴 떨리는 비애를 느꼈다. 하지만 이 풍요로움에는 감상적인 구석이 전혀 없다. 단지 해야 할 일이 있을 뿐이다. 우리는 일 년을 계절로 재단하고, 해가 감에 따라 그 계절들에는 이전 계절의 추억들이 좀 더 깊이 새겨진다. 그리고 이 계절들이 우리 삶의 이야기를 풀어낸다.

분分

자정에 나는 다리 위에 서 있었지
시계가 12시를 땡땡 칠 적에.
- 헨리 워즈워드 롱펠로우Henry Wadsworth Longfellow

13세기 말 처음 출현한 이후 시계는 우리와 함께 700여 년을 살아왔다. 중국에서는 이보다 거의 600년 앞서 시계를 만들었다는 몇 개의 증거가 있지만 이런저런 이유로 이 기술을 포기했고, 이후 유럽인들이 그 기술을 재발명하게 되었다. 로마제국이 멸망하던 450년에서 중세가 한창이던 1100년까지 계속되던 암흑시대가 시간의 기술을 탄생시켰다는 것은 좀 이상하긴 해도 사실이다. 이것은 특히 수도원의 융성에 기인한다. 서기를 의미하는 AD('우리 주님의 해에'라는 뜻)와 함께 시계 역시 그리스도교에서 유래한 문화인 것이다.

수도원은 그리스 로마 문헌을 번역해 문명의 불꽃을 계속 피워냈을 뿐만 아니라 기술 혁신이 가능한 안정된 학구적 환경을 제공했다. 은둔 생활을 하는 수도사들은 하루에도 여러 번 있는 기도 시간을 정확히 계획하고 지켜야만 했고, 그러려면 정교한 시간 측정법이 필요했다. 처음에는 눈금을 새긴 양초, 모래시계, 해시계를 사용했지만 이것들은 모두 한계를 보였다. 시간 측정 도구를 발전시킨 원동력은 신과의 약속을 지키기 위한 신심어린 기계공들이었다. 어쨌든 이 천상의 영역에는 밤낮의 길이가 계절 따라 변화하는 그런 변덕을 초월한 자체 시간표가 있었으니 일찍이 11세기부터 수도원에서는 기도 시간을 알리는 종에 기계장치를 달았는데, 시계 발명의 초석이 된 것은 바로 이것, 또는 이것의 원리였다. 시계는 그때부터 이미 다른 세계에 한쪽 톱니를 걸치고 있던 것이다.

그러므로 최초의 기계시계가 1283년 영국 베드포드샤이어의 던스테이블 수도원Dunstable Priory에 설치된 것은 전혀 우연이 아니었다. 12년 전 시계의 핵심 부품이라 할 만한 지동 기구는 역사에 단지 '영국인 로버트'라고만 알려진 사람에 의해 발명된 것이다. 지동 기구란 구동 중량에 중력이 미치는 하향 동력을 규칙적인 기계운동으로 전환하기 위하여 톱니바퀴, 평형추, 구동 기어를 사용하는 영리한 발명품이다. 10년 안에 지동 기구와 그것에서 동력을 공급받는 시계는 유럽 전역으로 퍼져 나갔다. 유럽 주요 도시들에 대형 시계탑이 건립되었다. 처음에는 대다수가 문자반이 없이 한 시간마다 종만 울렸다. 최초의 문자반이 등장한 것은 그로부터 20~30년이 지난 뒤로 시침 하나만을 사용한 것이었다.

공공시계는 당시 최첨단 기기로 인식된 것 같다. 이 시계는 로마의 기술을 능가한 최초의 기계 기술이었으며 중세가 끝나가고 있다는 최초의 증거였다. 그중에서도 매시각 시간을 알리는 문자반이 있는 시계탑은 혁신 중의 혁신이었다. 시간이 마술처럼 가시적이게 되었다는 것뿐만 아니라, 정시를 알리는 종소리를 듣는 사람들은 모두 그들의 하루 일과를 조정할 수 있게 되었기 때문이다. 상점과 시장에서는 영업을 규칙적인 시간에 할 수 있었고 시계 소리가 들리는 거리에 있는 사람들은 다 약속 시간을 맞출 수 있었다.

이 경이로운 걸작 앞에 서서 찬탄의 눈길로 바라보는 일이 전국적인 관광 상품이 되었다. 특히 문자반을 소용돌이 문양의 까치발로 감싸고, 마치 봉헌물처럼 조각상들이 받들고 있는 최신품이라면 더욱 그랬다. 하지만 시계가 아무리 고전적 양식으로 잘 장식되었다 해도 시간으로 들어가는 창인 문자반 자체가 주는 경건하고 기하학적인 현대성을 감출 수 있는 것은 아무것도 없었다. 가정용으로 작게 만든 고가의 개인용 시계를 살 수 있던 여유 있는 부유층에게는 더할 나위 없이 좋은 시대였다. 당시 가정용 시계는 마치 1980년대의 PC 같은 가치를 지니는 존재였다. 지금은 시계 문자반을 당연하게 여기지만, 디지털시계의 LCD 문자반을 옆에 놓으면 조금 구식으로 보이기까지 하는 그 문자반이 당시에는 현대성의 결정적 증표였다.

문자반은 24시간의 흐름을 간명하게 보여주는 문제를 현실적으로 해결했다. 이전의 시계들은 모두 예외 없이 선형적, 중단적 작용에 의지해야 했다. 모래시계는 모래가 밑으로 다 내려오면 뒤집어야 했고, 물시계는 물을 다시 채워 넣고 늘 일정 온도를 유지해야 했으며, 눈금을 그은 양초는 그저 연소해 소멸되었으며, 해시계는 해가 나올 때만 시계 기능을 했다. 그런데 기계시계는 전혀 새로운 것으로서 독자적 동력원이 있었다. 그것은 독립적이었고 거의 살아 있다 해도 과언이 아니었다. 마치 시간이라는 거대한 강의 일부가 작은 소용돌이를 이루며 빠져 나와서는 시계의 기어와 톱니 안에 갇

힌 것만 같았다. 이 기어들은 결국 인간의 삶 자체를 수량화할 것이
었다.

* * *

내 책상 위에는 올림픽 경기에 사용되는 시계처럼 시각, 분, 초만
이 아니라 10분의 1초, 심지어 100분의 1초까지 측정하는 디지털시
계가 걸려 있다. 나는 그것이 마치 마스코트 정밀 시계처럼 나를 격
려해준다고 상상하곤 한다. 이 시계를 바라보면 시간은 흐르는 것
이 아니라 나는 것처럼 느껴진다. 디지털 문자반은 시간이 조악한
차원에서 미세한 차원으로 미끄러져가는 스펙트럼이다. 좌측에는
움직이지 않는 '시'가 신문 헤드라인처럼 버티고 있고, 그 다음에는
'분'의 행렬이 근엄하게 이어지고, 그 뒤를 '초'가 째깍거리며 쫓아간
다. 그 오른쪽에는 10분의 1초가 있는데 비참할 정도로 빨리 지나
간다. 하지만 가장 매혹적인 것은 100분의 1초다. 녀석들은 폭포수
나 광선 쇼처럼 최면을 거는 것 같다. 미친 듯이 춤추는 이것들은
너무나 빠르게 휙 지나가버려 읽을 수조차 없다. 벽시계는 대부분
비밀스럽게, 우리가 거의 인식하지 못하는 사이 앞으로 나아가지만
이 시계는 용솟음치며 흘러간다. 이 시계는 시간에 대한 나의 여유
있는 생각이 환각임을 끊임없이 일깨워준다.

하지만 어떤 면에서 나의 스포츠시계는 이전 시대의 시계인 모래
시계의 두 가지 정확성을 다시 한 번 확인시켜준다. 비록 모래시계

가 초는 정확히 잴 수 없었지만 분은 꽤 정확히 쟀고 한 시간도 거의 정확히 측정했다. 하지만 거기엔 더 정확한 무언가가 있다. 모래시계는 완벽한 기능의 상징으로서 시간을 측정하는 동시에 상징한다. 모래는 시계의 허리 부분인 현재 순간을 통과해서 하부의 모래더미, 즉 과거를 향해 마른 폭포를 이루며 힘차게 달린다. 내 스포츠시계와 모래시계의 닮은 점은 여기서 더욱 깊어진다. 100분의 1초가 10분의 1초보다 빨리 달리는 것처럼, 떨어지는 모래의 속도는 모래가 유리와 접촉해 속도가 느려지는 흐름의 가장자리보다 중심에서 더 빠르다. '지금'의 속도는 이 두 종류의 시계에서 모두 점점 더 빨라지는 증분增分으로 무한히 분할가능한 것으로 보인다.

비슷한 것은 더 있다. 스포츠시계가 아니라 모래시계와 시간 사이 말이다. 시간의 흐름을 직접적으로 표현하는 모래시계의 특성을 넘어서서, 모래시계의 형태와 시간을 과거·현재·미래로 삼분하는 것 사이에도 유사성이 있다. 모래시계의 상부와 하부에 있는 미래와 과거의 저장고는 현재라는 허리에 의해 연결되어 있다. 아마도 현재 순간, 우리의 '지금'은 움직이지 않고 시간이 대신 그것을 통해 질주하고 그로 인해 우리는 현재 순간이 과거에서 미래를 향해 흘러간다든가, 또는 미래가 그것을 통해 과거로 흘러간다는 착각을 하는 것 같다. 아마도 현재 순간은 시간의 영화를 상영하는 영사기의 렌즈 같을 것이다.

마지막으로 모래시계는 시간과 깊은 유사성이 있다. 만약 천체물리학자 토마스 골드Thomas Gold(1920~)가 제안했듯이 시간의 끝에서 시간이 역류해 우주가 거꾸로 흐른다면, '미래'가 소진했을 때 모래시계를 뒤집어놓는 행위는 이것에 대한 완벽한 비유다. 아마도 이 과정은 무한히 반복되어 우주는 매일 아침 부엌에서 사용되는 계란 삶는 시간을 재는 소형 모래시계처럼 또는 니체가 묘사한 악마처럼 뒤집힐 것이다(토마스 골드와 니체는 이 책 후반부에서 만나게 될 것이다). 마지막으로 죽음과 시간이 다한 것 사이에 유사성이 있다. 죽음의 신은 자신의 모래시계를 헛되이 휘두르지 않는다.

* * *

기계시계는 과거에도 지금도 일종의 도덕적 요소를 가지고 있다. 이들의 규칙적인 째깍 소리는 우리 삶을 분배하는 것으로 보인다. 나는 어머니가 임종하실 무렵 침대 옆 탁자에 놓인 시계를 계속 응시하던 모습을 기억한다. 그것은 어머니의 나침반, 어머니를 서서히 사로잡아가던 몽환 속의 절대적 존재였다. 그것은 동시에 일종의 위안이었다. 어머니가 세상에 행사할 수 있는 마지막 지배력은 매일 스케줄을 놓치지 않는 것, 방문 간호사가 올 날과 외로운 밤 시간을 기억하는 것이었다. 물론 시계는 적이 아니다. 단지 우리의 유한성을 측정할 뿐이다(그렇다 해서 우리의 친구도 아니다). 하지만 시계와 유한한 목숨의 연관성은 어쨌든 강력하다. 때로 시간은 《피터 팬》에 나오는 악어 뱃속에서 째깍이는 시계처럼 우리 뒤를 몰래 추적하는 것처럼 보인다.

나는 유한한 목숨과 시계의 이런 연관성이, 시계라는 신기술이 발명됐을 때, 정시를 알리는 종소리가 16세기 유럽의 문화적 개화를 알리는 주제가가 되었을 때하고도 관련성이 있었을까 하는 의문이 든다. 여전히 분의 측정은 수세기가 지나야 일어날 일이었다. 비록 교회는 이미 한 시간을 60분으로, 1분을 60초로 나누는 성 베다 사제 St. Bede the Venerable(672~735)[3]의 방침을 적어도 문서상으로는 확립했지만 정확한 분이 현실이 되고 베다의 추상적 개념이 실천 가능한 것으로 바뀐 것은 크리스천 호이겐스 Christiaan Huygens(1629~1695)가 진자시계를 발명한 1665년이 되어서였다. 저명한 네덜란드 시인 콘스탄틴 호이겐스Constantijn Huygens(1596~1684)의 아들인 그는 수학자, 물리학자, 천문학자였다. 그의 진자시계 발명은 그 자체가 목적이라기보다는 실용적 필요성에 의한 것이었다. 그는 항성과 위성의 운동을 가능한 한 정확하게 측정하고 싶었다. 11년 후 올레 뢰머Ole Romer(1644~1710)가 호이겐스의 진자를 사용해 위성에 의한 목성 폐색을 측정할 때 광속에 대한 최초의 수량적 측정치 21만 7,600킬로미터를 제안했다. 이것은 현재 공인된 광속보다 26퍼센트 낮은 수치지만 어쨌든 매우 근접한 수치였다. 초를 정확히 잴 수 있는 시계의 등장은 호이겐스의 진자시계 이후에도 다시 반세기를 더 기다려야만 했다.

3　영국인인 베다는 '시대구분론De Temporum Ratione'에서 천지창조에서 기원후 729년까지를 여섯 시대로 나누어 설명. 이후 중세 연대기의 연표에 큰 영향을 주었다.

초秒

당신의 평범한 날은 1,440분이고, 이것은 다시 8만 6,400초로 구성되어 있다. 한 달을 평균 30일로 잡을 때는 259만 2,000초이고, 다시 한 해를 30일이 열두 달 반복되는 것으로 할 때 이것은 3,110만 4,000초. 이제 내 서른여섯 살 생일이 다가옴에 따라 나는 단지 10억 8,864만 초를 살아온 것이다.
– 글렌 굴드Glenn Glould(1932~1982)

어린 시절 우리 가족은 온타리오 북부 야생 지역으로 여름마다 야영을 나갔다. 낮에는 호수에서 카누를 타고 오후 늦게는 내륙 해안에 더 몰려 있는 모기를 피하기 위해 호수 한가운데에 있는 섬에 텐트를 치며 보낸 한가로운 날들이었다. 이 호수들은 어찌나 청정한지 호수 물을 컵에 떠서 바로 마실 수 있을 정도였다. 날씨는 대체로 맑았지만 뜨거운 오후에는 대류성 폭풍이 생성되어, 구름탑 기저에 번개가 치면서 대지를 휩쓸고 갔다. 때론 밤에도 폭풍이 불었고 엄청나게 사나운 적도 있다. 극심한 뇌우가 몰아칠 때는 캔버스 천의 텐트 안에서 슬리핑백 하나만 덮고는 조금의 안도감도 느낄 수 없었다. 아버지는 내 두려움을 덜어주기 위해 천둥소리의 시간을 측정해 폭풍이 얼마나 멀리 있는지를 계산하는 법을 가르쳐주셨다. 섬광이 번쩍할 때와 천둥소리가 날 때 사이의 간격을 센다. 5초가 1.6킬로미터에 해당된다. '초'의 시간 길이에 맞는 단어로 우린 '증기선steamboat'을 세다가 천둥소리가 나자마자 멈추었다.

때로는 폭풍이 우리를 비켜가 증기선 네 개보다 가까이 오진 않았지만 대개의 경우는 거의 직격에 가까운 경우가 더 많았다. 텐트가 강풍에 들썩이고 빗줄기가 하도 세게 떨어져 야영장이 다 휩쓸려 내려갈 듯할 때는 증기선을 세는 일에 마음을 집중하기가 매우 어려웠다. 눈부신 보랏빛 섬광과 땅을 뒤흔드는 듯한 천둥의 폭발 사이에 간격이 없을 경우엔 더욱 그랬다. 하지만 최초의 증기선이 섬광과 천둥 사이에 나타나기 시작하면 나는 안도하며 폭풍이 마침내 떠나고 있다는 것을 알 수 있었다.

수년 뒤 나는 동일한 방법을 사용해, 번개가 얼마나 멀리 있는지뿐만 아니라 번개의 지류들, 특히 지상과 나란히 가는 수평 지류들의 지도를 작성할 수 있음을 알게 되었다. 천둥소리를 듣기 시작할 때, 특히 구름 깊은 곳에서 나는 저음의 파문 같은 소리를 들을 때 나는 숫자를 세기 시작하고, 천둥의 울림이 계속되는 시간을 측정함으로써 번개 지류의 길이를 계산할 수 있다. 때로 이 길이는 1.6킬로미터가 넘는다. 현상을 측정하려면 시간을 사용해야 하기 때문에 정확한 시계가 필요했다. 그때 현재 우리 체험과 어휘에 너무나 흔히 등장하는 초를 수량화할 필요가 생긴 것이다.

시간과 공간의 관계, 또 이 경우 시간대와 경도의 관계는 정확한 초를 측정할 필요성을 촉구했고, 이렇게 초를 측정할 수 있는 시계를 만드는 일은 요크셔이어 출신의 목수 존 해리슨John Harrison(1693~1776; 영국의 시계 기술자, 발명가)에게 돌아갔다. 18세기 초 영국은 대양에 수천 척의 배를 띄우고 지휘하는 해상 초강국이었다. 바다에서 정확한 위치를 결정하는 문제는 국가가 당면한 가장 큰 딜레마였다. 항해 오류는 배와 인명과 화물의 손실로 이어졌고, 좀 더 많은 배가 바다 위를 바삐 왕래하게 됨에 따라 손실은 더욱 커졌다. 1707년 대형 해상 재난을 당하고 나서야 영국은 행동을 개시했다. 영국 해군의 배 네 척이 시실리 군도 인근 해변에서 항로를 벗어나 좌초하는 바람에 1,400명의 해군이 죽은 것이다. 1714년 영국의회는 법령을 통해 해양에서 경도를 정확히 측정하는 사람에게 2만 파운드(오늘날 미화 700만 달러에 해당)의 상금을 걸었다.

선원들에게 위도 측정은 쉬운 일이었다. 먼저 북극성의 각도를 재고, 그 다음 태양과 별의 위치에 대한 역서를 참고하면 자신들의 정확한 위도를 알 수 있었다. 하지만 경도는 달랐다. 정확한 경도 측정에는 정확한 시계가 필수였다. 그리니치를 통과하는 본초자오선 시간에서 현재 위치한 지역 시간을 빼야만 했기 때문이다. 오차범위가 1분 내외라면 위치는 1.6킬로미터 범위 내로 정확하게 된다. 하지만 바다 위에서 이것을 가능하게 하는 시계는 아직 없었다. 파도 때문에 배가 흔들리면 시계 작동에 문제가 발생했기 때문이다. 이 문제는 아주 오랫동안 풀리지 않았기 때문에 많은 항해사들은 그저 남쪽을 향해 가다가 정확한 위도에 도달하면 그때서야 동쪽으로 또는 서쪽으로 간 것이다. 두말할 필요도 없이 이것은 직통 노선은 아니었다.

존 해리슨은 엄청난 상금 때문만이 아니라 인명을 구하기 위해서도 이 도전을 받아들였다. 27년간 이 작업에 매달려 점점 더 정확한 시계를 제작하다가 마침내 완성 작품 '4번 정밀시계(No. 4

Chronometer; H4로 불리기도 함)'를 제작해 이것을 1761년 자메이카로 가는 항해에서 시험했다. 이 시계는 전 항해 기간 동안 정확성을 유지했다. 그는 상금을 탔다.

그의 업적을 기념하려고 영국의 그리니치 천문대 탑 꼭대기에 그 유명한 보시구報時球, time ball[4]를 설치해 항구 근처에 있는 모든 배들이 볼 수 있도록 했다. 이 보시구가 아래로 내려오면 정시를 의미하고, 항해자들은 자신의 배의 시계를 그리니치 표준시계와 동일하게 맞추는 것이다. 바다에서 자신의 위치를 아는 일은 시간을 아는 일에 달려 있었다.

밀리초, 나노초, 해안선

현대 산업 시대의 핵심 기계는 증기기관이 아니라 시계다.
- 루이스 멈포드Lewis Mumford(1895-1990; 미국의 철학자·역사가·문명비평가)

당신이 작은 나라의 해안선을 측정하는 일을 맡았다 치자. 이것은 대작업이지만 당신에게는 열의 있는 측량기사들, 무한한 예산, 여름 한 철이 주어졌다. 어느 화창한 5월 아침, 당신은 국경의 최남

---

4 영국 그리니치 천문대 지붕 꼭대기에 있는 빨간 공 모양의 보시구는 12시 55분에 위로 올라갔다가 1시에 아래로 떨어지며 시보를 알린다.

단 해안선의 곳에서 측량을 시작한다. 반대편의 해안경비대원이 당신에게 손을 흔들어주고 갈매기는 상쾌한 바닷바람을 타고 울며 날고 있다. 깊은 쪽빛 바다 위엔 하얀 물마루가 점점이 떠 있다. 북쪽으로는 길고 하얀 모래사장이 나 있다. 당신은 일을 시작한다.

해변은 비교적 직선이라서 측정도 빠르다. 길이는 거의 3킬로미터에 달하는 것으로 보였다. 당신은 이른 점심을 먹기 위해 잠시 쉰다. 측량기사들은 들떠서 말이 많다. 당신은 여름 한 철이면 해안선을 다 측량하는 데 충분한 시간이라고 생각한다.

점심 후 해변의 북쪽 끝단에 있는 곳을 측량하기 시작한다. 여기서 당신은 측정을 단순화해야만 한다는 것을 깨닫는다. 곳의 점진적 곡선을 측정하는 대신 당신은 그 주변 요소의 위치들을 확인하고 그 사이 거리를 잰다. 물론 일종의 속임이지만, 실제 거리가 이것과 얼마나 차이가 나겠는가? 아마도 그리 크진 않을 것이다. 이 곳을 측정하는 데 오후의 반이 소모되었고 측량단이 다른 쪽으로 돌아가자 당신은 북쪽의 해안선이 오전에 측정한 곳처럼 직선에 가까운 것이 아니라는 것을 알게 된다. 그것은 크고 작은 곳, 만, 후미들이 길게 이어지는 선이었다.

최초의 만은 단순했지만 그 안에 하나의 작은 곳이 있는데 짧은 회의 끝에 당신과 조수들은 그것을 측정하지 않기로 했다. "그것은 너무 작잖아." 당신은 말한다. 다음 곳은 그 안에 아마도 너비가 6미터 정도 됨직한 작은 만을 가지고 있다. 그 만을 잰다면 해안선의 길이가 거의 30미터 가까이 늘어날 것이다. 하지만 결정을 내려야

93

한다. 결국 당신은 작은 특징들은 모두 다 무시하기로 결정한다. 모든 만과 후미들을 다 재기 시작한다면 작업은 1년이 지나도 끝나지 않을 터였다.

하루 작업이 끝나면 당신과 단원들은 해변에서 야영을 한다. 저녁 식사 후 부목으로 모닥불을 피우고 별을 보며 모든 사람들이 하루 일과를 이야기한다. 대화는 처음에는 생동감 있고 우호적이지만 토론은 곧 논쟁으로 변한다. 측량기사들 중 하나인 철학도가 측량은 최대한 양심적으로 해야 한다고 주장한다. 그녀는 작은 특징들은 건너뛰기로 한 결정이 마음에 들지 않는 모양이다. "아무리 작은 만이나 후미도 다 측정해야 해요"라고 그녀는 주장한다. "해안선 길이는 절대치가 있고 우린 그것을 측정하는 일을 맡은 겁니다."

"잠깐만." 수석 측량사가 말한다. 그는 수학으로 학위를 땄고 국립지도제작소에 근무하는 사람이다. "우리는 어디서 멈추어야 하나요? 우리가 작은 만을 측량해 13미터가 나왔다 합시다. 그런데 이 만의 해안선에 큰 바위가 박혀 있다면 어떻게 하죠? 그 바위를 쟀더니 2미터가 되더군요. 그럼 그 길이도 포함해야 하나요?"

"안 될 거 없죠." 철학도가 말한다.

"좋아요." 수석 측량사가 말한다. "그 바위에 약간 들어간 곳, 벌어진 틈이 있고 그 길이가 한쪽이 50센티미터라 합시다. 그럼 양쪽 합쳐 1미터도 포함시키나요?"

"안 될 것 없잖아요?" 철학도가 다시 말한다.

"좋아요." 수석 측량사가 말한다. "그렇다면 그 균열 안에 더 작은 균열이 있다면요? 그것도 측정하실래요?"

철학도는 논리의 추이를 깨닫는다.

"이제 알겠어요. 한이 없다는 거군요." 그녀가 말한다.

"맞아요." 수석 측량사가 말한다. "해안선의 아무리 작은 특징이라도 다 측정하다 보면 센티미터 단위에서 밀리미터로 가고, 머지않아 당신은 이 나라의 해안선이 무한히 길다는 것을 알게 될 겁니다."

* * *

우리의 소규모 측량단은 시간 측정에 심오한 의미를 시사하는 하나의 사실을 우연히 발견했다. 제논의 화살이 가진 패러독스 중 하나는, 화살이 날아야 하는 거리가 무한히 반분할 수 있기 때문에 표적에 절대 도달하지 못한다는 것이었다. 그리고 약 3,000년이 지난 20세기 초반에 영국학자 루이스 리처드슨Lewis F. Richardson(1881~1953; 영국의 수학자, 기상학자. 일기예보의 현대적 수학 기법을 개척)이 제논의 탐구를 계속 이어갔다. 해안선과 국경은 리처드슨을 매혹시켰다. 네덜란드와 벨기에 또는 스페인과 포르투갈처럼 지그재그형의 국경을 공유하는 나라들을 방문한 그는 각 국가의 국경선 추정치가 최대 20퍼센트나 차이가 난다는 것을 발견했다. 이 차이는 물론 잘못된 측량에 기인하기도 하겠지만 리처드슨은 그보다 더 깊은 무언가가 개입되어 있다고 생각했고 그의 짐작은 옳았다. 하지만 그것에 대한 해결은 수년이 지나 프랑스의 수학자 겸 물리학자이고, 카오스 이론의 아버지이며, 국경과 해안선에 대한 리처드슨의 관심을 공유했던 만델브로Benoit Mandelbrot(1924~ ; 프랙탈 이론으로 유명)가 해냈다. 우리의 상상 속의 측량기사들처럼 그 역시 불규칙한 자연의 해안선은 모두 무한하다는 것을 발견했다.

하지만 대부분은 이런 측정에도 끝은 있으리라고 생각할 것이다. 결국 해안선은 실제 세상에 존재하는 것이 아닌가. 그러므로 고정되고 측정 가능한 것이다. 주변으로 흔들리지도 않고 안과 밖으로 사라지지도 않지 않는가. 하지만 만델브로가 발견한 것은 다르다. 만약 우리가 땅 위에 놓여 있는 완벽한 직사각형을 측정한다면 최종값, 궁극적이고 고정된 거리가 있겠지만 그는 자연에 존재하는 불규칙한 해안선의 경우 만과 반도들에는 끝이 없다는 것을 발견한 것이다. 이것들은 점점 더 작아져 마침내 우리는 그것을 분자와 원자 척도에서 재게 된다. 아마도 원자적 척도라면 측정의 끝, 해안선 끝까지 거리가 나올지도 모른다. 하지만 이 척도에서는 양쪽이 불확정하기 때문에 모든 것이 미친 듯이 모호해지는 지점이다.

시간은 겉보기에는 늘 동일한 것으로 보인다. 해안선처럼 시간은 점점 더 작게 분할 가능한 단위로 구성되어 있다. 만약 이 가설에 의한다면 1초는 영원을 담고 있어야 한다. 더욱 정교한 시계가 개발되는 속도로 볼 때 초는 실로 시간의 새로운 우주를 개창했다고 할 수 있다. 해리슨의 항해용 정밀시계 H4가 정밀도의 선구자가 된 이후 좀 더 정밀한 시계가 계속 나온 것은 당연한 일이었다. 1889년 독일의 지그문트 리플러Siegmund Riefler(1847~1912; 독일의 천문시계 제작자)는 움직임에 미치는 공기압의 영향을 감소시키기 위해 내부에 부분 진공을 실현한 시계를 선보였다. 그의 시계는 하루 오차 범위가 10분의 1초를 넘지 않았고 실제로 밀리초 즉 100분의 1초를 측정할 수 있었다. 바로 이 순간부터 시계는 인간의 가시 능력을 벗어난 범주에 있는 행동, 예를 들면 파리가 3밀리초마다 날개를 퍼덕이는 것을 측정할 수 있게 되었다. 하지만 이런 리플러의 명성도 얼마 가지 못했다.

1920년대에 영국의 철도기사였던 윌리엄 쇼트William H. Shortt는 최초의 전자 기계시계를 만들었다. 이는 모시계와 자시계의 두 시계를 기반으로 만들어졌다. 자시계는 30초마다 진자 모시계에게 전자기파를 보내고, 이것이 다시 자시계를 움직였다. 이 시계의 오차 범위는 1년에 1초 이내여서 마이크로초 즉 100만 분의 1초를 측정할 수 있을 만큼 정확했다. 1마이크로초는 음파가 단지 3분의 1밀리미터밖에 갈 수 없는 시간이다.

쇼트의 시계는 단 8년 후에 권좌를 빼앗기니 미국 벨연구소의 워렌 매리슨Warren A. Marrison(1896~1980)이 전기가 부하된 수정 결정의 진동 주파수를 이용해 세계 최초의 수정시계를 만든 것이다. 1940년대 중반에 이르면 수정시계는 30년에 1초의 오차 범위를 달성하게 된다. 수정을 구성하는 규소 분자의 결정격자라는 미시세계가 새로운 진자가 된 것이다.

정밀 시간 측정의 발전은 이후 계속 가속화되었다. 1948년 헤럴드 라이온스Harold Lyons가 원자의 자연공명 주파수를 이용해 최초의 원자시계를 창조했다. 1950년대 중반에는 이 원자시계가 더욱 진화해 세슘원자시계가 되었고, 1일 1나노초 범위의 오차를 가진 이 시계는 오늘날에도 세계협정시를 알리기 위해 사용되고 있다. 나노초란 10억분의 1초로 진공 속에서 빛이 30센티미터 가는 시간이다. 컴퓨터는 계산 하나를 하는데 보통 2~4나노초가 걸린다. 루이스 C. S. Lewis의 《나니아 연대기 ― 사자, 마녀 그리고 옷장The Lion, the Witch and the Wardrobe》에서는 아이들의 일생 동안의 상상 속 모험 여행이 2초 정도로 압축이 되는데, 그 세계의 1초는 우리 세계의 1 나노초에 해당된다.

이런 정밀도는 과학자들로 하여금 오랫동안 '하루의 24분의 1의 60분의 1의 60분의 1'로 중복적 언어를 사용해 정의하던 1초의 길이를 실제로 측정할 수 있게 해주었다. 세슘원자시계에 의하면 1초는 세슘, 133원자가 절대영도의 기저상태에서 초미세구조로 변화하면서 빛이 91억 9,263만 1,770번 방사되는 시간으로 정의된다. 우아한 정의는 아니지만 완전무결하다.

* * *

시계가 하도 정밀해지다 보니 기묘한 일도 일어났다. 오랫동안 시계 제조자가 가장 정밀한 시계를 조정하기 위해 사용하던 모시계, 즉 지구의 공전을 이 정밀시계들이 능가한 것이다. 원자시계의 등장과 함께 해마다 지구 공전이 지연되는 것을 정확히 측정할 수 있게 되었고, 이것은 1년에 3밀리초에 해당한다. 지구는 이제 믿을 수 없는 시계가 되었다. 하지만 그게 다가 아니다. 지구 역시 불규칙한 시계가 되어가고 있었다. 2004년 인도네시아에 쓰나미가 덮쳤을 때 그것이 지구 회전의 각 운동량을 변화시켜 지구가 가속되었다. 이것은 마치 피겨스케이팅 선수가 회전할 때 팔을 몸 가까이로 당기는 이치와도 같다. 그 결과 우리의 하루는 지금 300만 분의 1초 더 짧아졌다. 하지만 추상적 시간과 지구 시간의 괴리는 아직 끝나지 않았고, 원자시계가 무엇을 근간으로 해야 하느냐 하는 문제를 두고 천문학자와 물리학자 사이의 싸움은 계속되고 있다. 천문학자들은 느려지는 지구를 보정하기 위해 몇 년마다 윤초閏秒를 더하는 '자연 시간'을 주장하는 것에 반해 물리학자들은 시간을 본래 근원지인 지구에서 완전히 유리시키는 '기술적 시간'을 주장하고 있다. 지구는 연대기적 역사 속으로 좌천될지도 모른다.

* * *

그동안에도 점점 더 작은 시간 단위가 마치 해안선의 만속에 또 다른 만이 있듯 계속 발견된다. 나노초 이후 1,000조 분의 1초에 해당하는 펨토초가 측정되었다. 펨토초의 시각에서 볼 때 우리 인간은 영원히 존재하는, 움직이지 않는 조각상이다. 그들의 펨토초가 우리 지구인의 초와 동일한 다수의 문명권들이 우리 문명과 중복될 수 있다. 펨토초 세상의 주민인 펨토니안들은 마치 우리가 인물상이라도 되는 양 우리들 사이에 끼어 우리 눈에 뜨이지 않은 채 살아갈 수 있다. 그들의 과학이 충분히 발전하면 그들 중 천재가 혜성처럼 등장해서는 조각상들은 궁극적으로 부동이 아니라 실은 움직이는 존재였다고 선언할지도 모른다. 그러면 펨토니안들 사이에 논란이 분분해질 것이다. 대부분의 조각상이 눈을 뜨고는 있지만 일부는 반만 뜨고 있고, 소수는 완전히 감겨 있다는 것이 잘 알려지게 될 것이다. 한 세기를 두고 수집한 사진 자료를 비교하며 펨토니안 과학자들은 반개한 눈을 가진 특정의 조각상의 눈꺼풀이 어떻게 수십 년간 점점 더 열렸는지를 보여줄 것이다. 반대파 과학자들은 '터무니없는 소리!'라고 응수할 것이다. "어떻게 조각상이 움직인단 말이요? 다음번에는 그 상들이 살아 있다고 하시겠군요?"

하지만 펨토니안들은 이미 더 작고 빠른 문명에 의해 밀려났다. 펨토초보다 더 짧은 아토초가 있으니 그것은 상상 불가능할 것 같던 작은 시간의 단위, 100경(10의 18승) 분의 1초다. 아토초의 시점에서 보면 우리의 1초는 300만 년이 계속되는 것인데 이것은 인간이 진화하는 데 걸린 세월이기도 하다. 오스트레일리아 물리학자 데이비드 블레어David Blair는 중력파를 측정해보기 위해 역대 최정밀시계를 만들었다. 비록 중력파가 우리 은하를 한데 엮고는 있지만 중력파는 극히 약하여 말로 표현할 수가 없다. 감지된 적도 없다. 블레어는 이 최신 시계가 그것을 검출할 정도로 빠른 시계이길 바란다. 그의 시계는 장기적으로는 원자시계만큼 안정적이진 않지만 단기적으로는 300초 당 100조 분의 1초 오차범위로 정밀하다. 이 시계 중심부에는 사파이어 결정이 섭씨 영하 273도의 액체 헬륨에 잠겨 있어 일자(10의 24승) 분의 1초를 측정할 수 있다.

이 척도 수준에서 측정이 될 만큼 빠르게 움직이는 유일한 사건이 있다면 원자 내부 수준의 사건으로서 쿼크의 수명 내지 원자결합의 절단이 이것에 해당된다. 이곳은 전자와 입자들이 진동하고 있는 급변하는 세상이다. 그리고 이곳으로 모든 것이 수렴한다. 우리의 해안선 측량기사들이 조약돌 가장자리까지 포함할 정도로 해안선 전체를 남김없이 측정해야 한다고 고집한다면, 그리하여 점점 더 작은 미세한 후미와 곶을 포함하고, 그런 다음 모래알도 포함하고, 그 다음에는 분자를 그리고 마지막으로 원자의 가장자리를 포함해야 한다고 주장한다면 그들은 동일한 곳, 즉 세슘원자시계와 동일한 시간대에 도달할 것이다. 원자 내부 세계에서 해안선을 재려면 입자들이 계속 변하기 때문에 정말 빠른 자가 필요할 것이다. 사물의 무한한 척도 위 어딘가에서 시간과 질량이 수렴할 뿐 아니라 중력과 빛도 수렴하는 지점이 나타난다. 그 극미하고 무시무시하게 빠른 세계에서 빛은 물엿처럼 느리게 움직이고 질량은 에너지로 사라진다. 아마도 블레어가 희망하고 있듯이 중력의 비밀 역시 거기 어딘가에 숨어 있을 것이다.

* * *

하지만 만약 시계가 좀 더 정밀해진다면 특히 300만 년에 1밀리초 오차 내로 정밀해진다면 상대성 효과로 인해 우리가 시계를 지니고 걸어다니기만 해도 시계는 측정 가능할 만큼 느려질 것이다. 또한 고도 역시 속도에 영향을 줄 것이다. 시간은 높은 고도보다 지표에서 더 느리게 가기 때문이다. 이 효과는 이미 측정 가능해졌다. 상대성 때문에 에베레스트산 정상에 있는 시계가 해수면 높이에 있는 시계보다 빨라 1년에 30마이크로 초를 앞서 간다. 시간 역시 최소 단위로 환원하면 알 수 없고 불확정성을 띠게 된다. 측정할 수 있는 시간의 최소 단위에는 한계가 있다는 것이 사실일 수 있다.

그럼에도 불구하고

아토초의 시각에서 볼 때 '지금'은 덧없는 것으로서 잡을 수 없다. 우리의 시각에서 볼 때 현재 순간이 시간의 모든 작은 분할만큼 순식간으로 보인다 해도, 그것은 적어도 상대적으로는 우리의 '지금'을 영원토록 늘어나게 해준다. 그것이 우리가 가진 전부이기에 이 작은 순간은 또한 가장 귀중해, 시간의 사막에 존재하는 오아시스 같다. 그럼에도 불구하고 '지금'은 또 다른 척도를 가지니 그것은 밀리초와 나노초라는 심연의 반대 방향에 있다. 좀 더 큰 '지금'이 있는 것이다.

우리가 모두 동의하는 합의적 '지금'에서 보면 우리 의식은 1초의 한 조각, 아마도 4분의 1초를 점유할 것이다. 그것이 우리 시간들의 전부다. 지구 상의 대부분의 생물은 우리와 동일한 '지금' 속에 존재한다. 불가사리와 식물은 우리보다 더 긴 파장의 '지금'에 존재한다고 주장할 수도 있으리라. 이들의 의도된 움직임은 미속 촬영으로만 볼 수 있다. 역으로 일부 곤충과 피그미마모셋(손가락만 한 원숭이)은 좀 더 빠르고 좁은 '지금'에만 존재한다. 컴퓨터는 아직은 의식이 있거나 생물이라 할 수 없지만 훨씬 짧은 '지금', 즉 나노초 정도의 지금에서 작동한다. 하지만 이것들은 올림픽시계의 빠른 말단처럼 알갱이가 작은 '지금'이다. 그 반대 방향의 '지금'은 알갱이가 크다.

정치가나 역사가가 '지금'을 말할 때 그들은 흔히 현 시대를, '특정 사물이 제시되는 방식'으로 말한다. 그 '지금'은 우리 의식을 싣고 가는 컴퓨터 커서처럼 과거에서 미래로 건너뛰는 사라지는 흔적, 사적이고 우주적인 '지금'처럼 짧지 않다. 문화적 '지금'은 훨씬 더 커서 한 10년 이상이 되지만, 여전히 '지금'이라 불러도 틀리지 않다. 그런 의미에서 '지금'은 수백 년, 심지어 수천 년까지지도 포함할 수 있다.

지질학적 용어로 '지금'은 매우 정확히 위치한다. 그것은 점점 더 커지는 일련의 잘 정의된 시간대 안에 들어 있다. 지질학적 용어로 '지금'은 인류가 아직 수렵·채집자였던 약 11,000년 전에 시작된 충적세沖積世로 정의된다. 충적세 자체는 200만 년 전에 시작된 제4기의 일부다. 그리고 제4기는 더 큰 시간대이며 포유류의 시대라 불리는 신생대의 아주 작은 일부다. 신생대는 공룡의 시대인 중생대 직후인 약 6,500만 년 전에 시작되었다. 그러니까 그런 면에서 '지금'의 길이는 6,500만 년이라고 주장할 수도 있겠다.

그렇게 길게 울리는 '지금'의 시각에서 볼 때 우리 동네는 순간 낯선 장면으로 변해, 정적의 간주곡, 행성이 탄생할 때부터 상영되어 온 미속촬영 영화의 한 컷으로 돌변한다. 꼭대기까지 잎으로 빽빽한 단풍나무와 오크와 히코리는 형편이 좋아지고, 일시적 품종들이 식물의 변화무쌍한 생태 속에 작은 틈새를 찾아 자라고, 생물은 나타나서 번성했다가는 사라진다. 하지만 나무들 사이로 보이는 건물들은 훨씬 더 기묘한 빛깔을 가진다. 내 서재 창밖으로 보이는 안락한 벽돌집들이 거의 독특한 무언가로 변화한다. 그것은 이 지구를 눈 깜빡할 새에 뒤덮어버린, 특히 성공적인 한 영장류가 거주하는 기하학적 주택이다.

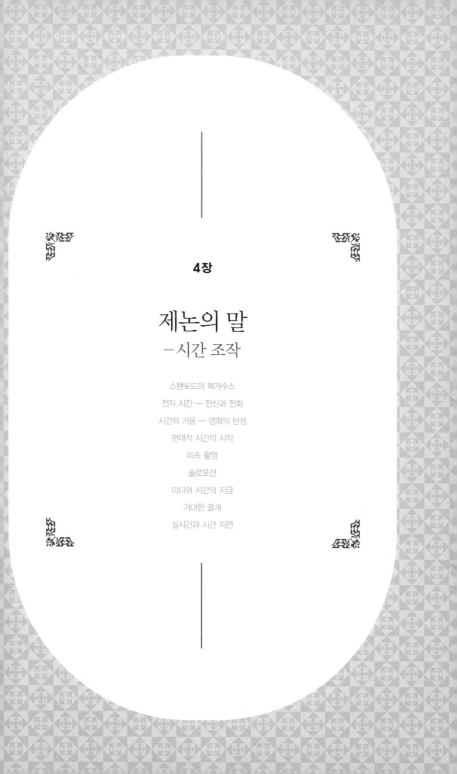

4장

제논의 말
—시간 조작

4

폭풍이 그렇게 사납지만 않았다면 난 괘념하지 않고 잤을 것이다. 하지만 어젯밤은 제우스신이 피를 보겠다고 작정한 것만 같았다. '꽝' 하는 굉음과 함께 창문이 덜컹거리는 소리에 가슴이 철렁 내려앉으며 잠에서 깼다. 눈을 뜨자마자 방 안은 온통 번개의 섬광으로 눈이 부셨고 연이어 또 한 번 빛이 번쩍하더니 집채만 한 바위가 강철 바닥으로 떨어진 듯 우레와 같은 천둥소리가 들렸다. 이제 잠이 문제가 아니었다. 나는 자리에서 일어나 창가로 갔다. 밖은 아수라장이었다. 번개가 몇 초마다 터졌고 그때마다 곧 천둥이 울렸다. 폭풍은 바로 내 머리 위에 있었다. 증기선을 셀 여유조차 주지 않았다.

집 앞의 나뭇가지는 엄청난 돌풍에 흔들렸고 보랏빛에 하얀 섬광이 섞인 번개가 조명등처럼 연신 번쩍이는 사이사이 잎새와 가지들의 움직임을 정지 영상으로 잡아냈다. 새로 나온 단풍나무 잎도 바람에 비틀리고 퍼덕이며 초록빛으로 번들거렸다. 나무 위에서는 벼락이 하늘에 일순 반짝이는 강물들의 지도를 수놓고 있었다.

대단한 장관이었다. 번개와 천둥의 반복이 점점 뜸해지고 섬광이 멀리 사라질 때까지 나는 밖을 지켜보았다. 마침내 잦아드는가 싶더니 폭풍은 잠자는 소를 놀래키고 들판을 흠뻑 적셔주려는 듯 전원을 향해 길을 잡았다. 나는 오늘밤 야영을 하지 않았다는 사실에 감사하며 잠자리로 돌아갔다.

아침, 5월의 둘째 월요일에 일어나 보니 날은 화창하고 고요했다. 땅이 젖어 있고 뒷마당에 떨어져 널부러진 가지들을 제외하면 지난밤 그렇게 난폭한 폭풍이 불었다는 것을 전혀 짐작할 수조차 없을 정도였다. 하지만 뒤뜰의 철쭉이 피어나기 시작했다. 지난 주 내내 수선화와 튤립의 영광이 시들어가는 중에 철쭉은 작은 삽 같은 꽃봉오리를 사원의 뾰족 첨탑처럼 꼭 닫아건 채 망설이고만 있었다. 정오가 되자 꽃송이 하나에서 시작해 꽃잎이 하나하나 피어나면서 작은 진홍빛 꽃떨기가 보이기 시작했다. 나는 철쭉 옆 풀밭에 앉아 좀 특별한 마음 상태를 만들어보기로 했다. 마음의 결이 가다듬어지면서 차분해졌다. 나는 몸의 속도를 늦추기 위해 몇 년 전에 배운 명상에 대해 가물가물한 기억을 더듬어보았다. 얼마나 고요했는지 인근 꽃 주위를 뱅뱅 도는 벌레의 잉잉거리는 소리까지 들렸다.

철쭉꽃이 실제로 피어나는 모습을 볼 수 있다고 나 자신을 믿게 만들었는지는 모르겠지만 어쨌든 꽃을 바라보며 앉아 있던 반 시간 동안 나는 꽃의 개화를 확실히 보았다. 물론 지식은 때로 체험에 영향을 주기도 한다. 아마도 나는 언젠가 한 번 미속 촬영 영화로 본 꽃이 개화하는 모습을 기억하고는 철쭉꽃 위에 겹쳐놓은 듯 싶다. 또는 내가 실제로 나의 시간 척도를 철쭉의 개화를 인도한 속도에 맞추어 늦춘 것일까? 그런 것은 중요하지 않았다. 꽃은 세포의 화려한 광시곡이었다. 수만 개의 세포가 내면에서 분할하고 또 분할하면서 작은 보랏빛 소나기구름처럼 부풀어 올랐다. 꽃잎 하나하나는 물오른 반투명 세포 알갱이들의 모양이었다. 꽃은 촉감이 부드러운 벨벳 같았다. 안에서는 액체와 당질이 강력하게 밀려와 꽃잎을 점점 팽창시켰다. 그럼에도 불구하고 그것은 느렸다.

　나는 몸을 일으켜 집 안으로 들어갔다. 내부는 뒤뜰보다 서늘했고 2층으로 가는 오크목 계단은 습기 속에 향이 났다. 손으로 만지면 약간 물기가 느껴졌다. 두세 시간 더 일을 하고는 오후 늦게 철쭉을 보러 다시 뜰로 나갔다. 이제 꽃송이 여섯 개가 열려 있었다. 보랏빛 꽃잎은 뜨거운 태양 아래 윤기 나는 완벽한 모습이었고 꽃받침 안쪽 서늘한 보랏빛 공간 깊은 곳에 있는 수술의 끝은 이미 꽃가루가 묻어 있었다. 백합, 비비추, 이웃집 고광나무까지 다 꽃이 피어나고 있었다. 하지만 그 무엇보다도 단풍나무가 가장 앞서고 있었다. 이미 꽃은 사라지고 날개 달린 씨앗 뭉치들이 잎 사이에 달려 있었다. 너무 빠른 것만 같았다. 매년 더 빨라지고 있었다. 나무 속에는 꽃, 꽃 속에는 씨앗, 씨앗 속에는 나무가 있었다.

스탠포드의 페가수스 [1]

1878년 어느 화창한 6월의 아침 캘리포니아 팔로알토의 한 경
마장에서 세상이 달라지는 사건이 일어났다. 마이브리지Eadweard
Muybridge(1830~1904)가 시간을 멈춘 것이다. 전속력으로 질주하는
말의 영상을 잡기 위해 그가 사용한 카메라는 39년 전 루이 자끄망
데 다게르Louis Jacques Mande Daguerre(1787~1851)가 발명한 것이었
다. 오늘날과 비교할 때 빅토리아 시대의 사진 기술은 아직 원시적
이었다. 하지만 마이브리지는 꿈을 좇는 사람이었고 발명가였다. 그
는 기존의 다게르 타입 카메라를 최고 성능을 발휘하도록 개조했
고, 그날 아침 이 카메라는 시간의 새로운 영역을 인류에게 드러내
보여주었다. 수일 내로 전세계 신문들은 그의 말 사진을 손으로 그
려 복사해 게재했고(아직은 사진 복사기술이 없었다), 마이브리지는
하루 아침에 유명인이 되었다.

발명가인 동시에 빅토리아 전통에 따른 위대한 괴짜였던 마이브
리지는 어린 시절 영국에서 미국으로 이민을 간 뒤 샌프란시스코에
정착했다. 청년시절 그는 사진이라는 새로운 매체에 매혹되었고 머
지않아 풍경사진사로서 명성을 쌓아 나갔다. 지난 20여 년간 사진
은 초상예술과 풍경화를 혁신했다. 자신이나 자녀들의 초상화나 멋

---

1 그리스 신화에 나오는 날개가 달린 천마天馬. 보기만 해도 화석이 되어버린다는 무서운
괴물 메두사의 목을 영웅 페르세우스가 베어 죽였을 때 흘러나온 피에서 생겨났다고 한다.

진 풍경화를 매입할 수 없던 사람들도 이젠 사진사를 고용하면 되었다.

사진에는, 특히 인물 사진에는 마술적인 면이 있었다. 인물 사진은 그림을 통한 해석이 아니라 직접적인 이미지였다. 사진을 찍은 그 순간에 시간은 정지해 있어 사람들은 이 작은 역사의 창을 통해 과거를 직접 재방문할 수 있었다. 그것은 지금은 우리가 당연시하고 있는 가상 시간 여행의 시작이라고 할 수 있다. 막 우리의 사진을 찍으려 하고 있는 카메라 렌즈를 바라볼 때 우리는 미래를 들여다보고 있다는 사실, 그리고 후손들이 그 유리 눈을 통해 우리를 되돌아보고 있다는 사실에 별로 경이로워하지 않는다.

나는 할머니가 젊은 시절 유럽에서 찍은 다게르 타입 초상 사진을 볼 때마다 늘 매혹되곤 한다. 할머니는 머리카락 몇 올이 의도적으로 귀를 덮은 권태로운 스타일로 머리를 올리고 옆모습을 찍었다. 높고 우아한 칼라가 달린 맞춤 드레스 위에는 은 브로치가 장식되어 있었다. 어깨에는 모피 숄을 두르고 까만 타조털로 만든 웅장한 모자가 맨 위를 장식했다. 눈부셨다. 젊은 나이, 아마도 열여덟 살쯤이었을 거다. 이 사진에는 금방 다가갈 수 있는 무언가가 있었다. 그리고 이 사진은 110년이 지났지만 훨씬 더 최근 것으로 보인다. 할머니의 자세에 희미하게 굳은 흔적이 있는 것은 아마도 사진사가 움직이지 말라고 했기 때문일 것이다. 노출에 2, 3초 정도가 걸렸을 테니 말이다.

마이브리지가 못마땅해한 것은 바로 이런 스틸 사진의 한계였다.

그는 움직이는 세상을 찍기 위해 순간 속으로 더 깊이 들어가고 싶었다. 그래서 새로운 렌즈와 셔터를 가지고 속도를 증대하는 실험을 했고 1870년에 이르러서는 그동안의 노고가 빛을 보게 되었다. 움직이는 사람들과 동물들을 찍은 그의 선구적 사진은 전시회를 통해 사람들에게 충격을 주었고, 그의 작품은 전국적으로 명성을 얻게 된다. 은퇴한 철도건설업자이며 말 사육자인 릴랜드 스탠포드 Leland Stanford(1824~1893, 스탠포드 대학 설립)가 1873년 새크라멘토의 농장으로 그를 초청해서는 그가 활동사진을 연구할 수 있도록 지원을 시작했다.

마이브리지는 스탠포드의 말들을 주제로, 말이 걷고 구보하고 질주하는 모습을 카메라에 담았다. 이 종마들을 찍기 위해 그는 셔터 스피드를 더욱 올려야만 했다. 보통 그 당시 다게르 타입 카메라는 노출 시간이 몇 초에 달했다. 초상사진을 찍으려면 우리 할머니처럼 노출이 진행되는 동안은 절대로 움직이지 않고 있어야만 했다. 그런데 질주하는 말은 그럴 수가 없었다. 마이브리지는 더 빠른 셔터 속도와 필름을 개발해 나갔다. 1877년에 이르러서 그는 당시 가장 정밀한 시계가 측정할 수 있는 한계치인 2,000분의 1초의 셔터 속도를 가능하게 했다. 이제 그는 이전에는 인간의 육안에 보이지 않던 세상, 초고속의 영역을 촬영할 수 있게 되었다.

스탠포드가 마이브리지를 채용한 데는 명시하진 않았지만 목표가 있었다. 19세기 당시에는 질주하는 말의 네 발이 모두 땅에서 떨어져 있느냐 아니냐를 두고 논쟁이 계속되고 있었다. 현실주의자들은 달리는 말은 최소한 한 발은 땅에 닿아 있어야 한다고 주장했다. 그렇지 않으면 넘어지리라는 것이다. 낭만주의자들은 달리는 도중에 말은 공중에 떠 있게 된다고 주장했고 이런 말의 이동을 그들은 '발을 딛지 않은 이동'이라 불렀다. 논쟁의 해결은 쉽지 않았다. 어떤 쪽도 우위를 쟁취할 수가 없었다. 달리는 말의 아래로 가서 진실을 볼 수 있는 사람이 없었기 때문이다. 10분의 1초 내로 일어나는 것은 무엇이든 육안으로는 명료하게 볼 수 없었다.

1878년 6월 14일 아침 경마 애호가들과 신문기자들이 스탠포드의 팔로알토 목장에 모여들었다. 트랙의 한쪽에는 흰 도료를 칠한 마사가 있었는데 허리 높이의 기다란 창문들이 수평으로 나 있었다. 포문으로 삐죽이 내민 대포처럼 이 창문에는 열두 대의 카메라가 코를 내밀고 있었고, 각 카메라에는 렌즈가 두 개씩 장착되어 있었다. 그 건너편에 마이브리지는 하얀 캔버스천을 걸어 배경을 만들었고 천 위에는 5센티미터 간격으로 수직선이 표시되어 있었다. 트랙 바닥에는 전기 인계 철선을 배설해 말이 그 지점을 지나갈 때 열두 대의 카메라 셔터가 연속적으로 작동하게 했다.

모든 준비가 끝났을 때 말과 기수는 출발했다. 시간과 역사 속으로 들어가는 여행이 시작된 것이다. 카메라는 실수 없이 잘 작동했다. 마이브리지는 재빨리 사진을 현상했고 그 결과는 놀랄 만한 것이었으니 말과 기수의 완벽한 이미지가 2,000분의 1초 이하의 시간의 틀에 잡힌 것이었다. 달리는 말은 네 발이 모두 땅에서 떨어져 있었다. '발을 딛지 않은 이동'을 믿은 팀이 그날의 승자였다. 인간의 인식력은 기술의 도움을 받아 자연의 한계를 뛰어넘었다. 시간 안의 시간이 문을 열기 시작했다.

이 사진의 복제물이 세계로 배포됐고, 시각미술가들의 호기심을 유발했다. 프랑스의 시인이며 미술비평가인 폴 발레리Paul Valery는 말했다. "마이브리지의 사진은 조각가나 화가들이 말의 다양한 포즈를 그릴 때 범한 모든 실수를 적나라하게 폭로했다." 사실이었다. 마이브리지 이전에 화가들이 달리는 말을 묘사한 '장난감 말'의 포즈, 즉 앞다리와 뒷다리가 다 펼쳐진 포즈는 틀렸다는 것이 판명되었다. 드가Edgar Degas 같은 일부 미술가들은 이 사실주의를 환영했고 일부는 분노했다. 조각가 로댕Auguste Rodin은 선언했다. "진실한 것은 미술가이고 거짓말을 하는 것은 사진이다. 사실상 시간은 멈추지 않기 때문이다." 그의 말에도 일리는 있다. 시간은 멈추지 않는다. 하지만 동시에 그는 정직하지 못했다. 고속 사진은 시간을 조각내고 그 조각은 분명 시간이 멈춘 것이다.

결국 팔로알토의 장관은 홍보용이었다. 마이브리지와 스탠포드는 자신들이 벌인 드라마의 결과를 예측하고 있었을 것이다. 하지만 스탠포드의 말들이 출발문이 열리기를 기다리며 서 있는 동안 꼬리를 흔들어 떼어내려고 애쓰던 말 정강이에 붙은 파리들은 아직 필름에 담지 못했다. 벌새들의 날개 역시 차후 스틸사진에 담아야만 한다. 이들 또한 마치 호박에 갇힌 곤충처럼 사진의 감광유액에 담기는 날은 그저 시간 문제였다.

전자 시간 — 전신과 전화

오늘 나는 뉴욕 이타카에 사는 박물학자이며 야행성 동물 소리 전문가에게 전화를 걸었다. 내가 3월에 본 올빼미 이름을 그가 확인해주었으면 해서였다. 다른 날 밤에도 녀석의 소리를 들었기 때문이다. 어제 나는 인터넷을 한참 뒤지다가 올빼미 사이트에서 울음소리 하나를 다운받았다. 하지만 그건 같은 소리가 아니었다. 그래서 다른 올빼미 소리 몇 개를 더 다운받았는데 내 컴퓨터에서는 웬일인지 소리가 들리지 않았다. 속이 상한 나는 랭 엘리엇에게 전화를 한 것이다. 나는 그에게 문제를 설명하고 지난 봄에 들은 올빼미 소리를 조잡하게 모사해 들려주었다. "잠시만요." 그가 말했다. 그는 올빼미 소리를 녹음해둔 파일들을 찾아서는 최고의 후보라 생각되는 것을 선별해 내게 들려주었다. 내가 들은 소리와 정확히 일치했다. 늘 그랬듯이(나는 이전에도 다른 소리 때문에 그와 통화한 적이 있다) 그는 이번에도 딱 맞춘 것이다. "북아메리카 귀신소쩍새(작은 올빼미로 동북 아메리카 태생)입니다." 그가 말했다. "도시에서 눈에 띄는 녀석은 아니죠."

전화에는 인터넷보다 더 내 마음에 드는 어떤 것(즉각성과 순간적 친밀감)이 있다. 지금처럼 전문가에게 전화를 해 필요한 정보를 좀 더 빨리 입수할 수 있다. 마이브리지가 스탠포드의 말들을 촬영할 때 전화 기술은 아직 출현한 지 2년밖에 안 된 신기술이었다. 그럼에도 불구하고 백악관에는 전화기가 설치되어 있어 러더퍼드 헤이

즈Rutherford B. Hayes 대통령은 이미 승자를 알고 있었다.

* * *

전화는 그보다 30여 년 전인 1844년 모스Samuel Morse가 최초의 메시지를 전송한 이후 전국에 번창한 전신의 자손이다. 전화와 전신 중 어느 것이 더 혁신적인지는 가늠하기 어렵지만 원거리 간의 순간적 소통이 만들어낸 효과는 혁명적이었다. 한때 공간이 지배하던 시간은 광속에서 상쇄되어버렸다.

모스가 최초의 전신을 보낸 이후 전신의 수용과 성장은 놀라운 것이었다. 전신은 이전의 어떤 기술보다도 그 채택에 있어 앞서갔다. 1851년에는 최초의 대서양 횡단 케이블이 매설되고, 1681년에는 북아메리카 전역에 전선이 얼키설키 놓이게 된다. 속도가 관건이었다. 전신은 먼 곳에 있는 사건의 뉴스가 며칠이 아닌 몇 분 내로 도달함을 의미했고 전신줄은 이제 아시아와 다른 대륙에도 뻗어 나가 전지구적인 '지금'의 개념이 적어도 서양 국가에서는 평범한 시민의 의식 속에도 들어섰다. 시간의 커다란 고립성과 벽지성이 이제 전기 거미줄 안으로 들어갔다. 이 전지구적 '지금'은 미국 철도국이 중앙표준시보를 울리기 시작했을 때 더욱 강화되었다. 1851년 최초의 시보가 캐임브리지의 하버드 대학 관측소에서 철도망을 통해 송신되어 총 네 개 시간대에 걸쳐져 있는 미국 내 모든 기차역의 시계를 오차 범위 1초 내의 같은 시간으로 맞추었다.

여기서 주목할 만한 것은 시간대 제도의 시작은 또한 불쾌한 과정의 시작이었다는 것, 현재 원자시계에 의해 가속화되고 있는 시간과 지구의 괴리가 시작되었다는 것이다. 시간대라는 추상 개념은 '정오'가 더 이상 태양의 위치에 따라 결정되는 것이 아니라는 것을 의미했다. 한 시간대의 시계가 정오를 가리키고 있다 하여도 한쪽 경계선에서 태양의 각도는 반대편 경계선과는 다르다. 시계가 좀 더 정밀해짐에 따라 추상 시간과 지구 시간의 괴리는 더 커지다가, 이미 보았듯이 지구 자체가 정확한 시계의 기준으로 낡은 것이 되는 것이다. 하지만 이런 이례적인 일은 19세기 신기술이 숨가쁘게 성장하는 동안에도 멈출 줄을 몰랐다.

신문 역시 세계적 사건에 대한 구미가 증대하자 증가하고 확산되었다. 전신의 발명이 있고 10년 내로 한 기자가 현장에서 최초의 전자 보고서를 본사로 보냈다. 1848년이 되자 미국의 많은 일간지가 뉴스 채집(그리고 뉴스 유통) 매체로서 전신의 거대한 가능성을 깨달았다. 그들은 연결된 전신을 통해 뉴스를 공유하는 집단을 만들었고 이것이 후에 AP통신이 된다. 하지만 전신은 시간을 변화시키는 매체의 시작에 불과했다.

* * *

19세기 중반에 발명과 변화의 속도는 어마어마한 것이었다. 1839년 사진, 1844년 전신명, 1877년 전축과 전화가 발명되었다. 영국 작가 찰스 킹슬리Charles Kingsley 같은 빅토리아 시대 목사들도 기술에 대해 지나친 자신감에 차 있었다. 1848년 그는 이렇게 썼다. "내게 정치·경제 전문가, 위생 개혁가, 공학기사를 달라. 그리고 당신의 성자와 동정녀와 문화유산과 기적을 가져가라. 제니방적기와 철도, 큐나드의 정기선과 전신은 내게 있어 적어도 어떤 면에서는 인간이 우주와 조화를 이루고 있다는 징조다."

더 많은 조화가 다가오고 있었다. 1878년 전화를 통한 최초의 대화가 실현되었고, 벨Alexander Graham Bell은 영국에 전화를 도입했다. 6년 후 보스턴, 매서추세츠, 뉴욕 사이에 안정적인 장거리 전화가 개설되었다. 대서양 횡단 전화 케이블이 성공적으로 놓인 것은 다음 세기가 되어서야 가능했다. 1900년에 이르면 대부분의 산업국가에 전화망이 연결된다. "시간은 돈이다"라는 격언을 만든 사람은 벤자민 프랭클린Benjamin Franklin이지만 그 시간을 처음으로 돈(동전)으로 바꾼 사람은 벨이었다. 장거리 전화 요금이 역사에서 시간을 돈 개념으로 바꾼 가장 직접적인 경우였다.

전화는 두 사람을 연결했을 뿐 아니라 지리적으로 먼 곳을 연결해준다. 마셜 맥루한Marshall McLuhan이 풍자했듯 전화는 우리가 동시에 두 장소에 있을 수 있게 해준다. 손쉬운 관찰 같지만 이것은 정말 사실이다. 전화선 저쪽에 있는 사람이 바닷가에 있다면 그리고 전화기를 바다 쪽 창문으로 향하고 있다면 파도 소리가 이쪽에도 들릴 것이다. 단지 대화만이 아니라 두 지역의 분위기도 중첩된다. 이쪽에서 우리 주변에 나는 소리가 다른 쪽 배경 소음과 함께 어우러진다. 전화는 지리적 공간을 부수고 개인적 공간을 만든다.

하지만 시간에는 또 다른 일이 일어난다. 사람들에게 전화 통화를 얼마나 했는지 물어보면 그들은 늘 실제보다 짧은 시간을 대답한다. 시간과 공간이 하도 밀접하게 연결되어 동시에 두 장소에 있는 것과 같으니 인식된 시간도 두 배나 더 드는 것일까? 내가 랭 엘리엇에게 한 전화는 짧았다. 실제 길이는 전화 요금 청구서가 오면 알겠지만 한 2, 3분 정도 걸렸을 것이다. 하지만 그렇지 않다 해도 난 전화국과 논쟁하진 않을 것이다. 전화국은 이미 130년간 성업 중이니까 말이다.

시간의 거울 — 영화의 탄생

1890년대는 역사상 가장 대단한 시간 조작의 도래를 예고했다. 물론 중산층의 응접실에서는 이미 수십 년간 그 계획이 논의되고 있었다. 빅토리아 시대의 움직이는 이미지에 대한 집착은 1832년 페나키스토스코프phenakistoscope의 등장과 함께 시작되었다. 페나키스토스코프는 긴 홈이 파인 디스크 가장자리에 춤추는 사람, 저글링 하는 사람 등을 죽 배열한 것이다. 이 디스크를 거울 앞에서 돌리면 빙빙 도는 홈을 통해 거울에 비추어진 인물이 움직이는 것을 볼 수가 있다. 빅토리아 시대 사람들은 여기에 빠져들었다. 페나키스토스코프의 뒤를 이어 일련의 발음도 어려운 발명품들이 등장했으니 1867년 활동요지경zoetrope, 1877년 레이노의 프락시노스코프 Praxinoscope가 나왔고, 1879년 마이브리지가 내놓은 주프락시스코 프Zoopraxiscope에는 유리 디스크 위에 인쇄한 사진들의 이미지를 스크린 위에 투사하는 장치를 덧붙였다.

이 모든 영화의 선구자들은 오늘날의 영화와 마찬가지로 우리의 지각 속도의 최저 한계에 의지했다. 눈은 회전하는 디스크가 특정 임계 속도에 도달할 때 개별 '프레임'을 혼합한다. 핵심 과제는 유연 하고 연속적인 움직임이 주는 착각이다. 제논의 화살처럼 개개의 이 미지는 여전히 홀로 있지만 개개의 연속 이미지가 합쳐지면 기적적 으로 움직임이 나오는 것이다. 그것은 마이브리지의 전략과 반대로, 육안으로는 볼 수 없는 너무 빠른 움직임을 포착하는 대신, 눈을 속임으로써 움직인다는 착각을 일으키는 것이다. 그리고 사진이 이 기술과 혼합되었을 때 전혀 새로운 것이 창조되었다. 그것은 자신이 비춘 이미지를 다시 재생할 수 있는 일종의 시간의 거울이었다. 화 살이 날아간 것이다.

처음에 이 '움직이는 사진' 체험은 매우 사적인 것이었다. 활동요 지경이나 최초의 프락시노스코프를 들여다볼 수 있는 사람은 한두 명으로 제한되었다. 1890년대 초가 되어서야 활동사진은 단체 체험 을 할 수 있었으니 에밀 레이노Charles-Emile Reynaud가 자신의 프락 시노스코프를 스크린 위에 투사하는 방법을 고안해낸 것이다.

이후 토마스 에디슨이 참여하게 된다. 시간에 근거한 또 다른 매 체, 전축을 발명한 직후 그는 활동사진 문제를 해결하기로 결심한다. 연구원 윌리엄 딕슨William Dickson과 함께 1892년 키네토스코프 Kinetoscope라 불리는 동영상 장치를 만들어냈다. 처음에는 게임센터에 설치해 동전을 넣으면 작동하도록 했지만 그 뒤에는 움직임을 스크린 위에 투사하도록 광학 랜턴을 사용하는 영사기를 추가했다. 딕슨은 또한 영화 필름의 폭을 35밀리미터로 표준화하고, 노출되지 않은 필름이 일정 속도로 카메라를 통과할 수 있도록 셔터와 필름을 감는 레버를 정확하게 돌려주는 모터를 개발했다. 이 도구의 출현으로 영화산업은 신속히 성장했다. 노다지가 된 것이다.

에디슨이 최초로 만든 게임센터식 영사 시설인 키네토스코프 팔러Kinetoscope Parlor는 영화관의 선구가 되어 1894년 뉴욕시에 문을 열었다. 당시 '영화'란 필름 클립의 모음들로서 제목은 '공중그네', '레슬링', '이발관', '대장장이들', '닭싸움' 등이었다. 사람들은 이 활동사진을 사랑했다. 이윽고 애틀랜틱시티, 샌프란시스코, 시카고 등지에도 이런 초기 영화관이 생겨났다. 그리고 프랑스에서는 뤼미에르 형제Louis & Auguste Lumiere가 영화 카메라와 영사기가 합쳐진 기계를 만들었다. 그것은 손에 들고 운반할 수 있었으며 손으로 가동을 시작할 수도 있었다. 뤼미에르 형제는 이 발명품을 시네마토그라프cinematographe라 불렀고 1895년 특허를 냈다. 그들이 결정한 필름 속도 초당 16프레임은 업계 표준이 되었다. 물론 1920년대 말 유성영화가 등장하면서 이 속도는 초당 24프레임으로 바뀌게 된다. 이들 형제는 최초로 제작한 영화를 1895년 파리에서 선보였다. 에디슨 영화에서 보여준 일상생활보다 훨씬 더 드라마틱한 이 영화에서 관객들은 열차가 역으로 들어오는 장면이나 마차를 끄는 말이 카메라를 향해 질주해올 때 숨을 죽였다.

1897년 파리에 영사기와 스크린을 제대로 갖춘 최초의 영화관이 등장했다. 그러고 나서 5년 후 로스앤젤레스에 일렉트릭 시어터Electric Theatre가 개관하면서 조르주 멜리에스George Melies(1861~1938)와 뤼미에르 형제는 본격적으로 제작에 들어가 20세기 초까지 수백 편의 영화를 만들었다. 심지어 멜리에스는 1902년 최초의 공상과학영화 〈달로의 여행Le voyage dans la lune〉도 상영했다. 이 영화에서는 여러가지 영화 기법을 최초로 선보였는데 이야기 형식의 내러티브, 플롯, 트릭 촬영, 디졸브, 이중 인화, 스톱모션, 슬로모션이 그것이었다. 1903년 에드윈 포터Edwin S. Porter의 10분짜리 서부극 〈대열차강도The Great Train Robbery〉는 연대순을 벗어나서 찍은 최초의 영화 중 하나였다. 이 영화는 또 동일 장면들을 교차 편집해 한 장면은 후방 투사로, 두 장면은 패닝 쇼트로 보여주기도 했다. 몇 시간 몇 날을 단 몇 분으로 압축하는 내러티브 시간의 대대적인 조작이 시작된 것이다.

현대적 시간의 시작

1902년을 살던 사람이라면 아마도 전형적인 일요일 오후에 전화 요금 청구서를 보고 수표를 써서 부치거나, 그동안 수집한 입체 사진을 보고 있었을 것이다. 입체 사진은 거의 홀로그램 같은 3차원 사진으로서 '입체경stereoscope'이라 불리는 도구를 손에 들고 그를 통해 봐야 하는 불편함이 있었지만 사물이 마치 거기 실제로 존재하는 것 같은 기분을 주었기 때문에 사진보다 훌륭했다. 입체경을 들여다보면 우리는 몸은 거기 그대로 둔 채 시공의 여행을 떠나게 된다. 멀리 이국적인 곳에 가서 사람들을 만나고 비교적 최근에 일어난 큰 사건, 열차 사고 현장이나 전장을 직접 목격할 수 있다.

그러고 잠시 후에는 영화관으로 가서 스톱모션 사진을 통해 시간이 가속되는 것을 볼 수 있을 것이다. 집으로 돌아와서는 레코드를 틀어 팝송을 들을 것이다. 레코드 역시 시간을 기반으로 한 공연예술이 사진처럼 포착된 것이다. 또는 타 도시에 사는 친구에게 장거리 전화를 걸지도 모른다. 1902년에 이르면 시간은 이미 고도로 변하기 쉬운 것이 되어 있다. 한때 지연되던 것들이 이젠 즉각적인 것이 되고(편지를 며칠씩 기다리는 대신 즉시 전화나 전신을 할 수 있다), 한때 연속적이던 것이 이젠 뒤섞인다(영화에서 과거와 상상 속의 미래의 조각들이 현재와 뒤섞인다). 시간은 미디어의 손 안에서 말랑말랑한 찰흙이 되었다.

미속 촬영

영화나 오작동하는 형광등이 보이는 명멸 현상은 암실의 스트로 보(스피드라이트) 효과에 근접하지만 그만큼 강렬하지는 않은 것으로서, 일종의 미속촬영 효과를 가져온다. 스트로보 아래서 춤추는 기분에 필적할 만한 것은 없다. 그것은 다른 세계를 방문하는 것과 같다. 우리의 분열된 움직임은 스트로보에 의해 시간 별로 포착되어, 부드러운 여운을 남긴다. 미속 촬영은 이와 유사하나 개개의 샘플 또는 프레임 간의 간격이 더 길고 지속 시간을 건너뛴 것이다. 이것은 실제로 시간 압축이라 할 수 있다. 영화의 연속 프레임은 영사 속도보다 느리게 캡처된다. 이것을 정상 속도로 재상영할 때 시간은 가속된다. 식물의 성장이나 밤하늘을 가로지르는 별처럼 정상적으로 보기에 너무나 느린 진전이 이 기법을 통해서는 확연히 드러난다.

미속 촬영은 1897년 멜리에스가 제작한 영화 〈오페라의 교차로 Carrefour de l'opera〉에서 처음 등장했다. 이 기가 막힌 신기술을 가지고 영화 제작자들은 계속 그 지평을 넓혀갔다. 60년 후 이 기술은 존 오트John Ott가 1956년 제작한 다큐멘터리 〈생명의 비밀The Secrets of Life〉에서 정점에 이른다. 오트가 화려한 색채로 피어나는 꽃들을 촬영한 시퀀스는 불꽃놀이 같은 아름다움과 역동성을 보여주었다. 나는 어릴 때 이 영화를 보았는데 우리 집 마당에 철쭉이 개화하던 날에도 그 영화가 분명 어떤 영감을 주었다.

웰즈H. G. Wells도 같은 방식으로 영감을 받지 않았을까 생각한다. 물론 오트가 아니라 멜리에스에게서 말이다. 〈오페라의 교차로〉와 비슷한 시기에 출판된 웰즈의 작품 〈타임머신The Time Machine〉에는 주인공이 미래로 여행하는 것을 묘사한 꿈 부분이 있다.

내가 속도를 빠르게 하자 낮이 가고 밤이 검은 날개를 퍼덕이며 다가왔다. 실험실이라는 희미한 암시는 이제 내게서 떨어져 나간 것 같았고, 나는 태양이 빠르게 뛰어 하늘을 가로지르는 것을 보았다. 1분이 하루가 되었다. 나는 실험실이 파괴되어 내가 실외로 나온 것이라 짐작했다. 희미하게 건축장의 비계를 보았다는 느낌도 들었지만 내가 하도 빠르게 여행하고 있어 움직이는 어떤 물체도 의식하기가 어려웠다. 세상에서 가장 느린 달팽이가 너무나 빠른 속도로 지나갔다. 어둠과 빛이 교대로 명멸하는 현상은 눈에 극심한 통증을 야기했다. 그러고 나서 나는 어둠 속에서 간헐적으로 달이 빠르게 회전하며 초승달에서 보름달로 바뀌는 것을 보았고, 빙빙 도는 별들도 흘깃 보았다. 현재 나는 계속 가면서 속도는 여전히 가속되고 밤과 낮의 떨림이 하나의 연속적 회색으로 합쳐졌다. 하늘은 형언할 수 없이 깊은 청색이고 장엄한 빛이 이른 황혼처럼 물들고 있다. 휙 움직이는 태양은 우주에서 하나의 불줄기, 찬란한 호弧가 되고, 달은 더 약하고 변동하는 띠가 되고, 별은 전혀 볼 수 없었다. 다만 간간히 청색 속에서 찬란한 원이 명멸할 뿐.

미속촬영은 적어도 20세기엔 다큐멘터리의 권한이 되어 다리 건설, 거미 집짓기, 익어가는 과일을 보여주었고, 좀 더 최근에는 1983년 작품 〈코야니스카시Koyaanisqatsi〉에서처럼 구름, 교통, 도시들을 보여주었다(구름의 미속촬영 영화는 나의 구름에 관한 관점을 완전히 변화시켰다. 어린 시절 나는 구름을 워즈워드의 시 〈수선화The

Daffodils)의 한 구절처럼 단일 존재로 생각했었다. "나는 구름처럼 외롭게 방랑했지." 하지만 미속촬영은 구름이 지형의 한 곳 위에 연속해서 형성되는 증기 송이와 같은 것임을 보여주었다). 이제 미속촬영 영상은 비디오 플레이어의 빨리감기 기능처럼 흔한 것이 되어버렸고 그것을 통해 가상 시간 여행에서는 장면들이 감속, 가속되기도 하고, 뒤로 후퇴하기도 하고, 슬로모션으로 상영되기도 한다.

슬로모션

슬로모션의 등장은 에디슨이 제작한 최초 키네토스코프의 한계였던 초당 16프레임 이상을 잡을 수 있는 카메라가 등장할 때까지 기다려야만 했다. 이것은 영화 제작이 얼마나 빠른 속도로 성장했는지를 증언해주는 것으로 1894년이 되자 프랑스 영화기사 에티엔 쥘 마레Etienne Jules Marey는 초당 700프레임을 담을 수 있는 카메라를 만들었다. 하지만 그의 기술이 주류로 진입하는 일은 후대를 기약해야 했다. 1904년 독일인 아우구스트 무스게르August Musger(1868~1929)는 슬로모션 영화카메라에 최초로 특허등록 신청을 했지만 권리를 잃었고, 1914년 드레스덴의 에르네만 회사가 거의 동일한 슬로모션 기법을 선보였다. 슬로모션은 곧 영화 제작의 규범이 되었고 다수의 영화감독들이 이 기법을 효과적으로 사용했으며, 특히 재생속도가 초당 16프레임에서 24프레임으로 증가한 후에는 더욱 그랬다. 아키라 구로사와 감독은 슬로모션을 활용한 제1세대 중 하나로 1954년 〈7인의 사무라이The Seven Samurai〉에서 이 기법을 공개했다. 후에 샘 페킨파 감독은 슬로모션을 폭력의 사실주의를 고양시키는 데 활용했다. 더 최근에는 초저속 슬로모션과 '총알 모션'이라 알려진 기법이 영화 〈매트릭스The Matrix〉에서 광범위하게 활용되었다.

컴퓨터 촬영기법의 등장과 함께 한 장면의 다양한 측면을 실제 속도로 재생하는 반면 다른 측면들은 슬로모션으로 재생하거나 정지시키는 것이 가능해졌다. 따라서 배우는 동결된 폭발 장면 속을 마치 박물관에 걸린 디오라마diorama[2]라도 되는 것처럼 걸어 나갈 수 있다. 현재 영화와 비디오에서 시간은 분할될 수도 후진할 수도 전진할 수도, 분할된 후 전진과 후진을 동시에 할 수도, 또는 저속과 가속이 무한한 조합의 수로 나타날 수도 있다. 시간에 관한 한 우리는 디지털 펄스 무선[3]과 영화 필름을 통해 새로운 시간 풍경을 조합해내면서 신의 역할을 하고 있다.

하지만 우리가 마치 펨토니안 친구들처럼 초고속의 관점에서 시간을 체험하게 해주는 것은 슬로모션밖에 없다. 슬로모션에는 우아하고 부유하는 듯한 느낌이 있어 실제 시간의 급격한 변화를 다

---

2 배경 위에 모형을 설치하여 하나의 장면을 만든 것, 또는 그러한 배치. 파노라마와 유사하지만, 파노라마가 실제 환경에 가깝도록 무대 도처에 실물이나 모형을 배치해 전체와 부분의 관계를 명백히 하는 데 비해, 디오라마는 주위 환경이나 배경을 그림으로 하고, 모형 역시 축소 모형으로 배치한다는 점이 다르다.
3 저출력으로 광대역 주파수 스펙트럼에 대량의 디지털 데이터를 송신하는 무선 기술.

듣어준다. 물 한 방울이 연못으로 떨어지는 것을 담은 슬로모션 영화는 액체 기하학의 교향악이 된다. 불안정하게 흔들리는 타원형의 물방울은 유리 왕관처럼 상승하는 완벽한 원형의 파동 속에서 물속으로 사라진다. 그때 놀랍게도 왕관이 잦아들면서 물방울은 액체 줄기 중심에서 다시 부상한다. 그것이 떨어지면서 다시 튀는 또 다른 물방울에 의해 대체될 때 왕관은 평평한 파문이 된다. 이것은 이전에는 그 누구도 보지도 듣지도 못했던 현상이다.

슬로모션에서 고양이의 본능적 움직임은 순수한 안무가 된다. 높은 곳에서 등을 아래로 향한 채 떨어지는 고양이는 풀밭에 네 발로 착지하기 직전에 능숙하게 몸을 돌리면서 공중발레를 선보인다. 슬로모션의 세계에 들어갈 수 있다면 우리는 미속촬영 영화에서 보았듯이 빠른 속도로 움찔거리며 움직이는 인물이 될 것이다. 하지만 가끔은 실제 삶에서 슬로모션의 세계로 들어갈 때도 있다. 예를 들면 트라우마적 사건으로 우리의 속도가 가속될 때가 그렇다. 몇 년 전 나는 딸과 함께 토론토에서 전차를 타고 가다가 3중 충돌사고를 당한 적이 있다. 그때 나는 시간을 감속시킬 수 있는 아드레날린의 힘을 직접 체험했다.

* * *

그날은 늦은 봄 오후였고, 황혼 무렵이었다. 우리는 북쪽으로 가는 전차를 타고 교차로 한가운데를 지나고 있었다. 그때 돌연 서쪽으로 가던 전차가 우리를 기습했다. 엄청난 충격이 왔다. 처음에는 무슨 일이 일어났는지도 모른 채 어안이 벙벙했다. 나는 딸과 함께 뒤에 앉아 있었는데 전차가 통째로 한쪽으로 기울어지면서 엄청난 굉음이 들렸다. 그런데 엄청나게 큰 그 소리는 어쩐 일인지 소리라기보다는 어떤 형체처럼 느껴졌다. 지금 되돌아보면 나의 청각이 아드레날린이 용솟음치는 중에 변화된 것 같다. 시간은 그런 경우 느려지기 때문이다. 그 다음에는 모든 것이 명료한 슬로모션으로 진행되었다.

서쪽으로 향하던 전차의 충돌로 인해 내가 탔던 전차는 선로를 이탈해 옆쪽으로 미끄러지고 있었다. 유리 파편, 스파크, 금속 조각의 뒤를 쫓아 달리던 우리 전차를 향해 이번에는 반대편에서 남행 전차가 다가오고 있었다. 이미 너무 가까이 다가온 상대편 전차는 멈출 수도 없는 상태였다. 내가 앉았던 자리의 유리창은 다가오는 전차의 운전기사를 향하고 있었다. 그의 눈과 내 눈이 마주쳤고 모종의 목례가 오갔다. 하지만 금세 시선을 돌린 그가 맹렬하게, 하지만 고통스럽도록 천천히 핸드브레이크를 당기는 순간 나는 그의 팔뚝에 힘줄이 팽팽히 곤두서는 것을 볼 수 있었다. 또한 그 전차에 달려 있던 광고판 불빛과 승객들 얼굴에 스치던 엄숙하고 결연한 빛도 볼 수 있었다.

그리고 그가 우릴 쳤다. 엄청난 충돌이었고 전체 장면이 다 흔들리면서 사라졌다. 우리 전차의 모든 승객은 이미 의자에서 떠밀려나갔거나 복도를 날아가고 있었다. 나는 안전 유리창이 마치 떠다니는 안개처럼 실내로 쏟아져 들어오던 것을 기억한다. 어떤 냄새가 있었다. 타는 냄새는 아니고 거의 화학적이라 해야 할 짙고 강렬한 냄새였다. 이 모든 것이 쥐죽은 듯한 정적 속에서 일어났다. 그 다음에는 이젠 정상 속도로 되돌아온 영화처럼 모든 것이 실시간에 일어나기 시작했고 나는 소음에 둘러싸여 있었다. 신음소리, 울부짖는 소리 속에 작은 유리 조각들이 여전히 창문에서 떨어져 나가고 있었고, 고장 난 공기브레이크에서는 공기가 씩씩거리며 빠져나가고 있었다.

다행히도 딸과 나는 다치지 않았다. 물론 이틀 정도 뒤에 엉덩이 양쪽에서 타박상을 하나씩 발견하긴 했지만 말이다. 나의 아드레날린이 나를 완전히 마취시켰었나보다. 나는 사고를 당했거나 경쟁이 심한 운동경기를 하던 중 나와 유사한 슬로모션 시간을 체험한 경우를 들은 적이 있다. 그러니까 우리는 잠시 동안은 가속된 시간을 체험할 수 있는 것이다. 하지만 우리는 현재 고속필름이 포착하는 것과 같은 것은 체험할 수가 없다. 총알이 천천히 사과를 통과하고, 벌새가 까마귀의 속도로 날개를 퍼덕이며 나는 것 같은.

* * *

사진은 그 무엇과도 다르게 우리를 즐겁게 해주고 놀래켜주고 정보를 주면서 인식의 미개척지를 열었다. 이제 새로운 눈으로 우리는 이전에는 닫혀 있던 시간의 세상을 들여다본다. 만약 내가 뒤뜰에 미속촬영 카메라를 설치한다면 내 정원은 거의 알아볼 수 없는 것이 되리라. 모란의 성장하는 줄기는 비틀린 채 흙에서 맹목적으로 내미는 손가락 모양의 잎처럼 보일 것이다. 튤립은 매일 아침 꽃봉오리를 열었다가 저녁이면 다시 닫을 것이다. 클레마티스의 덩굴손은 격자 울타리를 기어 올라갈 때 문어발처럼 그를 움켜잡을 것이다. 여기에는 어떤 목적이 있을 것이다. 이 속도에서는 식물과 동물의 경계선이 사라지기 때문이다.

미디어 시간의 지금

현대 세계는 마치 공간을 축소하듯 손쉽게 모든 역사적 시간을 단축시킨다. 모든 곳과 모든 시대가 다 여기 그리고 지금이 되었다. 역사는 우리의 새로운 미디어에 의해 파괴되었다.
- 마셜 맥루한Marshall McLuhan, <미디어의 이해Understanding Media>

지금 새천년의 시점에서 시간은 그저 우리의 관심을 빼앗으려 경쟁하는 또 다른 매체, 즉 미디어가 되었다. 시계 신호는 이제 전 세계에 전자식으로 전달되고, 우리의 컴퓨터, 텔레비전, 라디오, 전화를 통해 흐르고 있다. 우리가 어디에 있든 이제 지구는 냉혹하게 째각거리며 흘러가는 단일하고 정확한 순간으로 연결되어 있다.

우리는 이 사실을 알고 있고 우리의 생체 시계 역시 째깍이며 가고 있음을 알고 있지만, 그럼에도 때로는 그것을 별로 믿지 않는 사람처럼 행동하곤 한다. 우리는 점점 더 그러한 사실에 대한 믿음이 줄어드는 것 같다. 왜 그럴까? 바로 우리가 영화, 텔레비전, 대중음악(일정 부분이 반복된다), 원거리통신을 통해 시간을 조작하는 세기를 물려받은 상속자이기 때문이다. 우리는 다른 시간대에 사는 사람들에게 전화를 한다. 그러니까 내 창문에는 햇살이 눈부신데 나와 통화 중인 사람은 창밖으로 막 떠오르는 달을 보고 있을 수 있는 것이다. 시간은 복잡하면서도 동시에 무한히 펴서 늘일 수 있는 것이 되었다.

텔레비전을 통한 국제 생중계와 제트기는 흔한 말로 '좁은 세상'을 만들었다. 이제 거리는 과거의 거리가 아니다. 시간 또한 축소되었다. 적어도 이전처럼 거대한 의미의 시간은 그렇다. 동시적이고 다중적으로 처리되는 일터는 더 짧은 시간 안에 더 많은 일을 하도록 변화했고, 환경이 점점 더 무선화되어 감에 따라 우리의 사적인 영역도 그만큼 축소되고 있다. 모든 사람이 다른 모든 사람과 상시 연결되어 있다. 물론 여기에는 치러야 할 대가가 있으니 우리 몸에는 자연계의 순환주기에 근원한 주야의 교차에서 유래한 고유한 시간 감각이 있기 때문이다. 개인 거리와 프라이버시는 점점 더 희귀해지고, 무언가를 성찰하고 명상하고 헤매일 시간, 즉 세상에서 떠날 자유가 허용되는 자연스러운 마음으로 있을 시간이 없다. 그런 자유는 사치가 되었다. 천천히 시간을 들여 무언가를 하는 것은 오락적 방종이 되었다.

텔레비전에서는 시간의 흐름이 시간 압축의 전형이라 할 수 있는 광고방송에 의해 항시 중단된다. 당신의 상품을 어떻게 하면 30초 안에 팔겠는가? 내러티브의 압축과 편집이라는 영화기술은 광고방송에서 철저히 연마된다. 최근에는 시간의 흐름 자체가 일부 텔레비전광고의 주제가 되었다. 필름을 디지털화하고 한 장면의 다양한 행동 요소를 분리시켰다가 다른 속도로 재생할 수 있는 기술은 이제 자동차 광고에서는 진부한 것이 되어버렸다. 미속촬영한 구름 아래서 자동차가 정상 속도로 달리거나, 매끈한 승용차가 지나가면 겨울이 봄으로 변하는 것이다. 광고인들이 자신만의 목적을 위해 우리의 시청 시간을 어떻게 포획하느냐가 우리 시간 경제의 핵심 투쟁 요소가 되었고, 통신매체들이 연예매체들과 연합함에 따라 이 격투는 점점 더 사사롭고 심지어 침입적인 성격까지 띠게 되었다.

거대한 끌개attractor

미래는 이제 예전 같지 않다.
- 요기 베라

우리는 모두 '지금'의 승객이고 이것이 우리의 공동 유대라 할 수 있다. 우리가 갑자기 다른 세기로 이동한다면 우리는 시간적으로 문화적으로 고립되어 이국적 감성 속을 고아처럼 방황할 것이다. 그러다가 우리와 같은 시간대에서 온 다른 여행객을 만나면 출신국이 어디든 마치 형제자매를 만난 듯 반길 것이다. '지금'이 주는 결속감이 국적보다 더 강하기 때문이다. 하지만 우리의 '지금'은 할리우드가 만들어낸 것으로서 다양한 미디어가 100년 동안 시간을 조작한 결과이며 그 범주는 쥐라기에서 먼 미래까지 아우른다.

시간을 기반으로 하는 예술 형태, 그중에서도 특히 텔레비전과 영화는 모든 시대들(과거·현재·미래)을 다 시간을 초월한 현재로 가져온다. 맥루한이 말한 '역사의 끝'인 지금 여기에서 모든 패션들, 문화들, 이야기들이 동시에 존재한다. 그로 인해 우리는 특별한 상황, 현재가 현재다운 말들과 드레스 코드와 가설들을 가지고 과거뿐 아니라 미래보다도 더 우위에 있는 역설적 상황에 놓여 있다. 패션의 진화는, 만약 그런 것이 존재한다고 할 수 있다면, 이제 우리가 이미 방문해본 미래에 의해 좌절된다. 더 이상 갈 데가 없다.

미래는, 최소한 공상과학영화에서 보이는 미래는 〈스타 트랙Star Trek〉 회의나 하이테크 쇼룸에 가본 사람들이 사는 곳, 해체된 사회에서 압박받는 영웅들이 사악한 과학자들과 싸우는 곳이다. 모든 사람들이 실용성이 모호한 디자이너의 의상, 마치 1960년대 피에르 가르댕이 보여준 현대, 즉 추상주의 라인에서 폐기된 것 같은 의상을 입고 있다. 분명 현대 팝 문화의 도회적 세련미를 추구하는 사람들에게 어울리는 곳은 아니다. 이들은 가까운 과거의 진지함보다는 미래에 대해 좀 더 거부감을 느낀다. 하지만 그 가까운 과거 안에서 지난 30여 년은 팝 문화가 자꾸만 되풀이해 되돌아가는 어떤 모습을 가지고 있다. 마치 그곳에 문화적 블랙홀이 있다는 듯, 그래서 주변 시간을 뒤틀어놓는 거대한 끌개가 있다는 듯 말이다. 현재는 자신을 넘어서지 못하고, 중력권 이탈 속도에 도달할 수 없는 것 같다.

오늘날 패셔니스타가 과거의 지나친 진지함을 탈피하면서도 '새로운' 패션을 찾아 과거를 뒤져볼 수 있는 유일한 방식은 역설적이게도 '복고' 액세서리라는 특별한 마법을 통해서다. 이 역설을 통해 불후의 카리스마를 향유하면서도 아무런 낙인 없이 과거를 골라 맛볼 수 있다. 아마도 시간을 초월한 현재의 이면에는 일종의 폐소공포증 같은 불안이 도사리고 있는지도 모른다. 의식은 못하겠지만 그것은 분명 존재하며, 그 콧노래 소리가 우리로 하여금 더욱 끊임없이 과거를 동경하게 만든다. 우리는 모종의 방식으로 사로잡혀 있다. 그리고 이 과거에의 동경이 주로 향하는 시간의 중심은 60년대 후반 어디쯤인 것 같다. 수십 년 후에 태어난 사람도 마찬가지다. 거대한 천체처럼 그 거대한 '복고' 중력은 미래를 빨아들여 문화적 시간의 전진을 중단시키고 있다. 그럼에도 불구하고 이 거대한 끌개가, 우리가 바라볼 수 있고 우리가 모방할 수도 있는 잃어버린 낙원이라 해도, 우리가 그 시대의 일부를 옷으로 입는다 해도, 우리는 그 안에서 살 수는 없다.

그 시대의 무엇이 지금 그렇게 매력적인 것일까? 미래에 대한 한 치의 의심도 없는 믿음일까? 기술일까? 분명 1969년에서 1972년 사이에 일어난 6회의 달 착륙을 포함한 미국의 유인우주선 프로그램은 당시까지 어떤 업적도 능가하는 최고의 기술력을 선보였다. 그리고 이 영광스러운 시대의 마지막 한 자락처럼, 서구문명의 절정기가 이미 쇠퇴하고 있는데 그럼에도 불구하고 그것보다 20년이나 더 영광이 지속된 초음속 여객기 콩코드가 있다. 이 시대는 또한 토플리스 수영복과 러브인(히피들의 사랑 모임)이 보여주듯 전례 없는 자유주의가 특징이었다. 한때 약속되었던 미래(달에 식민지를 만들고 민간 우주여행이 일상이 되리라)가 유일하게 살아남은 흔적이 있다면 그것은 인터넷, PC, 디지털 장난감, 휴대폰과 신차 모델일 것이다. 심지어 자동차 디자인도 복고 충동을 꺾지 못하고 폭스바겐 비틀, 미니 쿠퍼, 포드 선더버드 모델을 부활시켰다.

아마도 역사는 맥루한이 선언한 것처럼 종말을 맞이하진 않았지만 정지한 것은 분명하다. 과거에의 동경이 그렇게 줄기차게 현재에서 분출된다면 그것을 앞으로 이끌어줄 미래가 없을 때 역사의 순행 이동은 저지된다. 허만 멜빌Herman Melville이 "가엾은 늙은 과거, 미래의 노예"라고 말했듯이 정상적 상황에서는 미래가 과거를 완전히 결정한다. 과거가 할 수 있는 것이라곤 그저 현재를 접하는 순간 미래가 보여주는 제스처를 동결시키는 것뿐이다. 하지만 1980년대 어느 시점에선가 시작된 현 문화시대에는, 팀 버튼 감독의 혼합시대 영화 〈배트맨〉(기술과 디자인이 1920년, 1940년, 1980년대의 요소들을 혼합했다)에서 보듯 '복고'가 진지하게 만발한 현 시대에는, 과거와 미래가 모두 현재의 노예가 된 것으로 보인다. 그 동안 현재는 '다른 시간'을 바라보고 있다.

1960년대 후반은 기술이 최고 수위를 이루었지만, 이전에 로마제국, 이집트문명, 마야문명 등이 이루었던 인간 업적의 최고 수위에 비한다면 오히려 작다고 할 수 있는 것이었다. 하나의 종으로서 우리 인간은 성공에 대한 공포를 가진 것처럼 보인다. 하지만 시간이 흐르면서 문명은 파도처럼 흥망을 거듭한다. 그러니까 아마도 우리는 1960년대 후반에 도달했던 공학적 최고봉에 다시 오르고, 달나라에 유인 탐사선을 보내고, 초음속 여객기도 띄울 수 있을 것이다. 하지만 그때가 도래할 때까지 우리는 최소한 우리가 창조한 시간의 우주, 즉 디지털 미디어를 가지고 있다.

연예인 문화가 무대에 올려놓은 시간을 초월한 '지금'은 스타들의 자연 역행적 젊음 때문에 더욱 분명히 나타난다. 성형수술 덕분에 이들은 세월의 흐름이 정지된 우주에 살고 있는 듯하다. 이들은 시간을 초월한 횃불들, 즉 도리안 그레이[4]다. 영화배우 조지 해밀턴은(덴마크의 토탄 미이라처럼 끊임없이 선탠을 했다) 한때 자신의 벗겨진 피부 한 꺼풀 아래에서 1955년의 선탠이 드러났다고 풍자하기도 했다. '나이를 초월한' 스타들의 불꽃이 마침내 꺼졌을 때, 타블로이드지에 연대순으로 나열된 그들의 사진을 보면 꼭 홀린 것만 같다. 마치 은 말뚝이 박힌 흡혈귀를 바라보는 것처럼 그들은 단 몇 년 만에 청춘에서 노인으로 늙어버린다.

---

4 오스카 와일드의 소설 〈도리안 그레이의 초상〉의 주인공. 특별한 아름다움을 지닌 도리안은 세련되고 기교적인 멋쟁이 헨리 워튼 경을 만나고, 결국 신쾌락주의 신조에 빠져, 자신의 초상화가 늙고 대신 자신은 영원히 젊음을 유지할 수만 있다면 영혼마저 바치겠다고 말한다.

* * *

   물론 우리는 이중 시간대를 경험했다. 도시의 건축물을 생각
할 때 우리는 수천 년간 역사적 시간대 안에 노출되어왔다. 큰 도
시에서는 고건축과 신건축이 나란히 존재한다. 미즈 반 데어 로
에Mies van der Rohe(1886~1969)[5] 옆에 아르데코Art Deco[6] 건물
이, 프랭크 게리Frank Own Gehry(1929~)[7] 옆에 루이 설리번Louis
Sullivan(1856~1924)[8] 건축이 존재하고, 일부 유럽 도시들에서는 이런
건축 연대가 수백 년까지도 동떨어져, 바우하우스Bauhaus[9]의 사무
실 건물 옆에 중세 교회가 있을 수도 있다. 이미 '영원한 도시'로 알
려져 있는 로마는 다른 시간대 건축물들이 볼을 맞대고 서 있는 가
장 극적인 예를 보여준다. 시간의 도시, 시대들의 군도라 할 수 있는
로마를 거니는 것은 일종의 임의적 시간 여행으로서 방문객과 거주

5 독일 출신의 20세기 대표 건축가로서 바르셀로나 국제박람회의 독일관, 시카고의 레이크쇼
어드라이브의 아파트 등이 대표작이다. "신神은 디테일 속에 있다", "더 적은 것이 더 많은 것
이다" 등의 명언을 남겼다.
6 파리 중심의 1920~1930년대 장식 미술. 흐르는 듯한 곡선을 즐겨 썼던 아르누보와는 대
조적으로 기본 형태의 반복, 동심원, 지그재그 등 기하학적 취향이 두드러졌다.
7 토론토 출신의 미국 건축가. 전통적인 건축 형태에서 과감한 이탈을 주도해 《타임즈》가 선
정한 가장 영향력 있는 25인의 미국인에 선정됨. '건축은 본질적으로 3차원의 오브제인 까
닭에 조각이어야 한다'고 말했다.
8 미국 건축가로 '근대주의의 아버지'라고 불린다. 현대 도시의 상징이 된 마천루를 처음 창
조했으며 프랭크 로이드 라이트의 멘토이다. "형태는 기능을 따른다"는 말로 유명하다.
9 1919년 독일 바이마르에 미술학교와 공예학교를 병합해 설립되었다. 건축을 주축으로 삼고
예술과 기술을 종합하려고 했다.

민을 동시에 수천 년 뒤로 떠밀고 갔다가 다시 앞으로 데려오곤 한다. 판테온은 수천 년간 살아 있는 건축 화석처럼 변함없이 서 있다. 그것은 콜로세움의 흥망을 지켜보았고, 그동안 지나간 수많은 제국과 종교보다 더 오래 살고 있다. 판테옹 옆에는 현대식 사무용 고층건물들이 솟아 있고, 로마 최대의 왕궁인 팔라초 베네치아 지하에는 에트루리아인들의 무덤이 있다.

실시간과 시간 지연

토크쇼와 저녁 뉴스가 미리 녹화되는 비현실적 시간의 미디어 세상에서, 〈스타 트랙〉이 1차 대전 다큐멘터리에 이어 방송되는 세상에서, 진짜 생방송은 인정을 받는다. 올림픽, 스포츠, 재난, 자동차 추격 등의 생중계는 모두 높은 시청률을 보증한다. 하지만 몇 년 전 이들과는 좀 다르면서도 더 복잡한 생방송이 부상했다. 그것은 바로 '실시간(리얼타임)'으로서 그 첫 번째 예로 쌍방향 화상회의를 들 수 있다. 화상회의를 실시간에 한다고 할 수 있는 것은 송신자와 수신자 사이에 신호가 하도 빨리 처리되어 '시간 지연(타임래그)'가 없기 때문이며, 이것은 전에는 불가능했던 일이다. 그 결과로 나온 쌍방향 화상전화는 그 자체로는 혁신적일 것도 없어 보이지만 컴퓨터가 미친 듯이 디지털 신호를 번역해 보내고 다시 받은 메시지를 번역해서 풀어낸다는 사실이 전 과정의 저변에 깔려 있는 것

이다. 이 역시 실시간으로 일어난다고 할 수 있지만 비디오 감시와
는 다르다. 비디오 감시는 그저 현실을 반영하는 것에 불과하며 시
그널 처리가 개입되어 있지 않다. 리얼타임은 전자회로가 그저 현재
순간에 머물기 위해 미친 듯이 질주하는 일종의 하이퍼타임과 유사
하다. 마치 지금 여기에 있기 위해 더 많은 값을 치를수록 현재 순
간이 귀중해지는 것과도 같다.

'실시간'이란 말은 모든 것에 쉽사리 적용되고 할애된다. 텔레비전
화면 하단에 지나가는 주식시장 동향이 실시간으로 나오고, 일부
스포츠형 다목적 차량에 적용된 '실시간 4륜구동'은 비포장도로로
들어섰을 때 2륜구동에서 4륜구동으로 실시간 자동 전환된다. 실시
간이란 우리가 아주 빨리 움직여서, 가장 빠른 존재를 제외하고는
그 누구도 기다려주지 않는 현재를 따라잡았다는 것을 의미한다.

그러므로 '실시간'은 돈이 충분하다면 구입할 수 있는 상품이다.
컴퓨터가 빠르지 않고 자동차가 4륜구동이 안 되는 '비非실시간'에
고립되어 있는 사람들은 누릴 수 없는 사치다(일면 '실시간'은 바쁜
부부들이 일과 사업상 약속을 수행하면서도 간간이 짬을 내어 자
녀들과 함께했던 '양질의 시간'을 연상시킨다). 반면 텔레비전 버전
의 '실시간'은, 특히 생방송에서는 교묘한 솜씨를 발휘한다. 때로 사
람들은 방송국을 곤란하게 하는 말이나 행동을 하기 때문에 프로
그램에 몇 초간의 시간 지연을 활용해, 만약 불쾌한 말이나 행동
이 있을 경우 '버리기' 버튼을 누를 수 있도록 여유 시간을 안배하
는 것이다. 이것은 지구 반대편에서 기자가 생방송을 할 때 흔히 목

격되는 시간 지연, 기자가 멍한 표정으로 앵커의 다음 질문을 기다리는 명백한 시간 지연하고는 다르다. 하지만 거의 보이지 않는다 해도 과언이 아닌 시간 지연도 있으니 바로 군대와 살아 있는 몸에 하나씩 있다.

현대식 전함 내에 있는 상황 조정실에는 벽에 설치된 스크린에 적의 배, 비행기, 미사일의 실시간 위치가 표시된다. 1982년 포크랜드 전투에서 세필드호의 레이더 방어차단막이, 영국에 있는 함대본부와 위성전화를 하는 동안 잠시 중단된 적이 있다. 레이더 스크린을 다시 켰을 때 33킬로미터 떨어진 곳에 적기 두 대가 보였다. 너무나 가까이 있었고 어떤 대응을 하기에도 너무 늦은 상황이었다. 엑조세(프랑스제 대함對艦 미사일) 유도 미사일이 이미 세필드호를 향해 음속으로 파도 바로 위를 날아오고 있었다. 전자식 대응조치를 개시하려면 시간이 부족했다. 이들이 할 수 있는 일이라곤 다가오는 레이더 영상이 점점 더 가까이 오는 것을 그저 지켜보는 수밖에 없었다.

하지만 결점은 그뿐이 아니었다. 미사일과 제트기가 신속히 이동하기 때문에 육상전과 해상전의 상황 스크린은 대체로 약 0.2초 정도의 시간 지연을 컴퓨터에 내장하고 있었다. 인간이 상황에 반응하기 위해 필요한 최소한의 시간인 0.2초를 상쇄하려는 시도다. 이것이 세필드호 상황 조정실 스크린에 내장되었다는 것의 의미는 사악한 비디오 게임에서처럼 장교들은 전함 자체가 실제로 불꽃을 튀기며 폭파되기 전에 미사일이 표적을 맞추는 장면을 본다는 것이다.

0.2초의 반응 시간은 신경학적 현상의 영향을 깊이 받은 것으로 일부 물리학자들은 이것이 비물질적 영혼이 존재한다는 증거라고 믿기도 한다. 20~30년 전 신경생리학자 벤자민 리벳Benjamin Libet은 신경계와 뇌에서 알 수 없는 패러독스를 발견했다. 환자가 의식이 있고 대뇌피질의 일부가 노출된 뇌수술 도중에 리벳은 통증 신호가 피질에 도달하는 데 시간이 얼마나 걸리는지, 그리고 환자가 이 통증을 느끼고 그것을 보고하는 데 시간이 얼마나 걸리는지 실험을 했다. 환자의 동의 하에 그는 피부를 바늘로 찔렀고 찌른 부위를 관장하는 뇌의 부위에 신호전류가 도달하는 시간을 측정했던 것이다.

통증신호가 피질에 도달하는 데는 1,000분의 15초가 걸렸지만 뇌가 그 신호를 해석하여 인식하는 데는 0.5초가 걸렸다. 뇌와 직접 연결된 오실로그래프가 그려낸 뾰족한 그래프를 통해 얻은 자연과학적 결론이었다. 그런데 어찌 된 일인지 모든 환자들은 단 0.2초만에 통증이 왔다고 보고했다. 리벳은 난처해졌다. 우리는 어떻게 뇌가 정보를 전달해주기도 전에 무언가를 의식적으로 인지할 수 있단 말인가? 그는 신호를 적시에 미리 예측하는 모종의 '인식 기전'이 있으리라는 가설을 세웠다. 그렇다면 이 인식 기전은 어떤 것일까? 이 의문은 신경학자들 사이에 유명한 쟁점이 되었고 오늘날까지도 지속되고 있다. 뇌가 시간을 앞서가는 것이 어떻게 가능한 일인가?

유명한 신경학자 존 에클스John C. Eccles(1903~1997, 생물학자로 신경 세포의 흥분과 억제, 이온 메커니즘 연구로 노벨 생리의학상 수상)가 답을 제기하겠다고 나섰다. 그의 설명에 의하면 리벳의 인식 기전은 비물질적인, 자신을 의식하는 마음이 있다는 증거이며, 그것이 뇌의 활동 모드를 스캔한 뒤 대뇌피질의 저속 처리보다 앞서간다는 것이었다. 그는 뇌의 다른 작용에서도 뉴런과 전기화학신호의 산물이 아닌 어떤 것이 존재함을 나타내는 증거에 주목했다. 따라서 그의 의견에 의하면 비물질적 마음이 있다는 증거가 너무나 명백하다는 것이었다. 철학자 칼 포퍼Karl Popper와 1974년 나눈 대화에서 그는 "자신만의 자의식을 가진 마음에 초자연적 유래가 있다고 믿지 않을 수 없다"고 밝혔다. 마음은 시간 여행을 한다. 살아 있는 동안 매순간 우리 의식은 작고 신비로운 0.2초 여행을 계속 뒤로 하여 시간이 지연된다. 현재 순간에 머물 수 있는 우리 능력은 보기보다 훨씬 더 크다.

5장

스타 젤리와 시간 원뿔
─시간의 속도

시간 원뿔
시간을 말하다
시간의 맛

시간은 모든 것이 한꺼번에 일어나는 것을
방지하는 자연의 방식이다.

– 존 휠러John Archibald Wheeler(1911~2008)*

* 미국의 물리학자. 닐스 보어와 함께 핵분열 이론을 만들었고,
독창적인 다우주론多宇宙論을 제기했으며, 블랙홀이라는
용어를 처음으로 사용했다. 제자 파인만 교수는 그를 가리켜
'마지막 거인', '괴물 같은 마음의 소유자'라 불렀다.

5

어젯밤 천사들이 지상을 향해 몸을 숙였다. 하늘이 좀 더 손에 잡힐 듯 가까이 느껴지고, 중력이 우리를 땅에 잡아두는 힘이 약해진 듯한 그런 밤이 있다. 어젯밤도 그런 밤이었다. 어제 오후 대초원의 고기압이 서쪽에서 밀려오는가 싶더니 두세 시간 후에는 분명유카나무 냄새와 쑥 냄새가 바람에 묻어 있었다. 정원에서는 모란이 돌풍에 고개를 끄덕이고 있었다. 주름 잡힌 모란 꽃잎이 바람에향기를 흩날리며 사교계에 데뷔하는 아가씨의 레이온 드레스 자락처럼 펄럭였다. 그 뒤로 나무들 역시 불안하게 서성였다. 근육을 한껏 키운 돌풍이 잎이 무성한 가지 사이로 오가는 것이 보였다. 바람 속의 무언가가 내 기분을 북돋아주었나 보다. 나는 좀 더 가벼워지고 자유로워졌다. 해질 무렵 노을 바로 위에 머물던 낮은 뭉게구름은 연청색 하늘을 배경으로 마치 티에폴로Giovanni Battista

Tiepolo의 프레스코화처럼 네온 핑크로 변했다. 그러더니 한순간 마치 스위치를 꺼버린 듯 바람이 잦아들었다.

얼마 후 어둠이 완전히 내리자 나는 다시 뜰로 나가 밤하늘을 바라보았다. 충격이었다. 무수한 별이 총총히 박혀 있었다. 마치 나 홀로 황홀한 천문대에 서서 밤의 조물주의 마법에 걸린 유일한 인간이 된 듯했다. 어둠의 또 다른 질서가 베일을 벗은 듯했고, 내 안을 아찔한 경외로 충만케 한 진정한 어둠, 진정한 밤을 드러내기 위해 누군가 밤의 한 꺼풀을 벗겨낸 것만 같았다. 내가 3월에 만났던 올빼미가 혹시 근처에 온 것은 아닐까, 밤의 내밀한 품에 안긴 가지 위에서 두 눈을 신비롭게 반짝이며 앉아 있지는 않을까 궁금해졌다. 하늘은 너무도 맑고 투명해 온우주가 지상에 좀 더 가까워진 것만 같았다. 여기도 저기도 온통 별이었다. 별무리, 별들의 목걸이였다. 은색 음표로 운명처럼 노래하는 그들을 나는 있는 그대로 볼 수 있었다. 상상할 수 없을 정도로 먼 시간의 저편에서, 생각조차 할 수 없는 거대함으로 피워내는 원자의 불꽃 말이다.

별빛은 순수한 역사다. 아마도 미디어와 건축이 창조한 지상의 시간인 모자이크는 물에 비친 하늘 그림자처럼 시간의 자연적 상태일 것이다. 아마도 모든 시간(과거·현재·미래)은 동시에 모든 곳에 존재하는 것 같다. 하지만 그런 횡재를 낚아채는 것은 별들이다. 밤하늘은 로마시대에, 공룡시대에, 심지어는 지구가 존재하기 전에 지구를 향해 여행을 떠난 별빛들을 담고 있다. 광막한 우주에서 빛은 기어간다고 해도 될 정도로 속도가 느려지고 우주 공간의 진공은 투명한 젤리 상태가 된다.

우리 집 바로 위에는 북극성이 오팔의 불꽃처럼 빛나고 있다. 그리스인들이 '하늘의 기둥'이라 부르는 북극성이 발하는 광휘가 여기 지구에 도착하는 데는 360년이 걸린다. 그 빛은 내게 청교도들이 북아메리카 대륙 동부에 최초의 정착촌을 만들 때의 모습으로 찾아오는 것이다. 남서쪽으로 눈길을 돌리면 하늘에서 네 번째로 밝은 별이 높이 떠 있는 것을 볼 수 있다. 이 대각성은 지구에서 36광년밖에 안 되는 거리에 있다. 그 빛이 지구를 향해 여행을 떠난 1960년대 후반은 미항공우주국이 달기지에 사람을 배치하고 우드스톡이 문화혁명의 정점을 표상하던 시절이었다.

나는 집 옆을 돌아 앞쪽으로 나왔다. 그래야 북극성 아래에 있는 안드로메다 자리를 볼 수 있다. 긴 V자형의 안드로메다는 이제 막 북동쪽 지평선과 만나고 있었다. 이 별 무리 바로 위에 무언가 희미하게 번진 듯한 것이 있었다. 하지만 그 희미함에 속아서는 안 된다. 이것은 육안으로 볼 수 있는 가장 큰 단일 천체로서, 바로 옆의 별자리 이름을 따서 안드로메다 은하라고 불린다. 그 빛이 지구를 향해 여행을 떠난 지는 200만 년이 넘는다. 이때는 최초의 인간인 호모 에렉투스가 아프리카에서 유럽으로 건너온 시기다. 하지만 그보다 멀리 있는 별들(지상에 있는 가장 강력한 망원경으로만 볼 수 있는 별들)도, 우주의 시작과 동시에 광채를 발하던 별들도 있다. 시간의 바람은 하늘을 통과해서 분다.

시간과 밤하늘에 있어 한 가지 이상한 점은 더 멀리 볼수록 우주의 시작점에 더 가까워진다는 것이다. 우주가 팽창하고 있기 때문에 어디서 밤하늘을 보든 우리는 더 작은 우주를 향해 있는 것이다. 지금 이 순간 허블우주망원경은 130억 광년 이전, 즉 우주가 지금의 10분의 1 크기였던 시간을 보고 있다. 하지만 그렇게 멀리 보기 위해 망원경을 어떤 특정 방향으로 고정할 필요는 없다. 어디를 향하든 그것은 시간의 시작점을 되돌아보게 한다. 우리는 시간의 시작에 둘러싸여 있으니 작은 것이 거대한 것을 삼켜버린 것이다.

시간 원뿔

이제부터는 공간만으로는 그리고 시간만으로는 다만 어둠 속으로 사라질 운명이며, 오직 이 둘의 합일만이 독립적 현실을 보존할 것이다.
- 헤르만 민코프스키Hermann Minkowski(1864~1909)

현재는 과거의 미래다. 과거는 허만 멜빌Herman Melville이 말했듯이 '미래의 노예'지만 또한 현재를 형성한다. 하나의 사건이 얼마나 깊이 과거에 새겨져 있든 그것은 오직 미래를 향해서만 열린다. 한때 그것이 존재했다는 사실, 또는 그것이 일어났었다는 사실로 인해 그 앞에는 역사의 선이 펼쳐진다. 건물의 초석처럼 과거에 일어난 개개의 사건은 출현한 날과 완성한 날이 있고, 그런 다음 거기서 현재로 가는 긴 터널이 있다. 일어나지 않은 것은 터널이 없다.

하지만 시간의 또 다른 차원, 공간을 포함하는 차원이 있다. 일어난 모든 것(나무에서 200만 년 전에 떨어진 하나의 이파리, 샤르트르 대성당에 유리를 끼운 후 중세의 유리 장수가 잠시 동안 느꼈던 만족감)은 20세기 초 두 명의 위대한 수학자들이 예견했던 대로 시간 안에 특별한 형태를 가지고 있다.

사차원 시간 개념이 웰즈의 소설 〈타임 머신〉에서 유래했든 아니든, 20세기 초 이 개념을 처음 실천에 옮긴 사람은 민코프스키다. 그는 시간을 사차원으로 포함하는 기하학을 개발했고, 모든 사차원의 통일된 연속을 지칭하는 '시공간space-time'이란 용어를 최초로 사용한 사람이었다. 지금은 시공간을 당연시하지만 이 생각이 민코프스키에게 처음 떠올랐을 때는 매우 혁신적인 것이었다. 그는 모든 것이 시간을 통해 움직인다는 것을 깨달았다. 만물은 움직이지 않는 것으로 보이는 사물들, 호숫가에 박혀 있는 조약돌, 아파트 건물까지도 어쨌든 움직이고 있다. 그는 한 물체가 시간을 통해 움직이는 선을 '세계선world line'이라고 불렀다. 두 개의 세계선이 중첩될 때 시공간 안에서 만남이 일어난다. 만약 당신이 해변에서 조약돌을 줍는다면 당신의 세계선과 조약돌의 세계선이 중첩된 것이다. 당신은 그것을 보이지 않는 통로에서 빼낸 것이다. 이런 관점에서 볼 때 우리 자신을 포함한 만물은 보이지 않는 세계선을 따라가는 것이다.

하나의 조약돌과 아파트 건물은 사차원 그래프 상에서 비교적 똑바른 세계선을 만들지만, 움직이는 것들은 모두 구불구불한 선을 남긴다. 우연의 일치는 어떤 형태의 세계선을 가질까? 민코프스키의 시공간 관점에 따르면 우연의 일치는 통계적으로 있을 법하지 않은 세계선의 수렴을 특징으로 한다. 서로 만나기 위해 시공간의 원거리를 가로지른 선들처럼 말이다. 하지만 괴기한 사건의 경우 전적으로 있을 법하지 않은, 평범하지 않은 세계선의 수렴을 의미한다. 괴기한 사건의 예는 2차 대전 중 적의 진영에 투입된 낙하산병의 낙하산이 열리지 않은 경우를 들 수 있다. 그는 기적적으로 전나무 꼭대기에 떨어져 살았는데, 몸이 아래로 내려오면서 점점 더 큰 가지가 있어 속도가 감속되고 그 가지들이 몸도 받쳐주어 생명을 구한 것이다. 맨 아래에 있는 가지에 몸이 닿을 즈음엔 그냥 미끄러져 타박상 하나 없이 직립 자세로 깊은 눈 속으로 착륙했다. 이 경우 그는 행운이라는 것 자체를 아예 떠나 있었다고 보아야 한다. 그런 기적을 가져올 만한 세계선의 수렴은 통계적으로 다시는 일어날 수 없으니까 말이다.

민코프스키의 이론은 아인슈타인에게 결정적으로 중요했다. 상대성 이론이 민코프스키의 사차원 공간 개념에 따라 확립되었기 때문이다. 민코프스키의 세계선을 출발점으로 하여 아인슈타인은 시간과 광속의 관계를 시각화하는 정밀한 도해圖解 방식을 창안했다. 그는 연못에 떨어진 돌이 동그랗게 파문을 그리듯 빛이 광원에서 원으로 퍼져 나가는 것을 알았다. 연못 표면은 현재 순간이고 이어지는 개개의 운동은 적재된 유리판 더미처럼 처음 평면 바로 위의 평면이다. 그 더미에서 시간과 함께 위로 이동하는 확산되는 고리들은 수직 시간축을 따라 거꾸로 놓인 원뿔을 만든다. 초신성이 폭발했을 때 발생한 섬광이 다른 별과 은하에 도달하는 데는 광속에서도 시간이 걸린다. 아인슈타인은 이 팽창하는 세계선을 '광원뿔'이라 불렀다.

광원뿔의 메타포는 시공간 개념과 빛이 우주로 확산하는 방식을 통합한 비범한 방법이었다. 먼 곳에서 일어난 사건의 광원뿔이 도착하기 전에 우리는 그 안에서 무슨 일이 일어났는지 알 길이 없다. 사실은 우리에게 그것은 아직 일어나지 않았기 때문이다. 빛이 우리에게 도달할 때 비로소 그것은 지구 시간에서 '일어날' 것이다. 광원뿔의 가장자리는 팽창하는 '지금'으로서 그 뒤에 폭발하는 별, 태양 홍염과 같은 사건의 역사를 달고 간다. 그러니 그것들은 '시간 원뿔'이라고도 부를 수 있겠다.

그렇지만 시간 원뿔을 만들기 위해 별이 폭발할 필요는 없다. 일어나는 모든 일(꽃의 개화, 수표의 환전)은 무엇이든 비록 그 사실이 광속으로 전달되지는 않는다 해도 사실상의 시간 원뿔을 만든다. 이것은 모든 사건과 사물이 그 주변 사물들에게 영향을 미치기 때문이다. 그러니까 모든 세계선은 시간 원뿔 안에 들어 있고 이 둘은 시작부터 함께 엮여져 있었다. 우리는 시간을 통해 우리의 길을 가며 우리만의 세계선을 만들지만, 우리에 관한 정보 역시 동일한 시간대에 확산되어 시간 원뿔을 만드는 것이다.

이 모든 원뿔들과 세계선들은 한 방향으로만 향해 가니 그것이 곧 미래다. 시간에는 결, 즉 방향이 있는 것 같다. 시간은 만물과 모든 세계선을 다 아울러 빗질하여 그들을 미래로 향하게 한다. 역사는 머리카락이나 동물의 털에 비유될 수 있으니 우선 역사는 수많은 가닥들, 즉 세계선들로 구성된다. 또한 역사는 곧추서 있다. 마치 정전기가 오른 빗을 고양이에게 갖다 대면 털이 다 곤두서듯이. 다만 역사의 경우에는 정전기 대신 미래가 그 역할을 한다. 과거에 일어난 모든 일은 미래를 향하고, 미래의 관점에서 볼 때 그 모든 일은, 그 일이 일어난 당시에 아무리 임의적이고 우연의 일치처럼 보였다 해도, 모두 다 필연적인 일이었다. 일단 일어난 후에는 그들은 절대적 과거의 일부가 되었으며 미래는 그 모두를 담는다. 그리고 이런 지식은 우리의 지식처럼 고유하고 국부적인 것이 아니라 그 이전에 온 모든 것의 총합이다. 지금까지 일어난 모든 일이 지금의 현재를 만들기 위해 다 필요했다. 우리의 현재는 과거의 미래고, 우주의 끝에서 모든 시간 원뿔이 마침내 합쳐질 때 미래는 결국 모든 현재를 과거로 포함할 것이다.

여기서 나는 제2의 털이 있다고, 역사와 같은 방향으로 향한 일련의 시간선時間線이 있다고 생각하고 싶다. 이들은 역사에서 현재를 향해 난 것이 아니라 현재에서 미래를 향해 뻗어간다. 미래가 아직은 현실이 아니기 때문에 이 선들은 가상선이 되어야 한다. 일출이나 계절 등의 반복적, 주기적인 현상처럼 미래가 거의 100퍼센트 확실하다 해도 그것은 가상이다. 만약 태양이 우주적 대격변에 의해 파괴된다면 내일은 뜨지 않을 것이기에 미래에는 예측 불가능한 요소가 늘상 있는 것이다. 예측 가능한 미래는 과거의 시점에서 보면 절대적, 우주적 측면에서가 아니라 오직 상상 속에서만 존재한다. 하지만 그럼에도 불구하고 그것은 존재한다. 생명과 의식은 일방향으로 흐르는 세계선의 현재 한계에 있어 예외적 경우라 할 수 있다. 기대 역시 길고 가느다란 세계선을, 미래의 사건에서 과거의 개인을 향해 뻗어나가는 세계선을 만드는 것으로 보이기 때문이다.

* * *

지금 이 순간 나는 나만의 미래 세계선을 만들고 있다. 나는 7월에 카요 라르고 섬Cayo Largo del Sur[1]으로 가서 글을 쓰며 은둔하기 위해 여행 계획을 잡고 있다. 여행 안내 팜플렛과 인터넷에서 휴양지 정보를 찾아보았다. 카요 라르고는 내가 찾고 있는 모든 것을 갖춘 것으로 보였다. 이 바닷가의 작은 종합 호텔은 그밖에 다른 아무것도 없는 섬에 위치하고 있으며, 자연이 풍성하고 산호초가 있으며, 게다가 일괄가격에 모든 비용이 다 포함되어 있었다. 인터넷 여행사에 연락을 취해 기분 좋은 할인도 받았다. 나는 비행기를 타고 그곳으로 가서, 내가 집에 있다 해도 쓸 만한 저렴한 비용으로 8일 동안 일을 하고 스노클링까지 할 터였다.

출발일을 기대하거나 마감일을 맞추기 위해 기다리는 모습은 우

---

1 카리브해의 쿠바 영토인 작은 휴양지 섬. 길이 25킬로미터, 폭 3킬로미터의 작은 섬이다. 쿠바의 카나레오스 군도에서 두 번째로 큰 섬이며 콜럼버스가 1494년 두 번째 원정에서 방문한 섬이라고 한다. 살아 있는 산호초로 유명하다.

리가 시간의 흐름을 어떻게 체험하는지 보여주는 척도가 된다. 지금 이 순간 나의 출발은 2주 후 미래의 일이다. 아직은 멀고 추상적인 일로 느껴진다. 그럼에도 불구하고 그날이 얼마나 빨리 다가올지 역시 나는 알고 있다. 출발 5일 전에도 나는 침착하며 서두르는 일이 없을 것이다. 4일 전에는 가방을 꾸리기 시작하고 소소한 용품들을 살 것이다. 기대는 기다림에 관한 것이다. 다이앤 애커맨Diane Ackerman은 〈사랑의 자연사A Natural History of Love〉에서 이렇게 묘사했다. "기다림의 정수는 미래가 현재에 있기를 바라는 것이다. 짧은 순간, 또는 그런 순간들의 연속 속에서 시간은 그림자 춤을 추고 미래는 상상의 밧줄에 묶여 마치 그것이 지금 여기 있는 것처럼 현재로 끌려온다." 하지만 그러고 나서 돌연 출발 전날이 닥칠 것이고, 그러면 나는 아들에게 남길 쪽지를 작성할 것이다. 방범을 위해 경보기를 가동하고 전등 타이머를 설치하는 등의 온갖 마지막 준비들이 코앞에 닥칠 것이다. 나의 반反시간 원뿔은 미래로부터 명령을 외쳐대는 휴대용 확성기가 될 것이다.

오늘 나는 작은 스페인어 회화집을 한 권 샀다. '시간'이 무엇인지 찾아보니 '티엠포tiempo'였다. 갑자기 생각났다. 최근 갔던 곳 어딘가에서 이 단어를 보았다. 직감을 믿고 나는 인터넷을 열어 카요라르고의 지도를 다시 찾아보았다. 그곳의 해변과 갑의 이름들을 훑어나가다가, 바로 그 섬의 남서쪽 끝자락에서 그 이름을 찾았다. '푼타 말 티엠포Punta mal Timepo.' 의미는 '즐겁지 않은 시간의 곳'이었다. 스페인어보다 영어로 번역하니 이름이 더 불길한 느낌이 들었다. 스페인어 이름은 리듬감도 있고 낭만적 운율도 있지 않은가. 나는 푼타 말 티엠포가 어떤 모습일지 궁금해졌다.

시간을 말하다

우리가 '세상의 모든 시간'을 다 가지고 있다는 말을 누가 했든 그는 아마도 공항버스 출발시간이 임박한 마지막 순간까지 가방을 꾸려보지 않은 사람이다. 단지 '시간 문제'였던 나의 출발일이 '눈깜짝할 새' 도래했다. 이제 시간선을 민코프스키의 세계선과 혼동할 여지는 없다. 나의 사적인 시간표는 이제 '겨우 시간에 딱 맞추어' 할 수 있을 정도로 축소되었기를 바라본다. 마지막으로 한두 가지를 여행가방 안에 쑤셔 넣으면서 나는 시간에 대한 이런 비유적 표현이 시간이 우리 삶에 다각도로 미치는 복잡하고도 얽히고설킨 효과를 보여준다는 것을 깨달았다.

우리는 흔히 시간이 마치 물질인 양, 거의 언제나 시간을 수량으로 지칭한다. 시간이 충분할 때 우리는 '여가 시간'이 있다거나 '시간이 널널하게 있다'고 말한다. 좀 더 짧은 시간이 있을 경우엔 '토막 시간'이 있다고 한다. 마치 시간이 고체인 것처럼. 우리는 또 시간이 길이가 있는 것처럼 생각한다. '계속할 시간'이나 '자투리 시간이' 있다고 하며, 그때 우리는 무엇이든 '천천히 해도' 되는 것이다. 이상하게도 잉여시간에 대해 우리는 거의 포식자가 된다. 우리는 '시간을 죽이거나' '허비하고' 또는 그저 '하는 일 없이 보낸다.' 하지만 시간이 '빠져나가버리거나' 액체처럼 다 '새어 나갔을' 때 우리는 시간을 자원으로 지칭해 '시간이 희소하다,' 시간이 '조금밖에 없다,' '제한되어 있다'고 말한다. 마지막으로 마치 와인 제조기 안에서 압착되는 포도처럼 시간이 우리를 '압박하거나', '주어진 시간이 다 됐을 때는 시간이 정말 날아가는 것처럼 보인다. 우리는 시간이 새나 화살처럼 '난다'고 하고, 다가오는 마감일은 '무르익은 시간'이 된다.

우리 모두는 다 시간이 귀중하다고 알고 있다. 우리는 '시간을 벌' 수도 있고, '빌린 시간'으로 살아갈 수도 있다. 시간은 축적할 수도 있고 횡령할 수도 있으니 일을 '우리만의 시간'에 할 수도 있고 '회사 시간'에 할 수도 있다. 심지어 '시간을 소비할' 수도 있다. 하지만 민간 지혜에 의하면 '잃어버린 시간'을 되찾을 수는 없다. 물론 다른 곳에서 '시간을 확보하려고' 시도할 수는 있다. 셰익스피어는 말했다. "백작님! 시간은 망각에게 줄 기부금을 등 뒤의 지갑에 지니고 있답니다." '시간은 돈이다'라는 격언도 있지만 현금과 맞바꾸지 않을 때조차도 시간은 보석처럼 '귀한' 것이다. 시간은 때로 물체 같은 특성이 부여되어 우리가 그것을 '찾을' 수도 있고 다소 '줄일' 수도 있다. 또는 여객기 조종사가 자주 그리하듯 시간을 '보충할' 수도 있다.

낭만적 시간은 이와 다르다. 사랑은 '시간의 끝'까지 지속되거나 훔친 사랑의 경우라면 '너와 내가 함께할 시간'이 있을 것이다. 간통을 하는 사람은 '양다리 걸친다'고 하며, 연애가 시작될 때 연인들은 '생애 최고의 시간'이라고 말한다. 그리고 나이가 들면 그들은 '황금 시간'을 회상한다.

영어권 화자들에게 시간의 진행은 때로 '시간의 행진'처럼 군대식인가 하면 때론 천이나 꽃봉오리처럼 '펼쳐진다'고도 한다. 시간의 천은 꿰맬 수도 있다. '적시의 바늘 한 땀이 아홉 땀을 줄여준다'고 하지 않는가. 나이보다 젊어 보이는 사람들은 시간 할아버지를 '저지했다'고 말한다. 마치 침입자를 물리친 것처럼 말이다. 시간이라는 적에 대한 성공은 우리가 '시간의 시련을 견뎌냈다'는 것을 의미하며, '시간을 초월한' 피라미드처럼 수세대에 걸쳐 보존되는 것은 시간의 시련을 견뎠을 뿐 아니라 '모든 시간 동안 꼿꼿이 멈춰서 있다.' 시간은 후원자가 될 수도 있다. 우리가 흠모하는 오랜 관습과 제도는 '시간이 경의를 표한' 것들이다. 하지만 사건이 역사 속으로 더 깊이 들어가면 사태는 불분명해진다. 먼 과거에 시간은 반투명 입자에 가까웠다. 우리는 '시간의 안개'를 통해 '뿌연 과거'를 되돌아보았고 그곳엔 '시간의 모래'가 깊이 쌓여 있었다.

시간은 많은 이름을 가지고 있다. 독일어로 시간은 '자이트zeit'다. 그러므로 '자이트가이스트zeitgeist'는 시대정신이다. 네덜란드어로 시간은 '테이드tijd'로서 '시간과 파도는 사람을 기다리지 않는다'는 격언의 '파도tide'를 생각나게 한다. 실은 영어 단어 'time'은 적어도 옛 스칸디나비아어에선 'tide'와 같은 어근을 가졌다. 라틴어에서 시간은 '템푸스tempus'라 불렸는데 이는 '자르다'는 의미의 그리스어에서 유래했다. 로마인들은 우리처럼 시간을 시, 일, 월, 년으로 '잘려진' 연속적인 것으로 생각했다.

* * *

전 세계 각 곳은 시간을 부르는 이름도 다르지만 시간에 대한 인식도 큰 차이가 난다. 샌디에고 캘리포니아 대학 인지과학자인 라파엘 누네즈Rafael Nunez에 의하면 남아메리카 대륙 안데스 산맥에 사는 아이마라족은 지구 상의 그 어떤 언어집단과도 다른 사고방식을 가졌다고 한다. 이들은 과거가 자신들의 앞에 있고 미래는 뒤에 있다고 생각한다.

사람들의 손짓은 흔히 특정 언어의 화자가 자신이 사는 세계를 비유하는 근본 방식을 드러내준다. 그래서 누네즈는 자신의 피실험자들이 들판에서 일하는 모습을 비디오카메라로 찍었다. 아이마라족은 증조부모에 대해 말하는 동안은 내내 팔을 앞쪽으로 쭉 뻗었다. 조부모 이야기를 할 때는 팔을 좀 더 가까이 당긴다. 부모 이야기를 할 때는 팔을 가슴에 가까이 당긴다. 하지만 미래 세대 이야기를 하라고 요청하자 그는 당연한 듯 엄지손가락으로 어깨 뒤를 가리켰다.

일본어, 히브리어, 영어를 포함한 모든 인도-유럽어에서, 그리고 이와는 다른 폴리네시아어, 반투어에서도 화자의 얼굴은 미래를 향하고 있다. 시간의 흐름은 그들의 옆으로 흘러 과거로 간다. 그런데 과거와 미래에 대한 방향성이 독특한 것으로 보이는 아이마라족은 그렇지 않다. 내일을 의미하는 단어 'qipuru'는 문자적 의미가 '사람의 등 뒤의 어느 날'이다. 이들은 시간이 흐른다는 것에는 동의하지만, 모터보트에서 뒤돌아 앉아 있는 승객처럼 현재가 지나간 자국을 본다. 인간은 공통적인 인식 기전을 공유하는 까닭에 우리의 뇌는 시간의 세 가지 기본 요소를 인지하도록 진화되었으니, 그것은 지속, 반복, 동시성이다. 모든 언어는 과거 현재 미래뿐 아니라 시간의 이 세 가지 측면을 표현한다. 이는 문법 자체에 내장되어 있다. 그리고 이 차원에서 어떤 언어는 심각하게 방향이 바뀌기도 한다.

미국 남서부의 원주민 호피족의 언어에는 다른 언어에는 없는 동사 시제가 있다. 미국 언어학자 벤자민 워프Benjamin Lee Whorf는 1956년 출간한 독창적 저서, 《언어, 사상 그리고 현실Language, Thought and Reality》에서 이 시제가 파동처럼 연속적으로 방사되는 현상의 행위를 잘 포착했다 하여 그를 '능동적, 분절적 측면'이라 일컬었다. 저서에서 그는 호피족의 동사 'noya'의 예를 들어, 이 단어가 현재시제에서는 사람이든 사물이든 '여럿이 나왔다'를 의미하지만 분절 형태 'noyayata'가 되면 마치 물이 분수에서 뿜어져 나오듯 '그것이 용솟음치며 흩뿌려지며 연속하여 대량으로 나오고 있다'를 의미한다고 말했다. 분절 형태는 움직이는 액체나 입자를 매우 명확하게 묘사하게 해준다. 워프는 이 새로운 동사 덕분에 호피족은 특정 현상을 서양인들보다 더 깊이 이해하게 되었다고 생각하였고, 그래서 젊은 물리학자들에게 호피어를 연구하고 심지어 배우라고까지 권유했다. 그리하면 우주를 입자와 파동으로 특성 짓는 양자물리학의 파악하기 어려운 본질을 좀 더 잘 개념화할 수 있으리라 생각했던 것이다.

공식 이탈리아어에는 과거시제가 과거로 가는 깊이에 따라 세 개로 나누어진다. 근과거 시제가 있고, 중과거나 과거완료(오래전)가 있다. 그리고 적어도 수백 년 이전의 일을 지칭하는 원과거 시제가 있다. 단테의 〈신곡La divina commedia〉은 이 원과거 시제로 씌어 졌다. 영어에도 과거의 어떤 시점에서 일어난 일보다 더 전에 일어난 대과거의 일을 가리킬 때 쓰이는 과거완료 시제가 있다. 예를 들면 "나는 봄이 도래하기 전에 그 올빼미를 보았었다I had seen the owl before spring arrived"에서 '보았었다had seen'가 그것이다. 모든 언어에서 우리 삶에 미치는 시간의 영향을 전달하는 것은 동사다. 이와 대조적으로 대부분의 명사는 해시계, 시각, 일정표, 계절 등 시간의 요소를 지칭할 때를 제외하면, 거의 전부가 시간을 초월해 있다(하지만 시간이 우리 마음에 늘 있는 것은 틀림없다. 옥스퍼드 영어 코퍼스 사전에 의하면 'time'이 영어에서 가장 빈번히 사용되는 명사 1위다). 그리고 시간에 대한 고유명사는 정오와 자정을 빼곤 일시가 유일하다. '2001년 9월 11일 오전 8시 46분'은 추상적 느낌이 나지만 누구나 알고 있는 시간의 특정 시점에 대한 이름이다. 형용사나 부사는 시공 영역의 성격을 다 공유할 수 있다. 자동차는 '빨리' 달릴 수도 있지만 번쩍거리는 경우도 있다. 궁극적으로 개개의 언어 집단이 시간과 이루는 진정한 관계를 정의하려면 모든 차원의 메타포와 문법의 총합이 기여해야 한다.

시간의 맛

이런 모든 특성들에도 불구하고 시간의 본질은 여전히 모호하다. 시간의 성격은 무엇이고 시간이란 무엇인가? 시간은 어떤 느낌인가? 진공보다도 더 말로 표현하기 어려운 시간에는 어떤 성질이 있는 것일까? 사물의 절대 부재라 할 수 있는 진공조차도 상자 안에 밀봉해 한 장소에 가두어둘 수 있다. 하지만 시간을 그리할 수는 없다. 무색 무취 무미에 형태도 실체도 없는 시간은 그럼에도 불구하고 우리를 그 안에 담고 형성하고 이끌어간다. 나는 시간의 성질에 대한 실험을 해보기로 하고 10여 명의 친지들에게 자신들이 시간 한 줌을 손에 쥘 수 있다고 상상해보라고 했다. 그렇다면 무슨 소리가 날 것 같은지, 또는 어떤 촉감과 냄새, 맛이 날 것 같은지 물어보았다.

대답은 다소 일관성이 있었다. 색채에 대해선 네 명이 청색 또는 은청색이라고 일치하는 대답을 했다. 물론 그 밖에는 다 달랐다. 어떤 사람의 색채 연상은 매우 시적이어서, '물속에 잠긴 다이아몬드의 색채'라거나 '야행성 동물의 눈에 보이는 황갈색'이라 했다. 시간의 촉감에도 여러 사람이 일치했는데, 혀끝에 놓인 굴의 느낌이라는 사람, 미끌미끌하고 광택이 있다는 사람, 기름에 담근 것처럼 미끈거린다는 사람이 있었다. 공감각적 연상을 경멸하여 실험에 참여하지 않겠다고 했던 한 사람은 시간이 멀리 있는 대형고속도로 같은 소리가 난다고 했다. 또는 잎새가 바람에 살랑이는 소리, 초음파로 내는 박쥐 울음소리 같다고 한 사람도 있었다.

맛에 대해서는 초석saltpetre,[2] 와인, 금속, 사천 고추소스, 케이퍼[3] 등 전혀 일치하는 바가 없었다. 하지만 가장 사적인 연관성을 가진 것은 시간의 냄새였다. 눈 내리는 추운 날의 냄새라거나, 탄 개미 냄새, 또는 초등학교 탈의실 냄새 같다는 것이었다. 물어본 사람마다 그들 성격만큼이나 다양한 사적이고 색다른 연상을 했다. 개인적 차원에서 시간은 그것을 인식하는 개인만큼이나 복합적이고 사사롭다.

나의 경우 시간의 냄새는 투탕카멘의 무덤이 1923년 처음 개봉되었을 때의 냄새이리라 상상한다. 아마도 우리 집에선 다락방과 사용하지 않은 옷방이 투탕카멘 무덤의 약식 버전처럼 시간의 냄새가 배어 있으리라 생각한다. 이 밀폐 공간은 시간이 몇 달 또는 몇 년이 저장되어 있는 타임캡슐이다. 이곳의 공기에는 어찌나 드문드문 쓰이는지 반半폐기상태라 해도 좋을 만한 캠핑도구와 풍구, 오래전 입었던 할로윈데이 가장의상들과는 차원이 다른 시간의 향내가 배어 있을 것이다. 옷방 내부에 누군가가 놓아둔 물건의 위치는 다른 모든 것이 변해도 여전히 그대로다. 이웃집이 이사 가고 아이들은 자라건만 이것들은 이전과 동일하다. 때로 사진첩이나 이전의 게임을 가지러 다락방이나 창고에 가보면 10년이 훌쩍 지난 경우가

---

2 나트륨의 질산염 광물로 입술에 대면 찬 느낌을 주며 조금 맵다.

3 지중해 연안의 자생식물로, 꽃봉오리를 향신료로 이용한다. 시큼한 향과 약간 매운 맛이 특징이다.

허다하다. 바로 이곳의 문을 처음 연 순간 우리는 시간의 냄새를 맡을 수 있다. 시간 여행자가 이곳을 다녀갔다. 그것은 바로 당신이다. 지금보다는 더 젊고 아마도 더 힘이 세고 아마도 (조금은 비애로운 아픔과 함께 당신은 깨달을 것이다) 조금은 더 낙천적이었던 당신 자신이 그 여행자인 것이다.

6장

시간, 공간, 영원

시간을 멈추다
영원이라는 시간
시간을 넘다

영원.
그것은 태양과 어우러진
바다다.
– 아르튀르 랭보

6

랭보가 1873년 작품 〈지옥에서 보낸 한 철Une saison en enfer〉에서 위에 인용한 부분을 쓸 당시 그는 열아홉에 불과했지만 이미 성숙한 영혼이었다. 파도 위에 춤추는 햇빛 속에서 영원을 볼 수 있을 만큼 나이가 들었던 것이다. 랭보에게 그 햇빛 찬란한 파도의 움직임은 주술적 비밀을 담고 있었다. 그것은 입자와 파동, 또는 흐름과 시간의 융합만이 아니라 그의 영혼 안에 있는 무언가를 메아리치게 한 특별한 '비어 있음'이었다. 무한과 햇빛을 동일시한 시인은 그가 처음이 아니었다. 기원전 5세기에 그리스 시인 아이스킬로스는 〈포박된 프로메테우스〉에서 이와 유사한 바다 풍경을 '파도가 터뜨리는 수만 개의 웃음'이라 묘사했다.

* * *

나 역시 햇빛이 눈부신 바다에서 영원을 보았다고 주장할 수는 없지만 밤바다의 파도 위에 비친 달빛은 본 적이 있다. 그것은 미묘한 장관이었고 사람을 완전히 홀리는 것이었다. 수년 전의 경험이다. 나는 여름 밤에 온타리오 북부에서 먼 호수를 내려다보는 높은 바위 위에 홀로 있었다. 자정이 얼마 남지 않은 시간이었는데도 낮동안 달구어진 바위는 아직 손을 대면 온기가 느껴졌다. 보름달이 방금 떠올라서 물 위에 걸려 있었다. 산들바람이 살며시 불자 호수에 작은 물결이 일었고 그러자 호수에 비친 달이 저 먼 연안까지 은빛 길을 수놓았다.

나는 그 희미하게 반짝이는 좁은 길에 도취되어 반 시간이나 바라보았다. 황홀경 속에 나는 내가 누군지도 잊어버렸다. 그때 수면 위의 달그림자들이 춤추는 물에서 섬광의 반짝임과 빛의 점들로 변했다. 나는 시간이 흐르는지도 몰랐다. 원근도 사라졌다. 수직으로 걸려 반짝이는 빛의 타피스트리를 내가 바라보고 있다는 생각이 드는 순간도 있었다. 전등불일 수도 있던 그 불빛들은 매우 빠르고 정확하고 수없이 많았다. 종국에는 어떤 광대한 밤의 컴퓨터가 무수한 우주 방정식을 계산하고 있는 것을 바라보고 있는 것처럼 느껴졌다. 그 30분 동안 나는 시공간 밖에 있었다. 마침내 유감스럽게도 그 장관을 떠났을 때 나는 그동안 눈이 들이마신 것들로 인해 거의 현기증이 날 지경이었다.

*　*　*

빛이 그렇게 홀리는 힘을 갖고 있는 것에는 이유가 있다. 빛은 시간을 초월해 있기 때문이다. 모든 빛, 비록 반딧불이나 촛불이라 해도 다 그렇다. 빛은 초당 298,050킬로미터로 이동한다. 아인슈타인이 발견한 이 속도는 우주 안에서의 궁극적인 속도다. 하지만 아인슈타인은 빛에 대해 또 다른 특별한 사실도 발견했으니, 바로 우주선이 광속에 가까워질수록 승객의 '탑승' 시간은 지구인의 시간보다 느리게 간다는 것이다. 광속에 도달하면 시간 왜곡 인자(탑승자의 시간이 나머지 우주보다 느려지는 정도)가 무한에 이른다. 다시 말해서 광속 여행자에게는 시간이 동결되는 것이다.

그런데 시간은 여기서 더욱 이상해진다. 광속에 도달하지 않아도 시간 왜곡 효과가 일어나는 것이다. 이는 시간이 실은 얼마나 '지역적'인 것인지를 증명해준다. 예를 들어 여기 쌍둥이 자매가 하나 있다. 언니는 광속에 근접하는 우주선을 타고 떠났고 동생은 지구에 남았다. 20년 후 언니가 우주여행에서 돌아왔을 때, 그녀는 쌍둥이 동생보다 나이가 덜 들었을 것이다. 만약 언니가 2,000년에 지구를 떠나 광속의 86퍼센트로 여행을 했다면, 20년 후 돌아온 그녀는 그동안 단지 열 살을 먹었을 것이고, 반면 쌍둥이 동생은 스무 살을 먹었을 것이다. 또한 언니의 우주선 안에 걸린 달력 역시 2020년이 아닌 2010년 달력일 것이다. 우주에 있던 언니에겐 단지 10년이 흘러갔기 때문이다. 그녀의 시간은 지구에 있던 동생에 비해 더 느리게 갔다. 두 사람이 동의할 수 있는 단 두 개의 '동일' 시간은 지구 시간으로 계산한 언니의 출발시간과 도착시간뿐이다. 그 밖의 시간에는, 두 사람은 전혀 다른 상대적인 시간을 체험하게 된다.

아인슈타인은 한때 기자에게 자신의 시간 왜곡 이론을 다음과 같이 일상 언어로 피력한 적이 있다. "예쁜 여성과 데이트를 할 때는 한 시간이 1초 같습니다. 반면 뜨거운 석탄재 위에 앉아 있을 때는 1초가 한 시간 같습니다. 그것이 상대성입니다." 다시 말해서 각 쌍둥이의 '지역' 시간은 아인슈타인의 비유에서 '주관적' 시간과 같다. 쌍둥이 각자의 시간선에 따르는 보편적이고 고정된 시간이 있다는 반대도 있을지 모르지만, 아인슈타인에 의하면 그런 것은 없다.

그 이유는 광속이 고정되어 있기 때문이다. 만약 쌍둥이 언니가 탔던 우주선이 광속의 86퍼센트로 움직이면서 앞쪽으로 빛을 쏘았다면, 그 빛은 우주선의 속도를 반영하지 않은 채 여전히 초당 298,050킬로미터로 움직일 것이다. 여기 올림픽 투창 선수가 있다. 그는 창을 던지기 전에 속도를 올리기 위해 달리고, 그 속도가 창의 속도에 더해진다. 하지만 만약 그가 창 대신 빛을 던진다면, 그가 달리든 서 있든 뒤로 걸어가든 결과는 마찬가지다. 빛의 창은 여전히 이전과 같은 속도로 날아갔을 것이다. 이것은 과학자들에게도 직관에 반하는 일이기는 하다.

* * *

  그렇다면 빛에 더해진 속도는 어디로 가는 것일까? 시간이다. 그래서 우주선이 더 빨리 갈수록 탑승자의 시간이 그만큼 더 느려지는 것이다. 그리고 이 지점에서 사태가 기이해진다. 시간 지연 효과는 사물이 비교적 광속에 가까운 속도로 움직일 때 감지할 수 있기 때문에 중금속의 핵 주변을 도는 전자들도 시간 지연 효과를 만든다. 과학자들은 금의 황금색이 금속 자체에 색소가 있어서 나타나는 것이 아니라고 말한다. 금의 광채는 금 원자 주변을 도는 전자의 속도가 일으키는 상대성 효과에 기인한다. 금의 물질이 우리의 시간과 약간 어긋나게 되고, 그 미미한 차이가 그런 광채를 만들어내는 것이다. 하지만 이런 금 내부의 전자들은 순수 우라늄 덩어리 속에 있는 전자들의 속도에 비하면 달팽이 같다고 할 만하다. 원자로 속 우라늄의 일부 전자들은 점점 가속화되어 광속을 넘어선다고 한다. 이런 시간 왜곡이 중수로 아래쪽에 장치된 핵연료봉을 선명한 강청색으로 빛나게 한다. 이 빛을 발견한 과학자의 이름을 따서 '체렌코프 복사광Cherenkov radiation'[1]이라 부른다.

  중력장 역시 시간을 늘린다. 그 이유는 궁극적으로 중력은 일정한

---

1 전하를 띤 입자가 광학적으로 투명한 매질 속을 통과할 때, 입자의 속도가 그 매질 속에서의 빛의 속도보다 더 클 경우에 발생하는 빛으로서 이 발견으로 체렌코프는 1958년 노벨상을 수상했다. 이 복사광을 광전자증배관으로 검출하는 장치를 체렌코프계수기 또는 검출기라 하며 고에너지원자핵물리학이나 우주선宇宙線 연구에 많이 이용된다.

가속에 해당되기 때문이다. 행성이나 별의 표면에서 중력이 클수록 시간은 더욱 느려진다. 만약 당신이 중성자별neutron star[2]의 표면에 서서 살아남을 수 있다면 당신의 눈에 보이는 우주는 지금 우리가 보는 것보다 수십억 년은 젊을 것이다. 우리 지구처럼 작은 행성에서 도 지표면과 대기권 상층 사이에는 시간의 흐름에 있어 무시할 수 없는 차이가 나타난다. 이 사실이 증명된 것은 1976년 스미소니언 천체 물리관측소의 로버트 베소트Robert Vessot와 마틴 레빈Martin Levine 이 두 개의 수소 메이저 시계hydrogen maser clock[3]를 같은 시간에 맞춘 후 하나를 80킬로미터 상공으로 쏘아 올린 실험을 통해서다. 그들은 100만 분의 70의 오차 범위로 시간이 80킬로미터 상공에서 지상보다 약간 더 빨리 가는 것을 발견했다.

별과 별 사이에는 더 강한 중력장이 있다. 이중 가장 큰 것은 블랙홀 가까이에 있다. 만약 어떤 우주 여행자가 블랙홀 바로 밖에 머물며 지구 상의 누군가와 화상 회의를 할 수 있다면, 두 사람 다 중력에 의한 시간 지연 효과를 눈으로 볼 수 있을 것이다. 우주 여행자의 스크린에 나타난 지구인은 빨리감기를 한 동영상처럼 고속의 움직임을 보일 것이다. 목소리도 높은 톤으로 삑삑거릴 것이다.

2 중성자의 축퇴압이 중력과 균형이 잡혀 있는 초고밀도의 별을 말하며 이론적으로는 태양의 몇 배 정도의 질량, 지름 수십 킬로미터의 구로 되어 있는 것이다. 펄서pulsar는 매우 빨리 회전하고 있는 중성자별일 것이라고 추측되고 있다.

3 수소 메이저에서 만들어지는 라디오파는 주파수의 표준으로 사용된다. 이 파의 주파수는 1,420,405,751.786헤르츠이다(1헤르츠는 초당 한 사이클의 다른 이름이다). 수소 메이저에 의해 조정되는 시계는 100,000년에 1초 이내에서만 어긋난다.

반면 지구인의 화면에 나타난 우주 여행자는 슬로모션으로 움직이고, 목소리는 일그러지고 낮게 들릴 것이다. 만약 이 시점에서 우주 여행자의 우주선이 고장 나 블랙홀로 떨어진다면, 떨어지는 그가 뒤돌아본 우주는 어떤 모습일까? 그는 블랙홀 밖의 시간이 엄청나게 가속되는 것을 보게 될 것이다. 그의 눈에는 우주가 팽창하고, 별들이 잉잉거리며 지나가는 사이 은하가 회전불꽃처럼 빙빙 돌아가는 것이 보일 것이다. 어떤 별들은 폭발하면서 소멸하는가 하면 어떤 별들은 블랙홀 안으로 빨려 들어갈 것이다. 그렇게 망각의 심연으로 떨어지는 동안, 만약 운이 좋다면, 그는 우주가 무無로 소멸하는 것을 보게 될 것이다. 폴 데이비스Paul Davies가 우주의 종말에 대해 쓴 《최후의 3분The Last Three Minutes》에서 말했던 것처럼.

"블랙홀은 시간의 종말을 담고 있는 우주의 소영역이다."

시간을 멈추다

오늘은 맑고 청명한 여름날이다. 만약 시간이 멈춘다면 세상은 어떻게 될까 하고 나는 상상해보았다. 처음에는 조각상처럼 정지한 세상을 상상했다. 우리 집 뜨락의 나뭇잎이 박물관의 디오라마처럼 흔들림을 완전히 멈추었고, 모퉁이를 돌아가던 차가 정지하면서 배기관 끝을 맴돌던 배기가스도 부동의 담청색 구름으로 멈추었다고 상상했다. 환상을 좀 더 쫓아가던 나는 만약 시간이 정말 멈추었다면 나는 눈을 움직일 수 없게 되리란 것을 깨달았다. "그러니까 나는 주변을 둘러볼 수 없다는 거지. 별 것 아니네"라고 생각했다. 그래도 내 눈길이 고정된 장면은 여전히 즐길 수 있지 않겠는가? 그런데 그게 아니었다. 만약 시간이 멈추었다면, 어떻게 내 마음속에서 여전히 시간이 흐를 수 있단 말인가? 나는 어떻게 생각을 할 수 있단 말인가? 내 뇌의 신경을 타고 어떻게 충동이 흐를 수 있단 말인가? 합리적 사고를 시간의 신 크로노스에게 돌렸던 그리스인들처럼, 나는 생각이 불가능하게 되리라는 것을 이해하게 되었다. 시간은 다른 자각들과 마찬가지로 멈출 것이었다.

그 순간 또 생각이 난 것이 있다. 시간은 잠시라도 멈출 수 있고, 그러다 조금 후 다시 시작될 수도 있는 것인데 우리만 그것을 모르는 것이 아닐까? 우리는 시간 속에 완전히 빠져서 살아가기 때문에 만약 시간이 멈춘다 해도 그런 사실을 알 길이 없을 것이다. 또 다른 생각이 떠올랐다. 만약 시간이 어쩌다 한 번씩 멈춘다면 어떨까? 아마도 시간은 연속적 흐름이 아니라, 멈춤과 시작을 반복하는 것일 수도 있다. 시간은 몇 초간 심지어는 1,000년간도 멈출 수 있고, 그렇게 시간이 없는 기간 동안 우리는 의식 없는 조각상처럼 될 것이다. 차는 영원히 모퉁이를 돌고 나뭇잎은 정지할 것이다. 다른 시간의 차원에서 온 존재들이 우리 세상에 관광을 다니며 우리를 쳐다볼까?

데이비드 핑켈스타인의 크로논에 대한 추측이 시사하듯이, 시간은 양자물리학에서의 양자 같은 것이 아닌지, 나는 궁금해졌다. 양자물리학에서 빛과 질량은 파동도 입자도 아닌 다른 무엇, 아마도 수학적 점들의 작은 불연속 단위들이다. 아마도 시간은 양자 펄스로 전개되고, 각 펄스 사이에는 시간이 멈추지만, 이 '시간 정지'가 하도 짧아 우리가 감지하지 못하는 것이 아닐까? 우리가 가진 기계들도 물론 (적어도 내 환상 속에서는) 시간에 의해 작동되고 있으므로, 기계 자신이 시간 '밖에' 있었다는 사실을 잊고 있을 수 있는 것이다.

그래서 나는 만약 전우주가, 마치 우주 보편 시계가 재깍이듯, 시간-켜짐, 시간-꺼짐의 양자 펄스에 연결되어 있다면 어떨까 하고 자문해보았다. 다시 말해서 우주 안의 모든 것이 다 멈추었다 시작되었다 한다면, 스트로보처럼, 하지만 빛이 아닌 물질을 사용한 스트로보처럼 사라졌다 나타났다 한다면 어떨까? 이 펄스는 지역시를 초월해 일종의 보편시가 될까? 지구에서 보편시가 오후 2시라면, 태양에서 가장 가까운 4.22광년 거리의 켄타우로스자리 프록시마별에서도 보편시가 오후 2시일까? 나는 그렇게 생각하고 싶다.

켄타우로스자리 프록시마별에 있는 누군가가 시계를 볼 수 있다고 상상하거나, 또는 그들이 시간을 어떤 방식으로 측정하든, "지금 현재 지구에선, 비록 몇 광년이나 떨어져 있지만, 누군가가 우리와 마찬가지로 시계를 보고 있다"라고 말하는 장면을 상상하면 재미가 있다. 이런 보편시의 개념, 모든 것을 알고 언제나 존재하는 순간이 우주 전체에 연속된다는 개념은 가능성이라기보다는 믿음에 가깝다. 그것은 내가 아는 한 신의 개념, 또는 신앙에 가장 가깝다.

어떤 초월적 존재가 그 보편시를 이용한다면, 그 존재는 우주의 모든 곳에서 일어나는 일들을 광속을 초월하는 동시성으로 알 것이다. 즉 모든 곳에 있는 '지금'이다.

하지만 그것은 불가능하다. 나의 환상에는 좀 안 된 일이지만, 이미 살펴보았듯이 아인슈타인은 보편적 '지금'이 불가능하며, '지금'은 전적으로 지역적이고 상대적임을 증명했다. 아인슈타인은 신을 믿었지만, 아마도 그 신은 모든 것을 아는 신은 아니었을 것이다. 상대속도와 광속은 절대 한계이고, 빛은 그런 절대나 무한에 가장 가까운 것이다. 기적적으로 우리는 매일 그 빛을 듬뿍 받고 살아간다. 그렇다면 광속으로 나아가는 것, 광자光子, photon[4](파동 반, 입자 반)가 되어 무한의 여행길에 우주를 미끄러져 가는 것은 어떤 것일까? 광자에게 있어 시간은 어떤 것일까?

빛의 관점에서 그것이 비추는 우주는 미속촬영 필름처럼 연속적으로 변화한다. 실은 그것은 우리의 불행한 우주비행사가 블랙홀 바깥의 가장자리를 통과할 때 보게 될 광경과 매우 비슷하다. 별들은 단 몇 분 만에 태어났다가 늙어 폭발한다. 빙글빙글 돌아가는 은하는 서로 충돌하여 어지럽게 우주 속으로 퇴진한다.

하지만 광자에 '탔을 때' 시간은 멈추고, 별들과 은하들이 벌이는 모든 소동은 시간을 초월한 중심으로 빨려 들어간다. 오스트레일

---

4 물질은 파동성과 입자성의 두 가지 성질을 지니고 있다. 빛은 파동의 측면에서 전자기파에 해당하며, 입자의 측면에서 광자에 해당된다. 1905년 아인슈타인이 빛의 광자설光子說을 제창했고, 그 뒤 콤프턴효과에 의해서 그 이론의 정당성이 증명되었다.

리아 천체물리학자 폴 데이비스는 말했다. "광속 자체에서 시간은 정지한다." 빛은 이상한 것이다. 일면 시간 밖에 존재하면서도 또 시간 안에 있다. 아마도 그래서 햇빛은, 우리가 알고 있는 가장 강렬한 빛인 그것은, 시인들에게 향수 어린 존재가 되나 보다. 빛은 자신이 만질 수 없는 우주를 사무치게 연모한다. 우주를 덮혀주고 밝혀주는 동안에도 말이다. 빛의 운명은 영원이다. 빛은 우주의 한계속도로 모든 것을 앞서가며, 시간의 변방을 향해 돌아올 수 없는 여행을 떠난다.

영원이라는 시간

지금은 영원이다. 나는 그 영원 한가운데 있다. 그것은 햇빛 속에서 나를 에워싸고 있다. 빛이 가득한 공기 속에 있는 나비처럼 나는 그 속에 있다. 아무것도 올 필요가 없다. 지금이다. 지금이 영원이다. 지금이 불사의 삶이다.
— 리처드 제프리스Richard Jefferies(1848~1887), 《내 마음의 이야기The Story of My Heart》

어제, 열대의 폭풍이 몰아치는 가운데 나는 카요 라르고에 도착했다. 7월의 첫째 토요일 오후였다. 착륙 직전 제트기가 낮게 뜬 구름 아래로 빠져나오더니, 하강하는 도중 80킬로미터에 달하는 작은 산호초와 초호[5] 위를 지나갔다. 산호 석호潟湖, lagoon가 수심이 얕은 청녹색 바다에 보석처럼 박혀 있었고, 그 모든 호수에 다이빙하는 내 모습을 상상하는 순간, "여기서 내려줘!"라는 말이 나올 뻔했다. 낙하산, 스노클, 수중 마스크, 물갈퀴만 있으면 됐다.

착륙한 뒤 비행기의 문을 나서자 카리브해의 공기가 밀려왔다. 나는 액체와 공기의 중간쯤 되는 것 속에 잠겨 있었다. 얇은 면바지와 티셔츠가 한순간 무더운 플란넬처럼 느껴졌다. 활주로는 젖어 있었고, 빗물에 젖어 반지르르 윤기가 도는 부채야자는 작은 공항 입구 옆에 서서 바람에 흔들리며 수신호를 보내고 있었다. 호텔에 도착해 저녁을 먹고 나자 어둠이 내려앉았다. 노천식당 주변에는 번개가 번쩍였지만 방으로 돌아와 잠을 청할 즈음에는 비가 그쳐 있었다.

* * *

오늘 아침 하늘은 티 없이 맑고 바다는 잔잔하다. 아침 식사 후 초호를 찾아다니다가 발견한 것은, 연한 터키색 바닷물에 옆으로 길게 난 암청녹색 초호로 휴양지의 북쪽 해안에 가까운 곳이다. 만조가 되어 낮은 파도가 산호 위로 물마루를 이루고 있다. 나는 서

---

5 섬이 침수하면 섬의 정상부는 해면에 가라앉고 산호초만 해면상에 환상으로 배열되어 환초가 되는데, 그 속에 형성되는 호수가 초호礁湖다. 초호는 수심이 6미터 내외의 것이 많고 군데군데에 있는 수도水道에 의해서 외양外洋과 통하고 물결이 잔잔하다.

둘러 방으로 돌아와, 스노클과 물갈퀴를 가지고 나왔다. 그리고 몇 분 후, 나는 천국을 떠다니고 있다.

나의 옛 친구들이 여기 다 있다. 해포리고기, 환각적인 비늘돔, 그리고 차분하게 유영하는 블루탱. 대관식 보석처럼, 여왕파랑쥐치가 밝고 금속적인 느낌의 청색으로 화려하게 장식된 열대어의 몸을 흔들며 지나간다. 그 아래로는 뇌산호腦珊瑚, 수사슴 산호, 부채산호가 뾰족뾰족 나 있다. 비늘돔과 놀래기가 산호 사이를 누비며 부리로 산호살을 뜯자 불규칙한 시계처럼 산호초가 째깍이는 소리가 들린다. 그런 수중 세계에 편재하는 딸랑거리는 소리, 째깍거리는 소리는, 화산에서 분출해 구르는 분석같은 그 소리는 기묘하게 건조한 소리였다.

도처에 방탕스럽게 떠다니는 생명이 있었다. 저 위 하늘에는 군함조가 물보다 빠른 그들만의 매체인 푸른 액체 속에 떠다니고 있다. 하지만 그 모든 것을 흔드는 것은 바람과 파도다. 가끔 큰 파도가 왔다 가면서 반대 방향의 강한 저류를 일으켜 쥐돔, 플루트고기, 문절망둑을 초호 가장자리의 뇌산호 위로 흘려놓고, 이들은 다시 푸른 심연 속으로 사라진다. 이렇게 박차를 가하고 그로 인해 홈이 파이는 작용을 수천 년간 반복해 초호가 생겼고, 산호 굴뚝 사이에 있는 모래갯벌은 데본기 이래 변한 것이 없는 것 같다. 나를 비롯한 모든 것이 파도와 함께 천천히 원을 그리며 흔들린다. 마치 커브길을 돌아가는 버스 승객들이 한꺼번에 좌로 갔다 우로 갔다 하듯이. 우리는 수면 아래서 파도의 흐름과 함께 흔들리고, 밀리고, 굽이친다. 우리는 바닷속에서 무력하게 살아 있는 해파리 연합이다.

1시간 남짓 시간이 흐른 뒤 나는 방으로 돌아와 시원한 에어컨 바람을 쐬며 침대에 누워 있다. 지금도 몸속에서 큰 파도가 느껴진다. 그러다가 스르르 잠이 든다. 잠이 깨자 막 오후 4시가 지나고 있다. 커튼을 제치고 인근 건물의 치장벽토로 장식된 노란 담장을 보는 순간 나는 이것이 시간임을 안다. 카리브해의 수많은 섬들은 하나하나가 그만의 영원의 시간, 열대의 끝없는 여름을 축약해놓은 기호의 시간을 가지고 있다. 보네르 섬Bonaire Island[6]에서 그 시간은 태양이 낮은 각을 이루는 오후 5~6시가 된다. 코수멜 섬Cozumel Island[7]에는 조금 늦게 일몰 직후에 온다. 카요 라르고 섬에서는 그 시간이 매우 일찍 오는 것에 나는 놀랐다.

발코니로 나갔더니 치솟는 더위에 또 한 번 놀랐다. 태양은 하늘에 낮게 드리웠다. 약간 강도가 차감된 열대의 태양빛, 영원한 열기의 아찔한 풍요가 그 빛 속에 가두어둔 무한한 시간을 꺼낼 수 있을 만큼만 담금질되어 있다. 나는 그 빛을 나의 이층 발코니 밖에 있는 코코야자 잎의 반짝임 속에서 가장 명확히 본다. 상상할 수

---

6 대서양 카리브해에 있는 네덜란드 앤틸러스령 섬으로 아루바 섬Aruba Island, 쿠라사우 섬Curacao Island과 함께 ABC 제도라고 부른다. 면적은 288제곱킬로미터이고 인구는 약 1만 명 정도다. 스쿠버 다이빙으로 유명하다.

7 멕시코의 유카탄 반도 동쪽 해안, 카리브해에 위치한 섬으로 멕시코의 휴양지 칸쿤에서 60킬로미터 거리에 위치한다. 대체로 평평하고 지대가 낮으며 식물이 울창한 섬으로 널리 알려진 곳이다.

없을 만큼 커다란 깃털 같은 야자 잎새는 희미한 산들바람에 흔들리고 있다. 그 뒤로는 바다가 있고, 오렌지색과 노란색의 시골풍 빌라들이 있으며, 하늘의 끝없는 청색이 모래 언덕 위를 유영하는 한 마리 군함조를 담고 있는 모습이 한 폭의 그림이다. 그 한 시간 동안 시간은 멈추고, 그 짧고도 엄청난, 만유를 포용하는 영원 속에서 풍요는 콧노래를 부르고, 떨리는 슬픔이 햇빛과 야자수를 가득 채운다.

시간을 넘다

영원의 개념은 문명의 시작부터, 아니 아마도 그 전부터 사람들을 흥분시키고, 두렵게도 하고, 또 영감을 주기도 했다. 수천 년간 우리는 두 개의 영원을 발견했다. 하나는 시간이 끝없이 지속되는 영원이고, 또 하나는 시간의 초월, 미래도 과거도 없고 오직 무한한 현재만 있는 특별 상태다. 이 두 개 중 아마도 후자가 실제 영원에 가까울 것이다. 만약 과거와 미래가 있다면 그 길이가 아무리 길다 해도, 시작이 있어야만 하고 끝도 있어야만 하기 때문이다. 지금 현재 우리 우주는 나이가 137억 년으로 비교적 젊고, 우주 존재의 궁극적 길이(10억의 10억 년)는 개인의 이해 범위를 벗어나 있기 때문에, 우리는 우주의 수명은 영원한 것이라고 주장할 수도 있다. 우리는 이런 숫자를 알 수는 있지만, 인간의 평균 수명을 느끼듯 그렇게 체감할 수는 없다. 자메이카의 옛 속담처럼 "그것을 느끼는 사람은 그것을 알기" 때문이다. 인간의 수명에서 우리가 알 수 있는 가장 긴 시간은 100년이지만 내가 아는 유일한 백 살 넘은 할머니는 영원히 산 것 같은 기분이라고 말했다.

실제 영원을, 적어도 지속기간의 영원을 체험할 수 없다면, 최소한 좀 더 가까이 있는 영원은 체험할 수 있다. 비트겐슈타인Ludwig Wittgenstein(1889~1951)은 〈논리철학-논고〉에서 말했다. "만약 우리가 영원을 무한한 시간의 지속으로 보지 않고 초超시간성으로 본다면 영원한 삶은 현재 속에서 살고 있는 사람들의 것이다." 선사禪師들의 삶처럼 말이다. 지난 3월 올빼미가 나를 사로잡았을 때, 나는 완전히 그 순간 속에 존재했고, 비록 잠시였지만 선의 영원 같은 것을 섬광처럼 느껴보았다. 하지만 모든 영원의 체험이 다 그렇게 계시적이지는 않다. 평범한 영원들도 있다. 절대 파란불로 바뀌지 않는 빨간불, 시간이 멈춘 듯한 은행의 대기줄, 끝날 줄 모르는 인터넷 다운로드. 비록 속상하고 지루하긴 해도 이런 순간들 역시 강렬한 시간 멈춤의 체험이 된다.

* * *

시간이 멈춘다는 신비감은 내적으로는 더욱 흥미로운 일로서, 언제나 영적인 일이다. 1929년 기포드 강의[8]에서 영국 주교이며 물리학자인 어니스트 반스Ernest William Barnes(1874~1953)는 영국의 한 해변으로 걸어가던 중 경험한 영원의 체험을 이렇게 이야기했다. "나는 몇 안 되는 마을 사람들이 거의 가지 않는 조약돌이 깔린 해변에서 수영을 할 생각이었다. 그런데 한순간 벌레들의 울음소리가 사라졌다. 시간이 멈춘 것 같았다. 무한한 힘과 평화로움이 내게 밀려왔다. 그 무시무종의 초시간성과 존재의 경이로운 충만이 합쳐진 느낌을, 나는 기껏해야 거대한 침묵의 플라이휠flywheel[9] 가장자리를 바라볼 때의 느낌, 또는 깊고 힘차게 흘러가는 강물의 움직이지 않은 표면을 바라볼 때의 느낌에 비유할 수밖에 없다. 아무 일도 일어나지 않았다. 그럼에도 불구하고 삶은 완전히 충만했다. 모든 것이 명료했다."

반스의 이야기에서 핵심 이미지는 플라이휠의 비유다. 바퀴살이 있는 거대한 철바퀴, 지름이 보통 6미터이고 무게가 몇 톤씩 나가는 플라이휠은 산업시대에 기계를 구동하기 위해 사용되었다. 외곽의 평평한 가장자리는 매우 정확하게 규격화되어, 만약 윙윙거리며 돌아가는 바퀴살을 무시한다면, 움직이는 플라이휠과 정지한 플라이

---

8 아담 기포드(1887년 사망)의 유지로 '넓은 의미의 자연신학을 확산하고 증진시키기 위하여' 설립된 강좌. 여기서 자연신학이란 기적이 아니라 과학에 근거한 신학을 의미한다. 스코틀랜드의 샌앤드류스 대학, 글래스고 대학, 애버딘 대학, 에딘버러 대학에서 진행되며 1년 동안 진행되는 연강을 맡는 것은 스코틀랜드 학자에게 가장 영예로운 일로 여겨진다. 강의가 끝나면 내용이 책으로 출판되며 그중 다수가 이미 고전의 자리를 점유하고 있다.

9 내연기관의 엔진에서 회전속도를 고르게 하기 위해 장치된 바퀴.

휠 사이에 아무런 차이가 느껴지지 않는다. 반스의 비유가 탁월한 것은 학창시절 내가 미시건주 그린필드에 있는 산업박물관으로 견학을 가서 플라이휠을 만져봤을 때처럼, 실제로 손가락을 대고 가장자리가 밑으로 지나가는 듯한 느낌을 받을 수가 있기 때문이다. 그런데 반스는 더 확실하게 하기 위해 이번에는 강물의 비유를 들고 있다. 역시 엄청난 힘과 움직임이 있는데 겉은 언제 그랬냐는 듯 고요하다. 그것은 마치 가만히 서 있는 반스가 자신을 윙윙거리며 지나가는 시간의 흐름 자체를 목격한 것 같다.

* * *

반스의 영원의 체험은 유일신교, 그중에서도 사후에 실제로 지속하는 영원을 약속하는 그리스도교의 영원과는 전적으로 다르다. 많은 종교 작가들이 영원을 논했지만, 내 생각에는 네덜란드 철학자 베네딕트 스피노자Benedict de Spinoza(1632~1677)만큼 그 주제를 박식하게 다룬 사람도 드물다. 범신론자였던 스피노자는 "신과 신에 속한 모든 특성은 영원하다"고 말했다. 또한 우리가 신과 하나이기 때문에 "우리는 우리가 영원하다고 느끼고 그것을 알고 있다"고 말했다. 그의 확신은 철학적 지식과 영적 신념에서 온 것이지만 그가 이런 사후 영원성의 개념을 얼마나 글자 그대로 받아들였는지는 알 길이 없다.

* * *

어릴 때 잠이 안 오면 내 마음은 괴상한 우주적 주제를 향해 표류하곤 했다. 삶과 우리가 죽는다는 사실을 생각하면 매우 불안해졌으며 폐소공포증을 겪었다. 나는 피할 수 없는 죽음의 개념을 분명 더 바람직해 보이는 영원의 개념으로 완화시키려 했다. 하지만 그 다음, 나는 영원히 존재한다는 것은 어떤 것일지를 생각했고, 변하지 않는 영원한 삶 역시 그에 못지않게 견딜 수 없으리라는 데 생각이 미치면 나는 실존적 광장 공포증에 걸리곤 했다. 이 두 가지 대안이 마찬가지로 무서운 것이었다. 영국 수필가이며 시인인 죠셉 애디슨Joseph Addison(1672~1719)은 1713년 그것을 이렇게 표현했다. "영원이여! 그대는 유쾌하면서도 무시무시한 생각!"

몇 년이 지난 후 나는 영원한 삶이 내포한 괴로움에 대해 한 가지 해결책(실은 두 가지 해결책)이 있다는 생각이 들었다. 첫째, 과거나 미래를 알지 못한 채 이 순간에 완전히 존재하는 것이다. 그러면 내 앞에 존재하는 끝없는 영원성을 예상하지 않아도 된다. 둘째 해결책은 나 자신을 항상 변화시키는 것이다. 만약 내가 서서히 변화하여 결과적으로 다른 사람이 된다면 영원한 삶의 감당이 쉬워진다. 왜냐하면 나는 계속해서 다른 사람이 되고, 그 하나하나는 기술적으로는 영원히 사는 것은 아니니까 말이다. 나는 전자를 택하려다. 비록 나날의 삶에서 그렇게 사는 경우는 아주 드물다 해도 말이다.

낭만적 사랑에도 무언가 영원한 것이 있다. 사랑은 본질적으로 영원하고, 삶 자체와 마찬가지로 사랑도 죽음이라는 한계에 갇혀 있는 것으로 보인다. 사랑은 일생 동안은 쉽게 지속될 수 있다. 영국 시인 존 던John Donne(1572~1631)[10]은 말했다. "사랑은, 하나같이, 계절도 지역도 모르네,/ 시간의 넝마 조각인 시도 날도 달도 모르네." 낭만주의 미술, 음악, 문학에서 변치 않는 주제는 시간의 끝까지 지속되는 사랑, 영원히 진실한 사랑이다. 〈안토니와 클레오파트라〉에서 셰익스피어는 이 주제를 환기시켰다. "영원은 우리의 입술과 눈에 있네,/ 행복은 우리의 이마에서 취해 있네." 마치 연인들이 느끼는 감정의 강도와 순수성이 시간 자체를 초월한 것처럼 말이다. 하지만 시간은 연인들의 편이면서 동시에 적이다. 연인들이 헤어지면 시간은 기어가지만, 이들이 마침내 결합하면 시간은 또 다른 양상을 보인다. 연인들의 행복 속의 체류는 시계로 측정되지 않는다. 영원이 그들의 몸을 연마하여 빛을 낸다. 그것은 그들의 열정과 그들의 갈망이 고동쳐 흐르는 것이다.

---

10 영국 시인 겸 성직자. 영국 형이상학파의 거장으로 불리고 있는 인물로, 대담한 연애시와 풍자시를 주로 썼다. 그의 시 〈누구를 위하여 종은 울리나〉는 모든 인간의 연결성을 잘 표현하고 있다. "어느 사람의 죽음도 나를 감소시킨다./ 왜냐하면 나는 인류 속에 포함되어 있기 때문이다./ 그러나 누구를 위하여 종이 울리는지 알고자 사람을 보내지 말라./ 종은 그대를 위해 울린다."

* * *

　카요 라르고 섬에서 보낸 한 주일은 너무도 빨리 끝나버렸다. 비록 매일 오후 주술에 걸린 듯 한 시간 동안 시간이 멈추었지만 말이다. 그리고 그곳에서의 시간이 내가 마치 앞서 예를 든 상대성 쌍둥이들 중 하나가 된 것처럼 다르게 흘러가긴 했어도, 한 주는 영원이라 하기엔 턱없이 부족하다. 일주일의 한가로움이 실은 이주일처럼 느껴졌던 것인지, 어젯밤 귀가한 나는 훨씬 더 오랜만에 돌아온 기분이었다. 그런데 상대성 효과가 나타난 곳이 또 있었다. 내가 없는 동안 집을 봐주기로 한 이웃집 주인에게 돌아왔다고 전화를 했더니, "벌써요?" 하는 것이 아닌가. 분명 그에게는 일주일보다 적은 시간이 흘러간 것이다.

　분명 새로운 기억의 형성은 실제로 우리가 느끼는 시간의 흐름을 변화시킨다. 예루살렘에 있는 히브리 대학의 심리학자 디나 아브니-바바드Dinah Avni-Babad는 습관과 기억 및 시간 사이의 관계를 연구한 결과, 일상적 삶에서 인간이 마치 자동항법 장치처럼 습관에 의해 움직인다는 것을 발견했다. 매일 하는 일을 되풀이하기 때문에 우리에게 시간은 더 빨리 흐른다. 우리는 새로운 기억을 형성하지 않는다. 하지만 새로운 체험은 새로운 기억을 형성하여, 주관적 관점에서는 시간에 대한 감각을 확대시킨다. 그러므로 만약 오래 살고 싶다면 또는 적어도 그런 체험을 하고 싶다면 일상을 변화시켜야 한다. 할 수 있다면 떠나라. 나는 카요 라르고 섬을 추천한다.

* * *

　오늘은 오후 늦게 문밖 테라스에 앉아 정원의 풍성함을 즐겼다. 정원 한가운데 화분에 심은 부채야자가 있다. 워싱턴 야자인데 너무 커서 집 안에 들이지는 못하고 겨울마다 온실에 맡기기 때문에, 봄에 다시 그것을 우리 집으로 들여놓는 일은 중요한 연례행사가 되었다. 지난 달 두 명의 인부가 그 야자수를 트럭에 실어 배달했다. 거대한 테라코타 화분에 담긴 야자수는 언제나처럼 금방 나의 정원에 열대를 들여놓고 관심의 초점이 되었다. 토마토와 바질도 잘 자라고, 철쭉은 여전히 꽃이 피고 있다. 기울어가는 해가 새로 심은 바나나나무를 비춘다. 잎에 달린 설명에 의하면 녀석은 신품종으로서, 가지를 쳐주고 짚을 깔아주면 겨울에도 견딜 수 있다고 한다. 두고 봐야 알 일이다. 나의 뜰은 카요 라르고 섬을 상기시키는 작은 열대의 오아시스다. 그래도 나는 여전히 충만했던 열대의 태양과 영원을 흘낏 보여주었던 그 늦은 오후들이 그립다.

　그럼에도 불구하고 내 문밖 테라스 옆에는 노란 장미가 커다랗게 피어나고 있고 늦은 오후의 햇살에는 애절함이 묻어 있다. 장미꽃이 피어난다. 그 뒤쪽과 위쪽으로 깃털 같은 소나기구름이 지평선에서 심홍색으로 빛나며 오크나무의 형태를 연상시킨다. 그 덧없음에서 영원하고, 그 유일무이성에서 무한한 내 정원은 한 폭의 정물화였고, 우주의 향수가 넘쳐흐르는 그림이었다. 반쯤 개화한 장미꽃 한 송이와 이미 꽃잎이 떨어지기 시작한 꽃송이…… 오늘의 이 장

면은 우주가 존재하는 한 다시는 일어나지 않을 것이다. 그것은 영
원에 의해 갈무리되었다.

7장

시간의 형성

두 얼굴을 한 '지금'

감옥 안의 시간

시간은 인간에게 중요한 모든 것의 중심에 있다.
— 베르나르드 데스파냐Bernard d'Espagnat(1921~)

우리는 한 사람의 시간이 다른 사람의 시간과 같은
가치가 있다고 말해서는 안 된다. 오히려 한 시간
동안 한 사람은, 한 시간 동안 다른 사람만큼 가치가
있다고 말해야 한다. 시간은 모든 것이고, 사람은
무가치하다. 사람은 고작해야 시간의 시체일 뿐이다.
— 칼 마르크스

7

두 얼굴을 한 '지금'

오늘 아침 나는 폐소공포증을 체험했다. 아마도 최근 시간의 흐름에 대한 내 감각이 고양돼 있었기 때문인가 보다. 나는 현재가 얼마나 빨리 과거로 퇴각하는지를 혼란스러울 정도로 지각하고 있었다. 당시 나는 컴퓨터로 음악을 들으면서, 연주되고 있는 부분을 가리키며 이동하는 커서를 바라보고 있었다. 그런데 그때 그 커서가 나 자신의 존재의 은유라는 생각이 번쩍 들었다. 하지만 두 가지 큰 차이가 있었다. 나는 나의 '음악'이 얼마나 지속될지 모른다는 것 그리고 나는 또 시간 위에서 나의 위치를 앞으로도 뒤로도 클릭해 이동할 수 없다는 것이었다. 이어 또 다른 차이가 있음을 깨달았고, 내 폐소공포증은 거기서 비롯되었다. 우리의 사적인 까만 점인

'지금'은 고정적이다. 지금의 뒤쪽은 현재라는 파도 위에서, 미래에서 서핑해오는 행동의 움직임을 순간적으로 동결시킨다. '지금'은 좁지만(그리고 그것은 정말 좁다)그래도 두 개의 변두리를 가지고 있다. 하나는 닫혀 있고 다른 하나는 열려 있다. 뒤쪽 변두리는 모든 변화의 가능성을 닫아버리고, 미래를 향한 앞쪽 변두리는 모든 변화를 허용한다. 우주와 그 안에 담긴 만물은 이 좁다란 핀의 꼭대기에서 춤추는 천사들과 같다. 움직이는 모든 것(행성, 나비, 축구 게임, 졸고 있는 원숭이, 발레리나, 숙성되는 와인)은 과거라는 뒤쪽 변두리의 동결 행위에 의해 즉시 영원한 역사의 조각 속에 갈무리된다.

그러더니 또 다른 가능성이 떠오르면서 시간의 방향에 대한 나의 모든 개념을 뒤집어버렸다. 어쩌면 흐름의 방향은 미래에서 과거로 가는 것이 아닐 수 있다. 만약 '지금'이, 현재 순간이, 팽창하는 과거의 표면이 위쪽으로 떠미는 피막이며, 지금이 미래를 향해 꽃을 피우는 동안 발생하는 모든 것들을 결정한다면 어떻게 될까? 어떤 방식으로 보든, 움직임은 기적이었다. 현재 순간에는 시간이 너무도 없다. '지금'이 그렇게 순간적이라면, 특히 우리가 알 수 있는 것보다 훨씬 더 작은 것이라면, 모든 일은 어떻게 일어나는 것일까?

* * *

어거스틴 성자는 시간을 열심히 성찰했다. 그 역시, 우리가 이미 보았듯이, 현재라는 불가사의에 사로잡혀 있었다. 그는 〈고백록〉에서 이렇게 말했다. "과거는 더 이상 여기에 없고, 미래는 아직 오지 않았는데, 어떻게 과거와 미래가 존재할 수 있단 말인가? 현재의 경우 만약 현재가 항상 현존하고, 절대 움직여서 과거가 되지 않는다면, 그것은 시간이 아니라 영원일 것이다." 여기서 다시 영원은 현재에서 꽃피는 것으로 보인다. 현명한 황제 마르쿠스 아우렐리우스가 〈명상록〉에서 "시간의 모든 순간, 콕콕 찌르는 영원"이라고 말했듯이 말이다. 그럼에도 여전히 내게 '지금'은 미래가 현재를 지나 움직이지 않는 과거로 흘러감에 있어 변화하며 통과해 가는 얇은 평면처럼 보인다. '지금'은 고층 빌딩을 짓는 믿을 수 없을 정도로 빠른 건설팀과도 같다. 허공을 향해 올라가며 그들은 뒤에 콘크리트 건물을 남긴다. 정말 그럴까? 건축 작업을 함께 하며 현재에 갇혀 있는 우리의 관점에서 볼 때, 그 건물은 건설되는 중에도 우리의 발 아래에서 사라지고 있을 것이다. 그 문제에 관한 한 우리는 절대 위로도 아래로도 엘리베이터를 타진 않을 것이다.

그러나 물리학자가 말하듯 과거와 미래가 동시에 존재한다면, 아마도 현재는 댄스클럽의 레이저광선 쇼처럼 움직임의 환각에 불과하다. 레이저가 연기를 단면으로 절단함에 따라 새로운 풍경이 빙빙 돌아가며 나타난다. 이것이 바로 미래가 펼쳐지는 방식이다. 이것은 매우 혼란스럽다. 아마 나도 영국 수필가 찰스 램Charles Lamb의 관점을 채택해야 할까 보다. 1810년 1월의 어느 추운 겨울날 토마스 매닝Thomas Manning에게 쓴 편지에서 그는 말했다.

"시간과 공간보다 더 알 수 없는 것은 없다. 그럼에도 불구하고 그것보다 나를 덜 괴롭히는 것은 없다. 내가 그것들에 대해 전혀 생각하지 않기 때문이다."

* * *

어제 나는 뒤뜰에 타월을 펴고 누워 일광욕을 하기로 했다. 뜨거운 7월 중순의 오후, 매미들은 나무 위에서 명쾌한 노래를 쉰소리로 읊어댔다. 나는 반 시간 정도 선탠을 하기로 했는데, 고루 태우려면 그 사이에 적어도 한 번은, 즉 15분 후에는 돌아누워야 한다는 것을 알았다. 그런데 옆면이 문제였다. 15분을 다시 반으로 나누면 몸 전체에 고루 시간을 안배할 수 있을 것이었다. 하지만 여기서 한 시간을 60분으로 나눈 일이 붕괴되니, 15분을 반으로 균등하게 나눌 수가 없는 것이다. 15분의 반은 7.5분이고, 7.5분의 반은 3과 4분의 3분이다. 나는 엎드린 채 이 측시법測時法의 요상한 수학을 골똘히 생각하다가, 새로운 풍경이 눈에 들어오자 생각이 이탈했다. 풀과 거의 같은 높이에 있던 내 눈길은 풀밭을 가로질러 차고에까지 이르렀다. 나는 곤충의 세상에 있었던 것이다.

커다란 푸른 잠자리가 나의 왼쪽에 놓인 바위 위에서 햇빛을 쬐고 있었다. 그 거리에서는 잠자리의 투명한 날개에 섬세하게 수놓인 어두운 색의 그물맥까지 보였다. 마치 스테인드글라스 창문을 보는 것 같았다. 풀밭 곳곳에 꽃가루를 묻힌 벌들이 클로버 꽃에 날아들었고, 진딧물 여러 마리가 믿을 수 없이 긴 각진 다리를 펴고 풀잎 위에서 햇빛을 쬐고 있었다. 개미 한 마리가 자기 몸의 두 배는 됨직한 단풍나무 씨앗을 물고 가는 것이 보였다. 개미의 척도에서 풀밭은 아마 대나무 정글쯤 될 것이다. 개미는 자기 짐을 목적을 가지고 끌고 갔고, 놀랍도록 똑바른 행로로 풀밭 위를 움직였다. 바로 그때 작은 곤충 세 마리(파리인지 장수말벌인지 알 길이 없었다)가 뒤편에서 내 머리 위로 날아오더니 차고를 향해 풀잎 높이로 날아갔다. 하도 속도가 빨라 간신히 눈으로 좇았는데, 녀석들이 내 시야의 축을 따라 움직였기 때문에 무엇을 하는지 볼 수 있었다. 세 마리 모두 축소형 제트전투기처럼 공중에서 재주를 넘었다. 앞쪽으로 날아가면서 그들은 아주 작은 최우수비행사들처럼 잠시 머물다가, 돌진하다가, 아래로 다이빙을 하곤 했다. 그 전체 비행이 아마도 0.5초나 걸렸을까, 그리곤 이내 사라졌다.

그들에게 나는 코끼리나 해변에 쓸려온 고래처럼 느리게 보였겠지만, 나는 그들의 상대적 시간의 틀이 나의 시간의 틀보다 얼마나 더 빠른 것인지 상상해보지 않을 수 없었다. 그 파리들은 공중의 펨토니안 같았다. 어떤 동물이 빠를 때 신경계와 뇌를 구성하는 신호전달 세포인 뉴런이 일을 했다고 장담할 수 있다. 뉴런이 없는 식물들은 지구에서 가장 느린 유기체에 속한다. 기본 신경계를 갖춘 벌레들은 식물에 비하면 속도의 악마라 할 수 있지만, 절지 동물, 특히 곤충은 매우 빠르다. 기동성, 속도, 복잡성의 측면에서 볼 때 진화는 곤충의 경우 별로 개선되지 않았다. 코브라보다 빨리 달릴 수 있는 몽구스mongoose[1]조차 공중에서 파리를 낚는 데 어려움이 있다.

* * *

만약 속도가 뉴런에 달려 있다면 포유류가 모든 동물 중 가장 빨라야 한다. 일면 그렇기도 하다. 고양이는 파리보다 반응이 빠르진 않지만, 더 많은 뉴런을 사용하여 그 파리가 어디로 갈지 예측하고는 미리 가 있다가 낚아챈다. 포유류는 엄청나게 빠를 수 있다. 박쥐는 돌아가는 선풍기 날개 사이로 날아갈 수 있고, 치타는 시속 100킬로미터 이상을 달릴 수 있다. 우리 인간은 치타만큼 빠르지 않고, 박쥐처럼 기민하지도 않지만, 그럴 필요도 없다. 우리 뇌는 동물의 왕국에서 가장 효과적으로 뉴런이 집적된 뇌를 가지고 있다. 인간보다 더 큰 뇌나 더 많은 뉴런을 가진 포유류도 있다. 코끼리와 돌고래가 그런 경우지만 인간의 뇌가 좀 더 효율적인 연결망을 가지고 있다. 그로 인해 우리는 미리 예측하고, 일을 내구력 있게 계속할 수 있으며, 한 발 더 빨리 나갈 수 있다. 즉 두뇌를 사용해 인간은 시간을 붕괴시킬 수 있다.

1 사향고양잇과의 포유류를 통틀어 이르는 말.

* * *

우리는 시간의 안팎에 서 있는 존재다. 시간은 우리의 도구이고 우리의 매체다. 지상의 그 어떤 생물도 우리보다 더 시간을 정확히 측정하거나 계산하지 못한다. 시계가 등장하기 이전 시대에도 우리는 계절의 순환 양상을 통해 정확히 언제 작물을 심고 언제 거두어야 할지를 알았고, 언제 겨울에 대비해야 하는지도 알았다. 이야기와 기념물을 통해 과거를 보전할 뿐 아니라 미래를 예측해, 우리는 현재의 순간, 대부분의 동물이 그 안에서 삶을 사는 현재의 순간 밖에 존재한다. 지상에서 가장 영적으로 계발된 종교가 우리에게 현재 순간에서 더 많은 시간을 보내라고 조언함에도 불구하고, 현재 순간에 존재하지 않는 것은 인간의 본질적 특성이다. 적어도 우리가 기술을 사용한 이후로는 그렇다.

우리는 시간을 지도처럼 사용한다. 우리는 지금까지 어디 있었는지 가리킬 수 있고, 또 어디로 갈 것인지 계획할 수 있다. 우리는 시간의 지도 제작사이다. 언어의 도래 이후 이야기꾼들은 우리를 과거로 데려갔고, 예언자들은 정찰대처럼 미래를 엿보아 왔다. 하지만 우리가 시간의 동물이라면, 우리는 또 시간의 노예이기도 하다. 우리가 시간을 분배하기 시작했을 때, 시간은 우리와 우리의 욕망 사이에 장애물이 되었다. 우리가 매일 행하는 많은 과제들은 지루해 보인다. 시간이 너무나 많이 걸리기 때문이다. 나는 시간이 충분했던 적이 없다. 언제나 약속시간에 5분 늦는가 하면 아이들, 친구들,

잡무, 집안일, 마감일 사이에 시간 안배를 하느라 정신이 없다. 그것만으로도 모자라 최근 나는 손목시계 차는 일에 게을러졌다. 그것이 꼭 노예가 차는 밴드 같기도 하고 집행유예 수감자가 차는 무선 발찌 같은 느낌이 들어서다. 그리고 매일 되풀이해야 하는 싫증나는 작은 일과들(옷 입고 벗기, 서랍 열고 닫기, 접시 꺼내고 집어넣기)이 있다. 내겐 자기 전 이를 닦고 치실질을 하는 것이 참으로 따분한 일이다.

그런 조급증을 달래기 위해 때로 사하라사막 주변 마을에서 사는 나를 상상한다. 그곳 작은 마을에 사는 나는 매일 뜨거운 태양 아래 우물까지 한 시간 반을 걷는다. 우물에서 20리터 플라스틱 물통 네 개를 채우고는, 어깨에 멘 긴 막대 끝에 물통을 달고 다시 땡볕 아래서 걸어 돌아온다. 그런 시시한 일에 세 시간씩이나 보내는 것을 상상해보면 은행에서 줄을 서서 기다려야 하는 5분 정도는 아무것도 아닌 것처럼 보인다.

그럼에도 불구하고 제3세계에서 제한된 수입으로 살아가는 사람들의 마음이 일반적으로 행복하다는 연구결과가 나와 있다. 우리처럼 시간을 절약해주는 기계들(세탁기, 머릿 글자로 만드는 두문자어, 단축 명령어, 식기세척기, 컴퓨터의 시분할 방식이나 다중처리 기능)이 없는 문화에서 어떻게 가족끼리 보내는 시간도 더 많고 만족도도 더 높을 수가 있을까? 여기에는 모종의 법칙이 작용하고 있다. 수입과 지출의 법칙 같은 것 말이다. 수입이 아무리 많아도 지출은 항상 그를 따라잡아 상승한다. 즉 우리가 시간 절약 장치를 사용하는 것은 여가 시간을 더 만들기 위해서가 아니라, 좀 더 많은 약속을 하고 더 많은 휴대 전화를 받으며, 이력서를 경신하기 위해서이며, 다시 또 더 많은 약속을 하고, 더 많은 전문지식 세미나에 가고, 전화 자동 안내 서비스에 메뉴 안내를 좀 더 오래 듣고, 전자 설명서를 스캔하거나 최신 소프트웨어와 영화, 음악을 다운로드하기 위해서인 것이다.

* * *

며칠 전 디너파티에서 한 친구가 시간이 이전보다 더 빨리 가는 것 같다고 말했다. 2년 전 여유 있게 했던 일들을 이젠 서둘러 해야만 한다는 것이다. 그는 말했다. "시간이 더 빨리 흐르고 있어." 나역시 마찬가지다. 어떤 날은 시간이 느리게 가고 다른 날은 빠르게간다. 물론, 시간은 가속할 수도 감속할 수도 없다. 적어도 여기 지구에서 우리에게는 그렇다. 분명 우주 안에는 시간이 평균보다 빠르거나 느린 곳이 있지만, 이곳에서는 상당히 일정하다. 어쨌든 시간이 더 빠르거나 느리다 해도 우리는 그것을 절대 모를 것이다. 지역 시간은 언제나 그 자신에 대해 동일 비율로 흘러가니까 말이다. 내 친구에게 시간이 더 빨리 가는 것으로 느껴졌다면 그 이유는 그자신이 천천히 하기 때문이다. 나는 친구에게 말했다. "시간이 가속하는 것이 아니라 우리가 감속하는 거야."

미국의 비트작가 윌리엄 버로우즈William Seward Burroughs

II(1914~1997)[2]라면 내 말에 동의하지 않았을 것이다. 그는 1950년대 중반 아프리카 북서쪽의 탕헤르에서 〈네이키드 런치Naked Lunch〉를 쓰는 동안 시간의 수량적 변성을 체험했다고 주장했다. 탕헤르에 도착한 후 그는 아파트를 빌려 머물렀고, 체류하고 첫 해가 중반에 접어들 무렵에는 매일 일정한 스케줄을 되풀이하게 되었다. 그는 느지감치 일어나 아침을 먹고, 그 다음에는 가게를 몇 군데 돌며 음식과 생필품을 샀다. 아파트에 물건을 넣어둔 다음엔 커피를 마시거나 카페에서 이른 낮술을 했다. 저녁에는 글을 썼다. 이 일과는 한 달에 딱 한 번씩 흐뜨러졌는데, 그가 오후에 아메리칸 익스프레스 사무실로 생활비를 찾으러 갈 때였다. 그는 돈을 찾기 위해서, 사무실 문이 닫히기 전에 충분한 시간을 두고 미리 가곤 했다.

해가 가면서 버로우즈에게 이해가 안 되는 일이 생겼다. 그의 일과는 변하지 않았는데(그는 동일한 시간에 일어나서 평소처럼 볼 일을 보았는데)오후 시간이 더 빨리 지나가는 것 같았다. 이런 경향이 계속되던 어느 날 아메리칸 익스프레스 사무실에 도착해보니 사무실이 문을 닫은 것이었다. 시계를 보자 이미 오후 5시가 넘은 것을 안 그는 깜짝 놀랐다. 시간에 무슨 일이 생긴 것일까? 이제 그는 그의 오후를 수놓았던 여유를 빼앗겨 버렸다. 그는 점점 더 볼 일을 서둘러 보아야만 했고, 가게문이 닫히기 전에 간신히 물건을 사야 했다. 무슨 일이 일어난 것일까?

---

2 미국의 소설가. 생의 마지막 50년을 아편중독자로 살면서 그 체험에 근거한 자전적 소설을 썼다. 비트세대의 주요 멤버로서 문학뿐 아니라 대중문화에도 영향을 미친 전위적 작가다.

그는 창의적 설명을 생각해냈다. 그들의 태양이 막 폭발하려 하고 그래서 고향별이 파괴될 예정인 한 외계 문명이, 시간을 벌기 위해 우주의 다른 지역에서 시간을 빼앗아가는 방법을 발견했다는 것이다. 우주를 깊이 들여다보던 외계인은 잉여시간이 넘쳐나는 지구를 발견했다. 그들은 버로우즈가 탕헤르에 도착한 직후부터 사이펀으로 우리의 시간을 빨아들이기 시작했다. 당연히 그의 하루는 짧게 느껴졌다(내 생각으로는 아편중독으로 인해 그의 행동이 느려진 것 같다. 하지만 이런 위대한 알리바이를 생각해낸 공적은 인정해주어야 할 듯하다).

* * *

나에게도 문제가 있다. 아무리 노력해도 나는 잠이 깬 후 두 시간 내로 집을 나설 수가 없다. 다른 사람은 이렇게 많은 시간을 필요로 하지 않는다. 그래서 나는 아침 스케줄을 적어놓고 왜 그렇게 시간이 걸리는지 분석하기로 했다. 나는 대체로 오전 8시 반에 일어난다. 침대 시트를 정리하고, 반바지와 티셔츠를 입는다. 다음, 세수와 면도를 한다. 여기까지 12분이 걸린다. 8시 42분에 아래층으로 내려와 블라인드를 열고, 우편함을 체크한 다음 부엌으로 간다. 2분 걸린다. 8시 44분에 오렌지 주스를 마시며 어젯밤에 설거지한 그릇을 정리한다. 이제 8시 52분이다. 나는 자동응답기에 녹음된 메시지를 듣는다. 금방 전화를 해줘야 하는 경우가 아니라면 3분 걸린다.

다음 12분간 아침을 준비한다. 그릇에 시리얼을 넣고 위에는 바나나와 망고를 썰어 넣는다. 또 커피기계에 커피와 물을 넣는다. 하지만 바로 아침을 먹지는 않는다. 먼저 운동을 하고 나서 먹는다. 9시 6분에 거실에서 맨손체조와 아령운동을 한다. 6분 걸린다. 그런 다음 주스를 다 마시고, 비타민을 먹은 다음 조깅을 나선다. 동네 공원과 집 주변 몇 블록을 돈다. 15분 걸린다. 9시 32분에 나는 커피기계를 켠다. 그러고 나서 이층으로 올라가 샤워를 하고 나서 옷을 입는다. 11분 걸린다. 아래층으로 내려와서 아침을 먹기 시작한다. 이제 9시 44분이다. 잔에 커피를 부으면 9시 52분이다. 서둘지 않고 아침을 먹으면 8분이 걸린다. 설거지는 4분이면 끝난다.

이제 커피를 들고 이층 서재로 가서 컴퓨터를 켠다. 컴퓨터 아이콘이 뜰 때까지 1분 30초가 걸린다. 이메일에 로그인을 해서 새로 들어온 메일을 읽는다. 대체로 10분 걸린다. 이메일에 즉시 답해야 하는 경우는 좀 더 시간이 걸린다. 시계를 본다. 10시 7분이다. 커피를 다 마시고 욕실로 가서 머리를 말리고 이를 닦는다. 5분 걸린다. 이제 10시 12분이다. 이때 약속이 있어 밖으로 나가야 하면 나는 아래층으로 가서 자동차 키와 지갑, 핸드폰 등을 들고 밖으로 나간다. 4분 걸린다. 10시 17분에 나는 차고에 있다. 차 안에 물건을 싣고 차고 문을 연다(수동식이다). 차를 밖으로 뺀 다음 다시 차고 문을 닫는다. 이제 10시 21분이다. 기록이다. 전화 1통, 복잡한 이메일이 있었다면 출발시간은 쉽사리 10시 41분까지 지연되었을 것이다.

수월한 아침이면 나는 서재에서 11시에 일을 시작할 수 있다. 다른 일이 좀 있는 경우는 11시 45분에 시작한다. 강의가 없는 날에는 오후에 네 시간 일을 한다. 만약 볼 일이 있는 경우(식품을 사고, 서점에 가고, 자료 조사를 하고), 1시 30분까지는 집을 나서야 러시아워 전에 돌아올 수 있다. 3시부터 시작되는 러시아워에 걸리면 한 시간은 족히 더 걸린다. 체스터필드 경은 말했다. "분을 잘 다루어라. 그러면 시는 절로 다루어진다." 하지만 사실은 변함이 없다. 아침 일과에서 나는 겨우 여기서 몇 분, 저기서 몇 분만을 절약할 수 있을 뿐이다.

내게는 공식적인 자리에 착용하는 자동태엽감기가 장치된 정장 시계가 있다. 풀어놓은 후에도 며칠은 가지만 다시 차려고 하면 늘 멈추어 있었다. 작은 날짜 창 위에는 숫자를 잘 보이게 해주는 크리스털 확대경이 장착되어 있다. 날짜는 대체로 1~2주 전으로 되어 있다. 날짜를 하루 앞당기려면 크라운을 잡아 빼서는 시침을 24시간 계속 돌려야 한다. 1~2주를 앞당겨야 하는 경우 크라운을 돌리는 일은 노동이 되고, 손에 쥐가 나는 운동이다. 하지만 나는 그 일이 싫증나지 않는다. 나는 그것을 기억 시험용으로 사용한다. 마음의 눈으로 나는 그 모든 날과 시간을 다 지나간다. 오후 2시에 한 일을 눈앞에 그려보고, 그런 다음엔 3시, 4시로 가며, 그렇게 하루하루를 지나간다.

DVD의 빨리감기에 익숙하기 때문에 이 상상은 쉽기도 하고 또 재미도 있었다. 나는 내가 침대에서 튀어 올라 집 안을 정신없이 돌아다니고, 문에서 튀어 나가 차 안으로 뛰어드는 장면을 본다. 대학으로 차를 몰고 가는 것은 그랑프리 카레이스를 방불케 한다. 나는 미친 듯이 학생들을 가르치면서, 마약에 취한 사람처럼 제스처를 취하며 왔다 갔다 한다. 그러고는 아래층으로 내려와 최고로 활동적인 친구들을 만나 열광적인 점심 식사를 한다. 집으로 돌아올 때는 과속을 한다. 몇 초 동안 텔레비전 앞에서 안절부절하며 앉아 있다가 욕실로 달려간다. 그러고는 복도를 달려 침대로 들어가 불을 끈다. 이불 아래서 잠시 이리저리 뒹굴면 곧 창이 밝아오고, 나는 다시 일어나 이 과정들을 되풀이한다.

감옥 안의 시간

감옥에 사는 우리는, 삶에 어떤 사건도 없고, 슬픔만이 있는 우리는 고통의 맥박과 모진 순간들의 기록으로 시간을 측정할 수밖에 없다.
- 오스카 와일드

우리들 대부분은 와일드 같은 번민을 하진 않겠지만, 어쨌든 삶에서 필요불가결한 것과 혼잡한 도시라는 형을 받은 시간의 포로들이다. 다만 차이가 있다면 우리의 경우 형을 계속 사는 것이 아니라 작은 조각들로 산다는 것뿐이다. 보통의 북아메리카인이라면 한평생 중 9개월 이상을 출퇴근에, 2년을 쇼핑에, 또 2년을 요리와 설거지를 하는 일로 보낸다고 한다. 27년을 잠자며 보내고, 4년을 먹으며, 20년을 일하며 보낸다. 전화통화를 하며 5개월이나 보내지만, 그래도 텔레비전을 보며 보내는 5년 6개월에 비하면 아무것도 아니다. 또 기나긴 3개월을 누군가를 기다리며 보낸다. 하지만 이 시간이 모두 지루한 것만은 아니다. 활동적인 성생활을 하는 기간이 55년임을 감안할 때 사람은 평균 4개월을 섹스를 하며 황홀하게 보낼 것이다.

시간을 좀 더 확보하는 방법, 주변 세상의 속도를 감속시키는 분명한 방식은 우리가 가진 제한된 시간을 더 알차게 쓰는 것이다. 다른 사람이 10분 걸리는 일을 5분 만에 할 수 있다면 당신은 남보다 더 빨리 도착할 것이다. 이 현상이 가장 두드러지는 것은 올림픽 같은 스포츠 경기에서다. 금메달과 은메달의 차이는 수백 분의 1초로 결정된다. 물론 그런 무한히 작은 시간은 우리의 시간 측정 능력이 마치 추상적이고 잔혹한 십장이 되어, 거의 동일한 능력을 가진 사람들 중에서 승자와 패자를 가려내는 듯한 기분이 들게 한다. 모든 선수들은 무언가를 빠르게 하는 일에 우수한 사람들이고, 그들의 복잡한 신체적 성취는 특별한 종류의 지성이 작동한 결과다.

스포츠나 음악처럼 수백 개의 근육이 조정되어야 하는 활동의 경우 우리의 뇌는 소뇌라는 영리한 조수를 활용한다. 뇌의 후방에 위치한 회백질의 결절인 소뇌는 복잡한 운동의 기억만을 저장하게 되어 있다. 걷기나 자전거 타기를 배울 때, 또는 피아노로 아르페지오 연주를 배울 때 우리는 소뇌를 훈련하는 것이다. 소뇌는 어떤 작업의 정확한 순서를 무의식적으로 재현함으로써, 번개처럼 빠른 반사작용이 요구되는 일을 할 수 있게 해준다. 피아노로 아르페지오를 연주하는 일, 인간의 업적 중 가장 복잡하고 빠른 것에 속하는 그 일은 0.02초라는 인간의 정상 반응시간을 한참 초월하는 일련의 손가락 운동이 있어야 가능하다. 따라서 연주가 가능한 이유는 그 모든 손가락의 순서들이 그대로 소뇌에 사전 입력되어 있기 때문이다.

하지만 우리의 마음, 즉 대뇌피질에는 그런 조력자가 없다. 좀 더 빠르고 명료하게 생각하도록 훈련할 수는 있지만, 우리가 일주일 안에 할 수 있는 일에는 한계가 있다. 우리들 대부분은 직장에서 일하며 살아가는 것만으로도 매우 복잡하고 벅차서 1년은 고사하고 하루만 그럭저럭 지나가도 대단한 것을 성취한 기분이다. 나의 하루를 좀 가속화하기 위해 최근 인터넷에서 시간 관리에 대한 무료 사이트를 찾아보았다. 거기에서는(놀랄 일도 아니지만) 우선순위를 정하라고 했다. 나는 모든 할 일을 네 가지 범주로 분류해야 한다. 중요하고 급한 일, 중요하지만 급하지 않은 일, 중요하지 않지만 급한 일, 중요하지도 급하지도 않은 일.

그 사이트에서 말하는 것의 핵심은 후자의 두 개 범주에 속하는 일에 '노'라고 하는 법을 배워서 시간을 좀 더 확보해 놓은 뒤, 그 시간을 전자의 두 개 범주에 해당하는 일에 할애하는 것이었다. 하지만 나는 유예의 달인이다. 이런 식의 농담도 있지 않은가. "나에겐 일을 자꾸 뒤로 미루는 문제가 있는데, 언젠가는 고칠 거야." 부엌에 걸린 코르크 게시판에 내가 핀으로 꽂아놓은 해야 한 집안일 중 3년째 그대로 있는 것들도 있다. 그중 상위 세 가지는 뒤편 울타리 수리하기, 침실의 벽 아래쪽과 바닥 사이의 틈을 실리콘으로 메우기 그리고 거실의 좌우로 열리는 문에 달린 경첩의 나사못 교체하기가 있다. 아마도 이것들은 '중요하지도 급하지도 않은 것들'에 속하리라고 생각되지만, 너무 오래 방치해둔다면 충분히 급한 일이 될 수도 있는 것들이다. 시간 관리 사이트도 이 문제를 이해하고 있다. 그들도 "중요하지 않은 일도 소홀히 하면 응급사태를 초래할 수가 있다"고 말한다. 운전을 하는 사람은 그런 결과에 친숙하다. 주유소에 들러 연료를 채울 시간은 언제나 부족하지만, 그 일을 미룰 경우 결국에는 연료가 바닥나고 만다. 결국 그 모든 일은 해야 하는 것이다. 다만 순서를 정해 모두 해야 한다.

그건 그렇지만, 미리 계획하기가 그렇게 쉽지 않은 일은 또 어떻게 하나? 현재 위험한 상태지만 아무도 그런 사실을 모르는 결혼생활이나, 금방이라도 스캔들로 터질 수 있는 열렬한 혼외정사. 이런 재앙에서 떨어지는 죽음의 재를 어떻게 우리 계획표에 포함할 수 있을까? 마음은 시간 관리가 되지 않는다. 자신을 위해 시간을 마련하는 일은 또 어떠한가? 생각할 시간, 성찰할 시간. 언젠가 한 시인은 작가에게 성찰의 시간과 작업 시간의 완벽한 비율은 3 대 1이라고 했다. 즉 평범한 사람이 보기엔 세 시간 동안 빈둥거리거나, 산책을 가거나, 중고품 상점에 가서 이것저것 살펴보거나, 그저 창가에 서서 멍하게 밖을 보거나 하고, 한 시간 동안 컴퓨터 앞에 앉아 글을 쓰는 것이다. 모든 작가는 지금 하고 있는 복잡한 작업을 무의식으로 하여금 통합하도록 허용하는 비가동시간이 필요하기 때문이라고 그 시인은 말했다. 그렇게 해야 글을 쓰려고 앉았을 때 글이 쉽게 나온다. 언젠가 거트루드 스타인Gertrude Stein(1874~1946)[3]은 이런 명언을 했다. "천재로 살려면 많은 시간이 필요하다. 아무것도 안 하면서 오랫동안 빈둥거려야 하기 때문이다."

* * *

하지만 실은 누구라도 아무것도 않고 빈둥거리는 일에서 혜택을 볼 수 있다. 이 세상 자체가 멈추는 일이 없기 때문이다. 바람은 불고 태양은 빛난다. 오늘 나는 문밖 테라스에 앉아 아무것도 않고 시라즈Shiraz 와인을 한 잔 마시며 늦은 오후의 드높은 창공이 저녁으로 변하는 것을 지켜보았다. 하늘은 맑았고 지난 며칠처럼 습기 찬 무더위도 없이 편안한 오후였다. 햇빛은 특히 맑아 비어 있는 것 같았다. 아니면 그것은 나도 모르는 새 기울어지고 있는 태양의 각도에 대한 반응이었을까. 시간은 멈추지 않았다. 심지어 느려지지도 않았다. 하지만 그 순간을 즐기는 나의 평온함이 나만의 시간 극장

---

3 미국의 여성 시인, 소설가. 래드클리프 대학을 졸업한 후 파리에서 생애의 대부분을 보냈다. 파리에서 연인 앨리스 토클라스와 함께 한 그녀의 살롱에는 당대의 지식인과 예술인들이 모여들었다. '잃어버린 세대lost generation'란 말을 처음 사용했다. 주요 저서로《3인의 생애》,《텐더 버튼스》등이 있다. 임종의 자리에서 남긴 말이 유명하다. 스타인은 연인 토클라스에게 "정답이 뭐야?"라고 물었다. 그녀가 아무 대답도 못하자 스타인은 다시 물었다. "그럼, 질문은 뭐야?"

을 창조했다. 황혼에는 점진적 변화와 직접적 운동이 교차되었다.

저 위 높은 곳에 은빛 비행기가 하늘을 가로질렀다. 소리 없이 지나간 작은 물체는 하얀 직선의 꼬리를 남겼고, 그것은 곧 부풀어 오른 뭉게구름의 불규칙한 선으로 변화되었다. 서쪽으로는 이웃집 지붕 뒤로 지는 해의 심홍색 가장자리가 보였다. 햇빛의 색채는 끊임없이 변화하고 있었지만, 하도 서서히 변해서 노랑이 언제 주황으로 변하고, 주황이 또 언제 심홍색으로 변하는지 잘 알 수가 없었다. 다시 한 번 제트기의 꼬리를 올려다보았지만 남은 게 거의 없었다. 작은 구름들만이 희미하게 연이어 있었다. 그 위로 더 높이, 얇은 비단 같은 새털구름이 굽이치는 대양을 이루고 있었다. 색은 어슴푸레했지만 모양은 완벽했다.

검은 다람쥐가 풀밭을 가로지르더니 동쪽 울타리로 올라가서는 몇 달 전 올빼미가 앉았던 그 기둥에 살며시 앉았다. 뜰은 좀 더 어두워지고 불가사의해졌다. 다시 구름을 올려다보자 모든 것이 변해 있었다. 태양이 지평선에 닿으면서 뭉게구름, 새털구름 할 것 없이 모두가 다 밝은 유황빛의 노란색으로 변해 있었다. 참새 떼가 다람쥐 건너편 울타리에 내리더니 폭풍처럼 시끄럽게 지저귀었다. 이들은 그날 하루의 모험담을 열거하며 잡담을 나누는 것일까? 이제 암황색과 오렌지색이 섞인 최후의 햇빛은 나무의 정상부를 비추고 있었고, 불어오는 바람은 나뭇잎을 들어올려 뒷면의 은빛이 권태롭게 출렁이고 있었다.

지는 해의 위쪽으로 구름이 눈부신 오렌지색으로 물들기 시작했다. 방금 전까지 불 타던 나무의 꼭대기는 이제 일종의 물빛 어둠으로 변했다. 나의 현재는 방금 전의 과거로 지속된다는 것을 나는 불현듯 깨달았다. 사물이 그대로 있거나 매우 서서히 변화하기 때문에 현재 순간은 실제보다 더 오래 지속되는 것처럼 보였던 것이다. 구름, 거대한 오크나무들, 내 주변의 모든 것이 더듬거리는 영원에 붙잡혀 있었다.

이제 황혼은 불타는 장관으로 변하기 시작했다. 새틸구름이 일렉트릭 핑크로 물들면서 서쪽 하늘 전체에 불타는 세선세공細線細工의 아치가 만들어졌다. 그것은 연청색 바다 위에 고대 스페인의 불타는 대범선이 가득 떠다니는 서사시적 황혼이었다. 나의 절대적인 시간 극장에서 그것은 매초 늘 같았고, 동시에 매초 한 번도 같은 적이 없었다. 순간마다 이어지고 퍼지는 불 타는 암초는 마치 베토벤 교향곡의 피날레처럼 그 색채와 강도에서 이전 것을 늘 능가했다. 시간은 시간을 주무르는 지휘자였고, 구름 하나하나, 이파리 하나하나, 깃털 하나하나를 차례로 그 지휘봉으로 건드려, 끝없는 색조의 걸작을 창조하고 있었다. 나는 계속해 시간의 포옹을 받고 있던 것이다. 그리고 그저 자신을 열어놓아 그 장관에 한 걸음 한 걸음 보폭을 맞추고 있는 것이다.

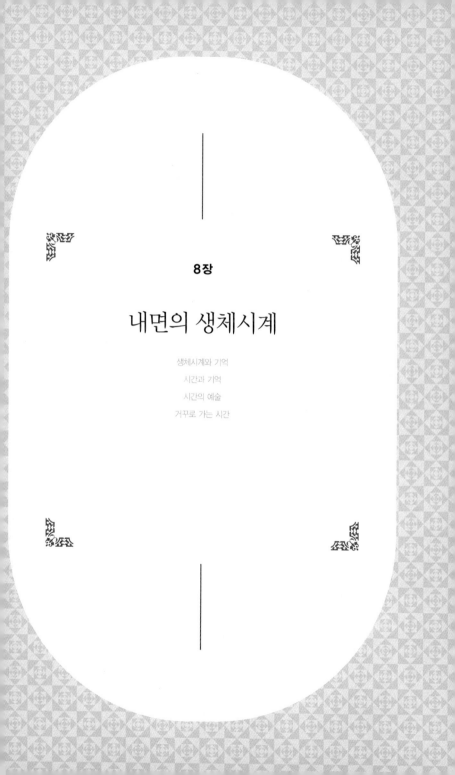

8장

내면의 생체시계

시간 — (명사) 1. 지속, 막연히 계속되는 존재,
이것의 진전은 사람이나 사물에 영향을 미치는
것으로 간주됨.

– 옥스퍼드 콘사이스 사전

8월의 첫째 날, 안개 긴 아침을 맞는 햇살은 금가루가 뿌려진 듯했다. 마치 모든 것(나의 뜰과 동네 그리고 도시)이 그동안 거대한 온실 유리로 덮여 있었던 것처럼, 골목길의 산옥잠화는 찬란한 구릿빛 꽃을 자랑하고 있고, 이웃집 뜰 위로 높이 올라간 버터호두나무의 두툼한 잎은 조각처럼 고요했다. 모든 것이 기다리고 있었다. 강렬한 육감적인 기대가 도처에서 느껴졌다. 이렇게 안개와 빛과 나뭇잎이 만들어내는 8월의 환상곡은 언제나 프랑스 화가 프라고나르Jean Honore Fragonard(1732~1806)[1]와 부게로William Adolphe

---

1 로코코 미술의 대표적인 화가로 프랑스인이며 스승인 프랑수아 부셰 덕분에 자신만의 스타일을 완성했다. 루이 15세와 16세의 궁정에서 각광받는 화가였으며, 찰나의 순간적 매혹을 잘 표현했고, 〈그네〉, 〈사랑의 고백〉 등 관능적인 에로티시즘의 풍속화로 유명하다. 1776년 작품 〈책 읽는 소녀〉는 한국의 사무 공간에서도 애호를 받으며, 내밀하고 고독한 행위로서의 책 읽기를 잘 표현했다는 평을 받는다.

Bougereau(1825~1905)[2]의 그림을 연상시킨다. 오늘처럼 뽀얀빛이 그들이 그린 신화를 주제로 한 누드화와 신나게 노는 귀족들의 그림을 비추고 있다. 하지만 오늘의 공기에는 코레조Antonio Allegri Correggio(1494~1534)[3]의 분위기도 좀 묻어 있다. 나의 정원은 코레조가 그린 주피터와 이오의 그림, 주피터가 구름이 되어 이오를 포옹하는 장면의 배경이 될 수도 있겠다. 그녀는 외고집의 증기에게 키스하기 위해 고개를 돌렸다. 아침 내내 멀리서 천둥소리가 나지막이 울렸다. 아마도 오늘 오후면 나의 목마른 잔디밭은 빗물을 조금 마실 수 있으려나 보다.

7월처럼 8월도 로마 황제의 이름을 따서 명명되었다. 하지만 고대 로마인들은 시저보다 아우구스투스Augustus(기원전63~기원후14)[4]를 더 사랑했다. 실제로 아우구스투스Augustus는 로마의 가장 자비로운 왕으로 여겨진다. 그의 본명은 '여덟 번째'를 의미하는 옥타비안Octavian이었으므로, 여덟 번째 달인 'August'가 그에게 헌정된 것이다. 역사가들은 아우구스투스의 시대를 로마문명의 정점이

---

2 프랑스 아카데미즘을 이끈 화가. 인상파 화가들이 폄하했지만 그의 그림은 아름답고 편안하거나 신비로워 한국인의 감성에도 어필한다. 당시 파리 화단에서 최고의 인기를 구가하며 작품을 파리 살롱에 전시했다. 소년 시절, 성직자인 삼촌에게서 신약성서와 그리스 신화를 함께 배운 그에게 신화의 세계는 끊임없이 영감을 떠올리는 샘과도 같았다고 한다.

3 이탈리아 르네상스 화가. 그는 명암법, 빛, 채색 등에 있어 이탈리아 르네상스회화의 최고 단계에 도달하였다는 평가를 받는다. 뛰어난 감수성과 경쾌한 필치로 독자적인 환상적 표현을 이루었다. 빛과 그늘에 의한 조형성을 통해 몽환적, 관능적 정서를 구가했다.

4 고대 로마의 초대 황제. 내정의 충실을 기함으로써 41년간의 통치기간 중에 로마의 평화시대가 시작되었으며, 베르길리우스, 호라티우스, 리비우스 등이 활약하는 라틴문학의 황금시대를 탄생시켰다.

라고 한다. 그의 재위 시 사회 기간시설이 확충, 복원되었기 때문이다. 그는 로마를 벽돌의 도시에서 대리석의 도시로 바꾸어놓았다. 8월은 여름을 은의 계절에서 금의 계절로 바꾸어놓는다. 나는 왜 북아메리카 대륙에는 8월을 기념하는 날이 없는지 늘 궁금했다. 캐나다에는 8월 첫째 주에 법정공휴일이 하루 있고, 그 뒤에 긴 주말이 이어지긴 하지만 8월 자체에 감사를 표하는 날은 아니다. 태양빛에 바랜 듯한 들판, 익어가는 복숭아, 먼 숲이 아른거리는 오후의 풍경 그리고 열기 속에 반짝이는 도시들이 아름다운 8월을…… 적어도 이탈리아에는 8월에 감사의 휴일이 있다. 8월 15일은 '페라고스토ferragosto'[5]라 불리는데, 아우구스투스 황제가 추수의 신을 기리기 위해 선포했던 고대 로마의 휴일 'Feriae Augusti'에서 유래한 것이다. 현대 이탈리아인들은 이날 자신들이 좋아하는 시골의 은신처로 내려가 야외에서 풍성한 점심 식사를 한다. 그러고 나서는 각자 여름휴가를 떠난다.

* * *

오늘 오후에 비는 내리지 않았다. 놀랄 만한 일은 이웃집 뒤쪽 안테나 위에 송골매가 한 마리 와서 앉았다는 것이다. 암놈이었다. 큰

---

5 말 그대로 '여름의 휴일'이란 뜻으로 가톨릭에서도 성모 승천 대축일로 중요한 공휴일이다. 이탈리아인들은 이날이 여름 휴가의 절정이라고 생각하며, 성스러운 것과 세속적인 것의 화합을 상징해 바닷물에 몸을 던지는 축제를 하기도 한다.

몸집과 가슴에 난 검은 줄무늬로 그것을 알 수 있었는데, 그 안테나의 금속 막대를 노래하는 홰로 삼는 지역의 새들이 녀석을 환영하지 않았다. 다국어를 하는 찌르레기들이 거기 앉아 꼴깍거리고 그르릉거리고 째깍거리는가 하면, 구관조와 참새들이 거기 앉아 주변 풀밭을 내려다보며 먹이를 탐사하고, 산비둘기는 그 설교단에서 슬프게 울고, 늦은 오후가 되면 물새와 홍관조들이 날아와서는 정교한 영역 지키기 의식을 집전하며 그곳을 연주회장으로 만든다. 하지만 오늘은 송골매가 홰를 지배하고 있고, 다른 새들은 그 포식자를 두려워하고 있다. 그들은 매를 향해 분노 서린 하강을 하기도 하고, 찍찍거리며 근접비행을 하기도 한다. 찌르레기 한 쌍은 심지어 같은 안테나의 반대쪽에 멀찌감치 앉아서 죽음의 침입자에게 날카로운 소리로 항의를 퍼붓고 있다. 송골매는 동요가 없다. 그저 긴박하고 날카롭게 두세 번 울더니 안테나를 떠났다. 녀석은 분명 무언가를 찾고 있었다.

한 시간 후 거의 자란 새끼 송골매 한 마리가 같은 안테나에 와 앉았다. 아마도 둥지에서 최초의 단독비행을 떠난 후 어미와 떨어진 것 같다. 나는 어미가 어디로 갔을지 궁금했다. 동시에 로마시대의 복점관이라면 내가 송골매를 본 사건을 어떻게 해석할지 궁금했다. 독수리와 매는 왕족을 상징한다고 한다. 나는 아우구스투스 황제의 혼이 당신의 달인 8월에 바친 충성을 인정해 나에게 축복을 내려준 것이라고 생각하고 싶다.

* * *

   지구가 태양을 한 바퀴 돌면서 움직이는 거리를 기준으로 볼 때 8월의 길이는 약 8,000만 킬로미터가 된다. 즉 내가 3월에 올빼미를 본 이후 지구는 32억 킬로미터를 회전한 것이다. 시간이 공간인 것이다. 그럼에도 불구하고 나는 그런 거리에 대한 느낌이 별로 없고, 다만 8월에 빛이 기울어지기 시작하며, 8월 말이면 그 알 수 없는 투명함에 약간의 세기말적 향수를 느낀다는 것을 알 뿐이다. 그래도 여전히 8월은 무적의 여름이고, 이미 수개월을 군림해온 여름이다. 살아 있는 모든 것은 마치 언제나 그랬냐는 듯 끝없는 하계의 풍경 속으로 정착한다. 들판과 숲을 가로지르는 길들은 보송보송 단단하고, 옥수수에는 수염이 자라고, 집집마다 뒤뜰의 수영장 속에는 카리브해의 한 조각이 보석처럼 박혀 있다. 이제 우리는 여름이 영원히 끝나지 않으리라고 상상할 수 있다.

   하지만 시계는 계속 재깍이고, 특히 8월 말이 되면 조금은 조급함이 느껴진다. 뒤뜰의 디너파티는 밤에 조금 더 풍요로워지고, 방학을 즐기는 아이들은 조금 더 멋대로가 된다. 우리가 아무리 여름을 잡으려 해도 달력은 젖혀진다. 매주 태양은 조금 더 일찍 내려가고, 그동안 우리는 8월 밤의 심홍색과 황금색의 빛 속에 조금 더 머물고, 우리의 생체시계는 재조정되고 있다.

생체시계와 기억

우리는 햇수가 아니라 행동으로 살고, 호흡이 아니라 생각으로 산다.
우리는 문자반의 숫자가 아니라 감정으로 산다.
우리는 심장고동으로 시간을 계산해야 한다.

- 필립 베일리Philip James Bailey(1816~1902)

우리 안에는 시간이 여러 개가 포개진 러시아 인형처럼 여러 층 겹쳐져 있다. 우리의 가장 깊고 가장 육체적인 존재 안에 내장과 호르몬의 주기리듬을 근간으로 하는 생체시간이 존재한다. 이런 리듬이 언제 자고 언제 일어나야 할지를 말해준다. 그 리듬은 섬세한 기분과 변화하는 의식의 조수를 타고 흐른다. 우리의 생체시간은 정신적 시간 또는 시계 시간에 영향을 미치지만 궁극적으로 우리 마음은 몸과 독립되어 있다. 우리가 체험에 따라 삶을 계획하도록 해주는 과거와 미래라는 비현실적 관념은 우리의 의식적 삶의 중심 지표이며, 개인적 시간의 최외층을 이룬다. 하지만 우리의 의식적 체험과 무의식적 체험 저변에 깊은 두뇌시간이, 우리로 하여금 자명종이 울리기 몇 초 전에 일어나게 만드는 내장內藏시계가 존재한다. 신경학자들은 이 시계가 대뇌의 복측선조체ventral striatum 내부 어딘가에 있다고 생각하며, 그 속도는 뇌의 꾸준한 도파민 분비에 의존한다고 한다. 항정신성 의약품 중에서도 마리화나가 야기하는 시간 왜곡은 도파민계에 미치는 영향 때문일 것이다.

필라델피아 심리학자 스튜어트 앨버트Stuart Albert는 최근 주관적이고 의식적인 시간 자각과 심층 두뇌 시간이 어느 정도는 조작 가능하다는 것을 증명했다. 그는 두 집단의 자원자를 두 개의 방에 분리하여 며칠 동안 가두었다. 자원자들 모르게 그는 벽시계의 시간을 수정해놓았다. 한쪽 방에는 시계가 정상 시계의 2분의 1 속도로 갔고, 다른 방에는 2배속으로 가게 했다. 자원자들은 앨버트의 교묘한 손재주를 알아차리지 못했을 뿐만 아니라, 그들의 정신 기능 역시 자동적으로 두 개의 다른 속도에 적응했다. 많은 기억 실험에서, 대체로 시계와는 독립된 뇌 기능이라 간주되는 평균 망각 속도가 시계가 빠른 집단에서는 더 빨랐다. 마찬가지로 다양한 시간 지속에 대해 물었을 때 나온 답은 각 집단의 상대적 시간의 틀에 일치했다. 실험을 좀 더 길게 하면 어떤 결과가 나올지 흥미로울 것이다. 자원자들의 생체시계는 결국 반항할 것인가? 만약 시계 시간의 주관적 추상화가 다 제거된다면 결과는 어떤 것일까? 답은 지하에 놓여 있다.

1989년 1월 젊은 이탈리아인 스테파니아 폴리니는 자원해서 혼자 4개월간 깊은 동굴에서 체류를 시작했다. 우리의 내적 시간 감각이 시계도 없고 밤낮의 교체도 없을 경우 어떤 영향을 받는지 알아보기 위해서였다. 스테파니아는 뉴멕시코주의 동굴 안에 설치한 6제곱미터 크기(11평 남짓)의 창문 없는 방에서 먹고 자고 일을 했다. 몇 주 안에 그녀의 낮은 24시간으로 늘어났고 체류가 끝날 무렵 그녀는 한번에 40시간을 깨어 있고, 14~22시간을 잘 수 있었다. 4개월 이상 동굴에서 산 후, 이제 5월이므로 실험을 끝낼 때가 왔다고 말해주기 직전에, 연구자들은 그녀에게 시간이 얼마나 흐른 것 같으냐고 물었다. 그녀는 '2개월'이라고 추측했다. 그녀의 생체시계는 다른 사람보다 훨씬 느린 템포로 자신의 리듬을 재조정했던 것이다. 우리의 생체시계는 낮과 밤의 주기에 맞추어 계속 재조정 하지 않으면 표류하는 것으로 보이고, 그래서 그녀의 생체시계가 심히 표류했던 것이다. 궁극적으로 그녀는 시간 여행을 한 셈이다. 그녀는 미래로 2개월 이동했다. 그녀가 햇빛에 눈부셔하며 기자들을 마주했을 때 기다리는 군중에게 손을 흔들며 했던 첫 말이 "와! 어머나!"였던 것도 당연하다.

시간과 기억

기술이 우리를 시간의 동물로 변화시키기 전, 우리는 이 땅의 다른 생물처럼 현재의 요구를 만족시키느라 정신이 없어 우리 주변에 있는 선형적 우주의 이야기를 보지 못했다. 대신 우리는 순환적 시간에 살았다. 비록 석기시대가 돌이킬 수 없이 미래로 흘러들어갔지만(우리는 더 늙었고, 우리의 도구는 닳아 새것을 만들어야 했지만)시간은 연속적이기보다는 주기적인 것이었다. 우리가 먹던 과실은 동일한 장소의 동일한 숲에서 연중 동일한 시간에 익었고, 우리는 이동성 동물들이 이전에 언제 어디서 나타났는지를 알았고, 따라서 과거에 근거해 미래를 예측하는 장기 기억이 좋은 경우 보상을 받았다. 언어의 도래와 함께 이런 지속적 기억을 남들과도 나누기 시작했고, 그리하여 문명이 시작되었던 것이다. 우리가 필요한 것보다 더 많은 기억을 가진 것은 인간으로서의 특권이다. 우리는 비범한, 거의 초능력에 가까운 기억, 과거를 되살리는 기억을 선물 받았고, 지금은 매체를 통해 사실상 기억을 재구성할 수도 있게 되었다. 우리는 그 어떤 생물보다 과거를 더 완전히 기억한다. 과거의 기억은 우리에게 지극히 살아 있는 것이어서, 우리가 지구 상에 있는 목적이 역사가 역사를 의식하도록 하기 위한 것, 우리의 종과 과거와 지구를 살아 있는 기억 속에 구체화시키는 것이라고 해도 될 정도다.

우리가 깨어 있는 동안 장기 기억은 우리 정체성의 중심을 이룬다. 나는 아주 구체적인 사사롭고 친밀한 기억에 의해 정의된다. 나는 세 살 때 형이 나를 목말 태워주던 어느 화창한 겨울 오후를 기억한다. 나는 처음 가졌던 야자수를 기억한다. 프랑스 남부지방이었고 당시 나는 열아홉 살이었다. 나는 형의 어깨를 지금도 느낄 수 있고, 발밑에 눈이 뽀드득 하던 소리를 들을 수 있고, 야자수의 모든 잎을 볼 수 있다. 누구도 이 중요한 기억들을, 나라는 사람을 형성한 특정 사건들의 사슬을 자기 것이라 할 수 없다. 시간의 바다에서 기억은 정확한 지표다. 무엇보다도 기억은 우리에게 우리를 나타내준다. 사실 우리는 우리의 기억이며, 기억이 없다면 우리는 비어 있다고 해도 과언이 아니다. 아마도 그래서 사람들이 생사의 문턱에 있을 때 그들의 온 삶이 눈앞에 지나가는가 보다. 또 그래서 우리가 기억을 상실한 사람들의 이야기에 끌리나 보다. 기억이 없는 기억상실증 환자들은 아기와 같고, 정체성이 없는 복제생물 같다.

* * *

언젠가 내가 온타리오 북부의 통나무집에서 잘 때 중요한 기억에 대한 꿈을 꾼 적이 있다. 꿈속에서 나는 세상의 종말 이후의 세계 속, 풀만 무성한 버려진 도시를 걷고 있었다. 나는 땅속으로 내려가는 계단이 있는 콘크리트 토대에 이르렀다. 계단을 내려갔더니 커다란 미술 갤러리처럼 생긴 콘크리트 방이 있었고 천장에는 몇 개의 구멍을 통해 빛이 비추고 있었다. 방의 벽을 따라서 박물관 스타일의 디오라마를 담고 있는 유리 상자가 장치되어 있었다. 나는 디오라마로 다가가 하나하나 살펴보았다. 모두 살아 있는 듯한 인간의 모습을 담은 삼차원 그림이었다. 왁스로 인형을 만들었는지는……잘 모르겠다. 특히 한 장면이 눈에 띄었다. 남편이 아내를 포옹하는 그림이었는데, 두 아이가 그들의 발치에 앉아 아빠의 다리를 껴안고 있었다. 이 가족은 풀밭 위에 서 있고 가까운 곳에 암청색의 구 모델 승용차가 있었다. 그들 뒤로 있는 디오라마의 벽은 1950년대의 작은 공항을 묘사했다. 관제탑과 터미널이 모두 푸른 여름 하늘 아래 있었다. 가벼운 산들바람이 아내의 머리에 부는 것을 볼 수 있었고, 이 가족 상봉이 남편의 삶에서 가장 행복한 순간이리라는 것을 알 수 있었다.

이어 전시된 모든 유리 상자들이 다 인간의 가장 행복한 순간을 담고 있었고, 나는 말을 잃은 채 벽을 따라가며 전체 그림을 다 보았다. 무너지는 천장에서 물방울이 떨어졌고 가끔 내 머리에도 떨어지던 것을 기억한다. 얼마 후 그림은 여전히 즐거웠지만 거의 장례식 분위기를 띠었다. 이 사람들은 지금 어디 있을까? 나는 궁금해졌다. 그들은 자신들의 가장 행복한 순간들을 스스로 고른 것일까 아니면 어떤 높은 힘이 그것을 결정해준 것일까? 깨어난 후 나는 그 꿈을 곰곰이 생각했다. 그때 나는 우리의 장기 기억에서 특정 순간들 (행복하든 슬프든, 상처 깊은 것이든 그리운 것이든)은 시간 속에 동결되어 정지되었음을 깨달았고, 그것이 우리 내면에서 변화하지 않는다는 느낌을 어떻게 강화하는지 알게 되었다. 우리는 수년 전의 우리와 동일한 사람이다. 다만 좀 더 나이가 들었을 뿐 분명 동일인이다. 그렇게 변함없는 자아가 바로 시간을 초월한 것이다. 우리 존재의 본질은 마치 시간의 흐름이 환각인 양, 영원한 현재라는 것을 심오하게 느낀다. 비록 우리는 단지 현재 속에서만 존재하지만 우리의 정체성을 형성하는 모든 체험은 과거에서 오고, 그래서 시간과 기억이 그렇게 밀접한 관계를 이루는 것이다. 우리가 누구였는지 기억할 수 없다면 현재의 우리가 될 수 없는 것이다. 장기 기억은 우리가 뒤에 남기는 발자국이고, 우리를 우리 자신에게 다시 돌아오게 해주는 빵부스러기다. 그것은 끝없이 앞으로 가려는 시간의 타성을 막아주는 방파제이고, 그를 통해 우리에게 역사의 영원성을 직접적으로 느끼게 해주는 것이다.

　　　　* * *

　반면 단기 기억은 전혀 다른 것이다. 그것은 거의 완전히 현재 안
에서 존재하고 최근 과거만을 인출한다. 우리는 단기 기억을 컴퓨터
를 켜놓았다든지, 오븐에 음식을 넣어놓았다든지, 친구가 두고 간
상의를 가지러 온다든지 하는 등의 사실을 기억하게 해주는 실용
적 도구로 사용한다. 단기 기억은 없어도 되는 시간의 지도다. 그것
은 마치 우리가 삶을 살아감에 따라 사라지고 해체되는 발자국과
도 같다. 새로운 건물로 들어가 벽의 색깔, 정원의 배치, 복도, 창문
의 배치를 보고 나면, 이후 몇 시간 동안 이 기억들이 생생하다. 하
지만 그후 며칠 동안 그 건물을 다시 가지 않으면 우리의 단기 기억
은 희미해지기 시작한다. 마치 우리가 없는 동안 사물이 서서히 사
라진 것과도 같다. 만약 우리의 단기 기억과 같은 속도로 그 건물
이 해체되기 시작한다면 몇 시간은 아니더라도 며칠 만에 잡석으로
변할 것이다.

　대부분 단기 기억은 다 그렇다. 중요한 기억이 아니라면 우연한
사건들은 우리 마음에 남지 않는다. 하지만 어떤 기억은 남는다. 체
험의 홍수 속에서 특정의 기억은 이상하게도 계속 남아 있다. 없어
도 좋은 기억이어야 하는데 어찌된 연유인지 계속 남아서는, 결국
시간의 흐름에 영향을 받지 않는 주요 기억과 유사한 장기 흔적으
로 바뀐다. 나는 언젠가 한 번 저녁을 먹었던 마이애미의 야외 테라
스의 디자인과 색채를 정확히 기억한다. 테이블 위에 드리운 야자수

잎을 살랑이던 바람소리가 지금도 귓가에 들리는 듯하고, 머리 위에 지나가던 제트기 소리, 심지어 내 음료에 꽂혀 있던 빨대의 색채까지 기억한다. 마치 내 인생의 특별할 것 없는 20분을 비디오로 녹화해놓은 듯 말이다.

하지만 기억은 흔히 변화하고, 만약 그 기억이 시간의 가장 변함없는 과거와 우리가 가진 가장 긴밀한 고리라면, 그것은 대체로 덧없는 것이다. 가족 영화와 사진 외에는 재차 방문할 디오라마가 우리에겐 없다. 영원히 변화하는 우리 마음의 창을 통해 과거는 유동체가 된다. 특히 꿈을 꿀 때는 파악하기가 어렵다. 기억과 의식이 시간의 화살에 묶여있다면, 우리의 무의식처럼 그 화살로부터 독립적인 것도 또 없다. 무의식은 때로 시간을 초월한 것으로 보인다. 꿈속에서 우리는 죽은 친구나 친척들과 이야기하고, 갑자기 아이가 되어 다시 부모님과 함께 집에서 산다. 그 결과 꿈을 꾸는 동안 시간은 불연속적이며 이상하다. 꿈은 시간과 함께 논다. 그래서 어떤 꿈은 깨고 나면 그렇게 기억이 안 난다. 아마도 그 사라지는 속성은 의식적 시간과 무의식적 시간의 충돌 때문이 아닐까.

무의식의 비시간적 세계는 깨어 있을 때 시간의 구속을 받는 예측들을 바꾸어놓아, 이야기들이 동시에 발생하는 패러독스의 세계로 우리를 데리고 가고, 거꾸로 진행되는 이야기들과 계절과 연도를 뛰어넘는 이야기들이 혼재한다. 내 생각에 꿈은 우리가 장기 기억으로 구축한 '나'와 시간을 초월한 무의식에서 구축한 '나'의 버전들이 만나는 작업장의 변두리인 것 같다. 뒤돌아보니 나의 디오라마 꿈은 그런 관계를 알리기 위해 나의 무의식이 보낸 메시지로 보인다. 핵심적으로 우리는 시간의 화살에 무감각한 채 세월이라는 허물을 벗는 영원한 존재이다. 신경과학은 우리 뇌가 시간에 영향을 받지 않는 성품을 시사한다. 피실험자에게 미래를 생각하라고 하고 다음엔 과거를 생각하라고 하여 찍은 자기공명사진은 미래와 과거가 모두 뇌의 동일 영역에서 처리되는 것을 밝혀냈다. 꿈에서 기억은 살아난다. 그것은 더 이상 과거의 이미지가 아니라, 우리가 그 이미지를 산다. 잠자는 동안 우리 마음엔 시간을 초월한 무의식의 광휘가 비추고 있다.

시간의 예술

"시간과 나는 적대적이네." 루이 14세 재위 시 추기경 마자랭은 선언했다. 그는 이 스페인 속담을 인용하여 17세기 프랑스 궁정의 위험한 음모를 암시한 것이다. 실로 시간이 충분하다면 무엇이든 할 수 있다. 피라미드도 건축하고 제국도 세우고 책도 쓸 수 있다. 비록 우리가 세상 시간을 다 가진 것은 아니지만, 그래도 기원전 4세기 히포크라테스의 말처럼 "인생은 짧고 예술은 길다".

시간기반 예술, 예술의 실현에 시간이 필수요소인 이 예술은 언제나 사람들에게 인기가 있었다. 영화, 춤, 음악, 연극은 조각, 건축, 회화와 달리 시간으로부터 독립해 존재할 수 없다. 나는 우리가 시간

기반 예술 형태를 선호하는 이유가 우리와 매우 닮았기 때문이 아닐까 생각한다. 그들은 우리처럼 살면서 움직이지 않는가. 비시간적 예술은 직접성이 덜하지만 좀 더 영원한 매력을 가지고 있다. 저술은 동적인 예술과 정적인 예술의 중간쯤에 놓인 것 같다. 문자는 움직일 수 없지만 우리 상상 속에서 그것들을 움직이니까 말이다.

문자예술은 재즈나 즉흥 연극 등의 즉흥 예술에 비해 상당한 장점이 있고, 회화나 조각에 비해 다소 장점이 있다. 그 이유는 작가에게 바르게 고칠 수 있는 시간이 있기 때문이다. 시간만 있다면 소설가는 책 한 권에 몇 년씩 할애하면서 플롯과 톤, 구조를 모든 각도에서 재고할 것이다. 덧칠을 한 불명료한 부분도 없고, 한때 대리석이 떨어져나간 곳을 붙인 흔적도 없을 것이다. 하지만 저자가 이 완벽을 위해 희생하는 것은 페인트의 육감적인 즐거움, 향기로운 색소와 형태, 제스처, 운동의 군무가 주는 기쁨이다. 저자의 매체는 극도로 적다. 감정, 시간, 사랑이 일련의 작고 벌레 같은 실루엣으로 종이에 환원된다. 그리고 춤의 자유나 음악의 환희, 아름다운 악기를 물리적으로 정복하는 그런 것도 없다. 진흙이나 돌도 없고, 높이 쌓인 박공벽도 없고 소음과 격노도 없다. 오직 완성된 책이 있을 뿐, 손가락으로 가리키며 "봐!"라고 할 만한 것이 없다. 그것은 고독한 직업이다. 저자는 혼자 일하고 독자도 혼자 읽는다. 두 사람 다 고립 속에 페이지나 스크린을 공유하고, 침묵 속에 내면의 암호를 나눈다.

저자들이 시간을 들이는 사치를 누리는 반면, 어떤 예술 작품을 완성하기 위해 들어가는 시간의 양은 관객에게 보이지 않는다. 관객은 마치 작품이 무에서 유로 '짠'하고 나타난 듯, 수년간의 노작을 그저 하나의 연속된 통전通全적 체험으로 이해한다. 작품의 구성과 제작에 들어간 시간은 물밑에 잠긴 빙산처럼 감추어져 있다. 하지만 나는 관객도 그 시간을 어떤 방식으로든 느끼고, 그런 나눔이 작품에 특별한 기운을 불어넣어준다고 생각한다. 그렇게 오랜 시간을 두고 들인 공이 응축되어 있다가 음악의 연주 도중에, 소설의 낭독 도중에, 또는 조각 작품이나 위대한 건축의 관람 도중에 느닷없이 분출되는 것이다. 그런 체험은 바로 이 세상에서 신성을, 인간 이상의 것을 직접 접하는 시간이 된다.

* * *

오늘 오후 글렌 굴드가 연주하는 바하의 '골드베르크 변주곡'을 듣는 동안 나는 지난 세기에 음악 공연에도 저술의 일부 특성이 나타나기 시작했음을 깨달았다. 전자 녹음이 도래하기 전 음악 공연은 불가피하게 발생하는 사건들(첼로 연주자가 기침을 하든가 바이올린 줄이 끊어지든가)에 노출되기 쉬워 완벽한 공연에 흠집을 내는 경우가 더러 있었다. 하지만 이제 음악가는 '변주곡'을 녹음할 때 굴드가 그랬던 것처럼 몇 번이고 재녹음할 수 있다. 브루노 몽생종Bruno Monsaingeon 감독의 다큐멘터리 영화 〈글렌 굴드 이후로 Glenn Gould Hereafter〉에서 굴드는 시간의 조작에 대해 언급했다.

이를테면 이 녹음 스튜디오라는 세계는 매우 닫힌 환경이다. 글자 그대로 시간이 시간 위에 겹쳐지는 곳, 수도원에서처럼 사람들이 덧없는 것을 필사적으로 추구하며 순간순간 매일매일 이어지는 사건들을 견딜 수 있는 곳이다. 최초의 녹음분 바로 앞에 열여섯 번째 녹음분이 있을 수 있고, 이 두 부분 사이에 또 몇 년 후 녹음한 부분을 끼워 넣을 수도 있다. 그곳은 비록 왜곡은 될망정 시간의 자기磁氣적 강요가 정지된 곳이고, 또는 최소한 그것은 어떤 의미로는 진공이랄 수 있으며, 가장 끔찍하게 죄어오는 자연의 힘(시간의 가차 없는 선형성)이 놀라울 정도로 우회되는 곳이다.

글렌 굴드가 너무도 정확하게 연주한 '골드베르크 변주곡'의 음악에는 창문을 통해 들어오는 태양빛을 연상시키는 무언가가 있다. 나는 바흐가 그 곡을 작곡하는 데 들인 시간과, 굴드가 그 곡을 연습하고 들어보고 다시 녹음하면서 들인 시간을 모두 다 느낄 수 있다. 그럼에도 불구하고 내 스피커에서 쏟아지는 그 음악은 지금 막 천국에서 다운로드되고 있는 것처럼 신선하고, 수정처럼 투명하다. 시간 안에 포개진 시간의 들리지 않는 하위층들이 음을 다이몬드처럼 연마해낸 것이다.

거꾸로 가는 시간

나의 바나나나무는 재크의 콩나무처럼 자라고 있다. 거의 매주 새로운 잎이 나고, 그 잎은 늘 이전에 난 잎보다 크다. 가장 최근에

난 잎을 재어보았더니 길이가 75센티미터, 폭이 33센티미터였다. 다음 잎(지금 막 감미로운 연녹색 깔때기 모양으로 피어나기 시작한)은 더욱 커질 것이다. 이웃들도 놀라고 있다. 하지만 이제 8월도 막바지에 들어섰고, 이어 밤은 더 길고 더 추워질 것이며, 그렇게 되면 바나나나무가 고생이 심하지 않을까 걱정이 앞선다.

화분에 심은 부채야자 역시 이번 여름에 잘 자랐다. 얼마나 빨리 자라는지 보기 위해 나는 새 잎이 나올 때마다 줄기 맨 끝에 작은 글씨로 연도와 달을 써놓았는데, 올해는 매달 하나씩 거대한 부채를 생산해내는 모습이 정말 식물공장 같다. 8월에 난 잎은 아직 자라는 중인데, 줄기를 제외하고 폭이 78센티미터, 길이가 63센티미터다. 하지만 바나나나무뿐 아니라 야자수 역시 위험하다. 10월 중순이나 되어야 온실로 옮기도록 준비해놓았는데, 식물이 주어진 시간 안에 적응할 수 있도록 가을이 점진적으로 깊어진다 해도, 9월은 생각보다 너무 빨리 다가오는 것만 같다. 가는 계절과 오는 계절이 서로 섞이고 어우러지고 있다.

* * *

다가오는 날들의 리듬과 계절들의 순환은 시간을 자신의 꼬리를 무는 '오우로보로스' 뱀으로 변화시킨다. 이어지는 하루와 다가오는 계절은 일상과 친숙성이라는 윤활유를 타고 조금씩 다음 날과 계절로 미끄러져 들어간다. 예이츠의 신비로운 책《비전A Vision》은 대부분 부인이 영혼과 접신한 동안 혼이 말해준 것을 예이츠가 받아 쓴 것인데, 거기에서 시간은 폭이 점점 넓어지고 서로를 관통하는 두 개의 소용돌이나 원뿔에 (모래시계와 다르지 않다. 비록 예이츠가 그런 비유를 하진 않았지만) 비유되고 있다. 그에게 시간은 바깥쪽으로 소용돌이치며 현재에서 멀어져 역사 속으로 들어갔다. 그럼에도 불구하고 반대쪽을 향한 또 다른 원뿔이 첫 번째 원뿔을 비추고 있다는 사실은 과거가 되돌아올 수 있음을 의미한다. 역사는 되풀이된다. 이 원뿔들 또는 예이츠의 표현대로 '소용돌이들gyres'로 그의 마음에 미와 진리, 특정과 보편, 가치와 사실, 질과 양을 상징했다. 그의 유명한 시 〈재림再臨, The Second Coming〉에서 그는 소용돌이를 이렇게 표현했다. "선회하며 넓어지는 소용돌이 속에서 돌고 돌면서/ 송골매는 매부리의 소리를 듣지 못하네./ 모든 것은 산산조각나고 중심은 지탱되지 않네./ 전적인 무질서가 세상에 풀리네."

아인슈타인이 시공간을 설명하기 위해 광원뿔을 사용한지 2~3년밖에 안 되었는데 예이츠가 이런 원뿔의 비전을 사용하여 우주시간을 묘사하게 되었다는 것은 놀라운 일이다. 원 안에 존재하는 원들, 원뿔 안에 존재하는 나선들, 그리고 서로를 관통하는 원뿔들은 20세기 초 어디서나 편재한 개념으로 보였다. 하지만 이미 이전에 시간의 순환적 성격을 성찰한 사람들도 있다. 1882년 프리드리히 니체는 《즐거운 학문》이라 불리는 서정철학 책을 한 권 펴냈는데 거기에서 그는 영원한 회귀의 논리를 '최대의 중압감'이라는 비유를 통해 펼쳐 보였다.

만약 어느 날, 또는 어느 밤에 악마가 당신의 절절한 외로움 속으로 은밀히 들어와 이렇게 말한다면 어떨까? "지금 네가 사는 이 삶 그리고 지금까지 살아온 삶을 너는 다시 한 번 살아야 하고, 셀 수 없이 더 많이 살아야 해. 그리고 그 삶에는 새로운 것이란 전혀 없을 거야. 모든 고통, 모든 기쁨, 모든 생각과 한숨 그리고 너의 삶에서 말할 수 없이 작고 큰 모든 것들이 모두 같은 순서와 차례로 너에게 되돌아 올거야. 심지어 나무들 사이에 있는 이 거미와 달빛 그리고 지금 이 순간과 나까지도. 존재의 영원한 모래시계가 다시 뒤집혀지고 또 다시 뒤집혀지고 그리고 먼지 한 톨에 불과한 너도 그것과 함께 뒤집어질거야."

여기에 바로 예이츠의 순환적 시간이 있다.

이어서 니체는 영원한 반복이라는 중압감이 영혼을 자유롭게 하기 위한 영적 훈련으로 사용될 수 있다고 설명한다.

당신은 그렇게 말하는 악마 앞에 쓰러져서 이를 갈며 저주할 것인가? 또는 당신은 한때 악마에게 이렇게 대답하는 엄청난 순간을 경험한 적이 있는가? "당신은 신이시고, 내 평생 그보다 더 신다운 말씀은 들어본 적이 없어요." 이런 생각이 든다면, 그것은 당신이라는 사람을 바꾸어놓든지 또는 아마도 파괴해버리든지 둘 중 하나일 것이다. 개개의 것, 모든 것을 함에 있어, "이것을 다시 한 번 그리고 수없이 여러 번 더 원하는가?"라는 질문은 당신의 행동에 최대의 중압감으로 작용할 것이다. 또는 이 궁극적이고 영원한 인가와 봉인을 지극히 갈구하려면 당신은 자신과 삶에 얼마나 호의를 가져야만 하는가?

영원한 회귀에 대한 니체의 선견지명은 1881년 8월 알프스의 쉬를라이에서 그리 멀지 않은 실바플라나 호숫가 숲을 걷던 중 다가

왔다. 8월은 니체에게 마력으로 작용했다. 예이츠가 《비전》에서 시도했던 것처럼 현실을 설명하려는 의도라기보다는, 오히려 개념이나 禪의 공안과 같다고 할 수 있는 영원 회귀는 어쨌든, 아무리 변함없는 미래라 할지라도, 우리에게 미래에 대한 희망을 준다. 반면 예이츠의 《비전》에서 사물은 점진적으로 파괴된다. 순환의 고리는 깨진다. 비록 때로 우리가 알아차리지 못할 때도 있지만.

* * *

점진적 현상은 정말 눈에 보이지 않는다. 해가 갈수록 빛이 바래는 집의 페인트칠, 서서히 머리카락이 빠지는 남자들. 어느 날 한곳이 휑뎅그렁한 것을 발견한 남자들은 머리카락을 그쪽으로 빗어내려 그곳을 가린다. 머리가 벗어진 곳이 점점 증가함에 따라 옆머리를 길러 정수리 쪽으로 넘긴다. 처음부터 그랬던 것은 아니다. 어느 날 아침 일어나서는, 이제부터 머리가 없는 정수리에 긴 옆머리를 빗어 올려 감추겠다고 결심하는 것이 아니다. 그것은 서서히 진행된 점진적 과정이었다. 살찌는 것도 마찬가지다. 사람들은 서서히 130킬로그램에 이른다. 식욕 찬양자처럼 거울 속에서 자신을 속이면서 말이다.

우리가 시간을 거꾸로 돌릴 수만 있다면, 다시 한 번 젊어져서 날씬한 몸에 윤기 나는 머리칼이 무성할 수만 있다면. 하지만 시간의 화살은 잔인하게 한쪽으로만 간다. 물론 몇 가지 예외는 있다. 물리학자들은 사이클로트론(원자 분쇄기)에서 어떤 양자들의 경로를 보면, 아주 잠시 이 입자들이 과거로 갔었다고 하지 않는다면 설명이 불가능한 경우가 있다고 한다. 그리고 물질의 척도의 반대쪽 극단(우주 자체)에는 또 다른 시간이 충격이 있다.

물리학에서 불변의 초석 중 하나는 '가역원리'로서, 우주에서 모든 물리적 기본 작용은 자연법칙에 전혀 위배됨 없이 역진할 수 있다는 것이다. 즉 행성은 역방향으로 태양 주변을 돌고, 원자도 역방향으로 돌고, 모든 것이 다 거꾸로 갈 수 있고 그래도 아무것도 변하지 않는다는 것이다. 이런 이유로 과학자들은 시간의 화살에 정량화할 수 있는 방향이 없다고 생각한다. 시간은 방향이 없는 것이다. 하지만 잠깐만, 하고 당신은 말할 것이다. 만약 사람들이 뒤로 걸어가고, 비가 하늘로 올라간다면 우리는 분명 차이를 알 것 아닌가. 도대체 물리학자들은 우리와 같은 세계에 존재하는 사람들인가? 마틴 에이미스Martin Amis의 소설 《시간의 화살Time's Arrow》은 이 원리를 주제로 삼아, 불가능하고 혼란스런 세상을 그려낸다. 사람들은 입에서 음식을 꺼내 접시에 올려놓고, 돈을 현금인출기에 집어넣는다. 작가는 시간이 과거에서 미래로 흘러간다는 것은 다만 상식에 불과하다고 풍자하고 있는 것이다. 하지만 상식은 흔히 과학적 엄정성이 부족하다. 결국 작은 물체보다 무거운 물체가 더 빨리 떨어지고, 태양과 행성들이 지구를 도는 것이 상식으로 보이지 않는가. 하지만 시간의 화살이 그렇다는 증거가 매일 매시 우리 발밑에 쌓인다 할지라도, 과학자들은 시간의 화살이 일방향이라고 뒷받

침할 만한 거부할 수 없는 증거를 발견해내지 못했다. 아마도 단 한 사람을 제외하고는.

1960년대 천체물리학자 토마스 골드는 열역학 법칙에 따라 시간의 화살은 한 방향을 향한다는 설을 제기했다. 별의 열이 우주로 흘러간다는 것이다. 이 과정이 역진될 수 없기 때문에, 즉 빛과 열이 태양으로 도로 흘러갈 수 없기 때문에, 가역원리를 초월한다는 것이다. 이에 더해 그는 시간의 화살이 이 과정의 지배를 받을 뿐만 아니라, 시간 또한 별들이 방출하는 열을 계속 흡수하기 위하여 우주의 팽창에 의존하는 것이라고 논리를 전개했다. 이 지점에서 상황은 흥미를 더한다. 만약 미래 어느 시점에서 우주가 팽창을 멈춘다면(그리고 많은 우주학자들이 그러리라고 믿고 있다), 우주의 팽창이 종국에는 중력이라는 필연의 힘에 굴복한다면, 그때 복사열은 분산되는 대신 한 점으로 수렴될 것이다. 그때 시간은 거꾸로 흐르기 시작할 것이며, 지금까지 일어난 모든 일들이 이제 역방향으로 일어나리라고 골드는 말했다. 마틴 에이미스가 소설을 통해 보여준 예지력이 실현될 수도 있는 것이다. 미래의 어느 날엔가 글렌 굴드, 아우구스투스 황제, 코레죠, 예이츠, 니체 등이 이 지구 위를 다시 걸어 다닐지도 모른다.

2부

과거

시간의 끝없는 터널 안으로 더 깊이, 더 깊이,
날개 달린 영혼은 쏙독새처럼 야생의 길을
가네. 그리고 발견하는 것은 앞에도 뒤에도
오직 영원뿐.
그리고 그녀의 마지막 한계는 그녀의 영원한 시작이네.

– 허만 멜빌

9

과거는 언제나 새로운 것을 가져다준다. 18세기 영국 사람들은 잃어버린 세계가 그들의 발 아래 암석 속에 묻혀 있으리라고는 상상도 못했었다. 그런데 19세기에 이르자 공룡의 뼈가, 수백만 년 동안 아무도 모르게 석회암 속에 누워 있던 환상적인 동물의 뼈가 발견되었던 것이다. 그 화석들은 빅토리아 시대 영국과는 전혀 다른, 거대한 파충류들이 활보하는 범상치 않은 세계를 밝혀냈다. 얼마 후 19세기에 고고학자들은 이국적 문명의 유물이 넘치도록 매장되어 있는 이집트 무덤들을 발굴했고, 그중 가장 잘 알려진 것이 1923년 하워드 카터Howard Carter가 발굴한 투탕카멘의 무덤이다. 하루아침에 고대왕들의 지하 무덤은 과거 세계로 들어가는 시간의 관문이 되었다. 거기서 출토된 장식 석관의 사진은 지구 곳곳을 유람했고, 전 지구인의 폭발적 관심으로 인해 이집트 인물상, 보석, 헤어스타일, 의류, 건축물을 복제생산하는 경제분야가 탄생했다. 이윽고 역사는 새로운 문화뿐 아니라, 과학이 전혀 몰랐던 의외의 동물들을 쏟아내기 시작했다. 영화 〈쥬라기 공원〉에 나왔던 공룡 벨로키랍토르velociraptor,[1] 날개 길이가 80미터에 달했던 백악기의 거대한 익룡 Pterosaurs,[2] 또한 지난 200년간 고고학과 고생물학이 우리에게 알려준 과거의 이름들로 헤르쿨라네움Herculaneum,[3] 매머드,[4] 트로이, 검치호劍齒虎, Sabre-toothed Tiger,[5] 그리고 바빌론Babylon[6] 등이 있다.

---

1 '날랜 사냥꾼'이라는 뜻. 백악기 후기에 살았던 육식공룡으로 몽골, 중국, 러시아에 분포하였다. 골격은 시조새와 비슷하고, 길고 날렵하여 시속 60킬로미터까지 달릴 수 있다.

2 '날개를 지닌 파충류'라는 뜻의 익룡은 2억 년 전 처음 출현해 백악기 초까지 번성하다 6,500만 년 전인 백악기 말기에 멸종한다. 익룡의 화석은 18세기 말 독일 졸른호펜 지역의 쥬라기 지층에서 처음 발견되었다.

3 이탈리아 나폴리에서 약 8킬로미터의 해안에 위치한 고대도시의 유적이다. 번영을 구가하다가 79년 폼페이와 함께 베수비오화산의 폭발로 매몰된 도시. 폼페이보다 도시 구성면에 있어서 다양하고, 근대적이었다고 추정된다.

4 홍적세 중기부터 후기까지 빙하기에 걸쳐 생존한 장비목의 포유류. 굵은 어금니가 나선상으로 휘어졌다. 한랭지방에 적응하였으며, 인류의 구석기시대 사냥대상이었다.

5 송곳니가 칼처럼 생겼다고 해서 그렇게 부르며 '스밀로돈Smilodon'이라고도 한다. 1만~300만 년 전까지 아메리카 대륙에 주로 살았으며, 입의 크기보다 더 긴 송곳니로 유명한 호랑이다.

6 바그다드의 남쪽 80킬로미터 지점에 있는 메소포타미아의 고대 도시로서 '신神의 문門'을 의미. 칼데아 왕조 네부카드네자르 2세(재위 기원전 605~기원전 562) 시대에 바빌론은 세계의 중심으로서 번영을 누렸다.

* * *

어떤 면에서 나는 온 삶을 깊은 시간에 빠져 지냈다 해도 과언
이 아니다. 어린 시절 나는 비 내리는 토요일 오후면 선사시대 그림
이 담긴 책들을 보며 보내곤 했다. 공룡들의 세계와 그들이 살고 있
는 열대의 에덴동산의 모습이 화려하고 세세하게 묘사된 그림들은
참으로 황홀했다. 그런 면에서는 나 역시도 공룡에 매혹된 또래 소
년들과 다를 바가 없었지만, 나는 거기서 한 발 더 나아갔다고 할
수 있다. 나는 친구들과 함께 뒤뜰에서 공룡 놀이를 하곤 했다. 나
는 백악기 포식자 중 가장 무서운 공룡의 제왕, 티라노사우루스 역
할을 하며 재미를 만끽했다. 역할을 꽤나 실감나게 해냈던 것 같다.
두 팔을 가슴에 오그리고 동그랗게 구부린 손가락 두 개를 내밀어
기이하게 작은 티라노사우루스의 앞다리를 흉내냈다. 그런 다음엔
약간 웅크린 자세에서 날카로운 이빨이 가득한 거대한 입으로 덥석
무는 흉내를 내면서, 내가 배정한 초식동물 역할을 순순히 떠맡은
친구들을 쫓아가며 포효했다.

연구 욕심이 많았던 지질학자 겸 자연지리학자였던 아버지 덕분
에 나는 백악기뿐 아니라 모든 선사시대에 대한 호기심을 만족시킬
수 있었다. 기억할 수 있는 한 아주 어릴 때부터 아버지는 우리 집
주변에 있는 지형의 시원始原을 설명해주곤 했다. 아버지의 즉석 강
의는 특히 우리가 차를 타고 다른 도시로 여행을 할 때 빛을 발하
곤 했으니, 그 여행은 공간 여행인 동시에 시간 여행이었다. 아버지

의 마법이 시작되면 눈앞의 풍경은 순식간에 사라지고 이 산과 저 계곡에서 대홍수가 터졌다. 저기 있는 작은 산은 빙퇴석, 즉 3만 년 전 빙하가 남겨놓은 바위와 자갈들이 만든 산등성이였다. 저 석회함 메사mesa[7]는 수천 년을 두고 서서히 침식이 일어나 형태가 잡힌 것이었다. 나이아가라폭포는 한때 온타리오호의 남쪽 가까이 있었다. 이후 수천 년을 두고 폭포는 나이아가라 강을 따라 점점 올라가서는 온타리오호와 이리호 중간의 현재 위치에 놓인 것이었다. 폭포로 올라가는 경사로 옆에 있는 석회암 절벽은 열대의 얕은 해저에서 수백만 년 전에 퇴적된 것이었다. 아버지의 눈을 통하면 풍경은 타임머신이 되었다.

아버지는 또 우리 집 잔디밭 뒤편의 암석 정원에 놓여 있는 석회암 표석[8]들은 공룡시대보다 수백만 년 전에 해양퇴적물에 의해 생긴 것이라고 했다. 표석에 점점이 박힌 화석 조개껍질은 공룡이 살던 시간보다 더 원시적이고 기이한 시간에서 왔음을 고지했으니, 데본기라 불리던 그 시대는 육지동물은 전혀 없었고, 바닷가 인근에서 원시 식물만 몇 가지 자라던 때였다.

그 화석 조개껍질을 바라보며 나는 거의 그들의 본래 색채를 볼 수 있었다. 나는 일종의 무아지경으로 들어갔고, 그때 바위는 사라지고 나는 무수한 세월 전의 어느 화창한 오후 따스한 열대 석호의

---

7 꼭대기는 평탄하고 측면은 깎아지른 듯한 급사면을 이루는 탁자모양의 언덕. 에스파냐어로 '탁자'라는 뜻이며 미국 남서부에 많다.
8 빙하가 먼 지역에서 운반해온 까닭에 부근의 암석과는 전혀 다른 암석을 말한다.

모래바닥을 가로지르며 나풀거리던 장갑裝甲고기와 삼엽충의 그림자를 본다(원시 산호초에 대한 나의 황홀경은 종국에는 현대 산호초에 대한 스노클링 취미로 바뀌었다. 결국 산호초는 4억 년간 별로 변한 게 없다. 물론 물고기의 모습은 경신되었다).

나는 데본기에 완전히 매료되어, 자그마한 동네 도서관에 가서 책을 빌리고 또 빌렸다. 물론 빌렸던 책을 또 빌리는 경우도 흔했는데 고대의 열대 바다를 누비고 다녔던 있을 법하지 않은 생물의 그림을 오랫동안 보기 위해서였다. 구슬로 만든 튤립처럼 생긴 바다나리 정원이 산호초 사이에서 물결에 흔들리면서 깃털 같은 칼슘 잎으로 플랑크톤을 걸러내고 있었다. 이 산호와 바다나리 사이로 삼엽충들이 헤엄치고 다녔다. 나는 녀석들의 아담하고 조각 같은 몸, 곤충처럼 세 부분으로 나뉘어진 몸이 마음에 들었다. 녀석들이 오늘날의 자리돔처럼 색이 화려한 것도 좋았다. 최초의 물고기다운 물고기도 데본기에 살았다. 대부분이 장갑 갑옷으로 몸을 보호했는데, 거기에는 그럴 만한 이유가 있었다.

선사시대에 대해 밝혀진 몇 가지 사실은 그리 매력적이진 않다. 벨로키랍토르는 티라노사우루스처럼 무시무시했다. 하지만 모든 위험 동물이 다 육지에만 사는 것은 아니었다. 선사시대 수중생물의 그림책을 넘길 때 나는 바다전갈로 알려진 광익류廣翼類의 그림을 피해가곤 했다. 본능적 반응이었다. 광익류는 실로 불쾌한 녀석이었다. 전갈과 바닷가재의 중간쯤으로 보이는데 앞쪽에 두 개의 물갈퀴 같은 발이 있고 뒤쪽으로는 독침이 있다. 일부는 길이가 3미터까지 되는 사상 최대의 절지동물로 기록되기도 했다. 바다전갈은 당대 최고의 포식자였을 뿐 아니라 진정 살아남은 자이기도 했다. 그들의 본래 색인 황갈색은 오늘날까지도(화석 채집가에 의해 암석에서 막 캐냈을 때) 데본기 당시처럼 선명하다. 일부 표본을 보면 단단하고 가죽 같은 껍질이 화석화 과정에서 광물화를 모면하여, 4억 년이 지난 오늘날도 몸이 유연하다. 타임캡슐이 따로 없다.

데본기가 지나고 석탄기로 들어서면서 광익류 중 다수 종이 민물에 거주하게 되었고, 일부는 육지에 살게 되었다. 아마도 전갈은 이들의 작은 후손일 수 있다. 만약 거대한 광익류가 멸종하지 않았다면, 그들의 석탄기 형제인 바퀴벌레처럼 지금도 도처에 존재할지 모른다. 그럴 경우 육지 광익류는 열대지방에서 인간의 삶을 불가능하게 했을 것이다. 내게는 2억 년이라는 거리조차도 불편하도록 가까운 시간이다.

데본기를 가장 직접적으로 체험할 수 있는 방법은 화석이기 때문에, 나는 아버지가 고고학자로 일하는 토론토의 왕립 온타리오박물관에서 많은 시간을 보냈다. 아버지가 동료 고고학자들과 만나는 동안 나는 방임되었고, 나는 곧바로 데본기의 성전인 무척추동물 고생물학관으로 달려갔다. 나는 그곳에서 오후 내내 머물며 믿을 수 없을 정도로 완벽한 형태의 화석들이 수없이 줄지어 있는 유리 상자 안을 들여다보며 골똘히 생각에 잠기곤 했다. 점판암 석판 안에는 반짝이는 까만 삼엽충이 수십 마리씩 박혀 있어 금방이라도 헤엄쳐 나올 것만 같았다. 따뜻한 바닷물에 흔들리며 석화한 바다나리 동산도 있었다. 꼼꼼한 조각가가 방금 돌에서 깎아낸 듯한 모습의 화석도 많았다. 때로는 돌에서 완전히 떨어져 나온 것들, 오늘날의 태평양 바닷가를 장식할 법도 한 신기하고 화려한 조개껍질이 가득한 유리 상자도 있었다.

하지만 최고의 기쁨은 우리 가족이 록글렌으로 소풍을 갔던 날이었다. 록글렌은 온타리오 남서부에 있는, 나의 고향에서 멀지 않은 시골에 위치한 작은 석회암 골짜기다. 그것은 순수한 시간 여행이었다. 골짜기 맨 위, 폭포가 내려다보이는 곳에서 샌드위치를 먹은 후 우리는 숲이 우거진 골짜기를 탐사했다. 그곳의 점판암과 석회암에는 화석이 가득했고, 돌이 단단하지 않았던 까닭에 화석은 통째로 떨어져나와 협곡 아래쪽으로 굴러가서는 강가에 쌓이곤 했다. 그곳은 현재와 선사시대의 경계가 흐릿한 화석 천국이었다. 위쪽 능선에서 내가 빼어낸 부드러운 점판암 판들은 시간의 책 페이지들이었다. 골짜기 아래쪽 시냇물에서는 물에 잠긴 삼엽충 화석들이 이끼를 뜯어 먹고 있는 듯했다.

때로 나는 나의 기질에 맞지도 않고, 내가 별 흥미도 느끼지 못하는 시대에 갇혀 있다는 느낌, 나는 나의 시대에 속하지 않는다는 느낌이 들곤 했다. 나는 과거에도 지금도 깊은 시간의 주민이다. 수백만 년이란 시간이 내겐 자연스럽게 다가온다. 물론 그런 나도 '수십억 년'이라는 시간은 좀 추상적으로 느껴진다고 인정하지 않을 수 없다. 아마도 깊은 시간에 대한 그런 친밀감은 내가 열한 살이 되었던 11월 말의 어느 일요일, 춥고 비 내리던 오후에 시작된 것 같다.

나는 《우리가 살고 있는 세계The World We Live In》라는 지구 상의 생물의 역사에 대한 크고 멋진 장정본 그림책을 보고 있었다. 그날 나의 눈길을 끈 것은, 비록 그전에도 여러 번 매혹된 적이 있긴 하지만, 빙하기의 그림이었다. 대륙빙하의 노년기에 존재했던 1,200미터 높이의 빙벽이 있었고, 빙하 상부를 따라 나 있는 갈라진 틈들과 선들은 저 멀리 극지방의 잿빛 어둠까지 뻗쳐 있었다. 그 빙하 그림에는 묵시록적인 장엄성이 있었다.

빙하 하단에 놓인 호수—물에 떠 있는 작은 빙산들과 빙하 옆에서도 용감하게 자라는 상록수의 숲—를 꿈꾸듯이 들여다보던 중에, 순수하고 깊은 시간의 충격이 내 몸을 휩쓸고 지나갔다. 그때 그 그림의 실제 위치가 지금 우리 집이 있는 바로 그 자리, 삼십만 년이 지난 후의 그 자리일수도 있다는 생각이 퍼뜩 들었다. 마치 내 안의 무언가가 어려운 숫자 계산을 해낸 듯이, 만 년을 존재한다는 것이 어떤 것인지 실제로 느껴졌고, 바로 그때 두려움과 경외심이 한꺼번에 엄습했다. 그것은 단지 죽음의 느낌이 아니었다. 이런 시간대에 비해 인생이 얼마나 짧은가 하는 그런 느낌도 아니었다. 내 몸 안에서 되풀이된 모든 시간들이 직접 느껴졌다. 나는 그 추운 호숫가에 서 있었다.

그 체험 이후 나는 변했고, 비록 이후로 그런 시간대를 물리적으로 직접 체험한 적은 없지만, 그 비전은 내게 시간에 대한 일종의 유연성을 주었다. 그로 인해 나는 모든 고대의 예술품들을 장식하는 역사의 고색창연한 녹을 직접 감지할 수 있었다. 나는 지금도 화석을 신기해하고 박물관에 가는 것 역시 어린 시절과 똑같이 신이 난다. 또한 석회석은 내게 여전히 꿈과 향수를 간직한 존재로서 잃어버린 시대의 풍경과 새로운 화석의 장관을 담고 있다. 석회석은 가능성 그 자체다. 그 안에 또 어떤 경이가 숨어 있을지, 과거 시간의 어떤 비밀을 밝혀낼지 누가 알겠는가?

석회석과 점토

석회석은 선사시대를 그저 연대순으로 기록한 것이 아니다. 그것은 압축된 시간이다. 고속도로 옆에 석회석층이 잘린 곳에 보이는 수평의 층들은 수백만 년 전 해저에 퇴적물로 축적되었던 것이다. 나는 언젠가 높이 1센티미터의 석회석 안에 시간이 얼마나 담겨 있는지 계산해본 적이 있다. 나이아가라폭포가 쏟아져 내리는 백운암 절벽의 높이 424센티미터를 그 안에 담겨 있는 시간인 3,000만 년으로 나누었더니, 1센티미터에 7,000년이 나왔다. 메소포타미아문명에서 최초의 도시국가가 겨우 1만 500년 전에 일어났던 것을 생각하면 이 바위의 엄청난 나이가 좀 더 잘 느껴질지 모르겠다. 콜로라도의 그랜드캐니언 단층벽을 형성하는 퇴적암층은 더욱 놀라운 것으로서, 그 높이에 지구 상에서의 연속적인 3억 3,000만 년의 삶을 담고 있다. 그랜드캐니언의 가장자리에 섰을 때 우리는 공간뿐 아니라 시간의 심연을 내려다보는 것이다.

멸종한 생물의 완벽한 모형과 공룡과 조개껍질을 간직한 것 외에도, 석회암은 하루하루의 날들(실로 한 순간, 한 순간)을 기록한다. 초근 알베르타에서 발견된, 작은 새 같은 공룡이 밟고 간 경로는 수백만 년 전, 녀석이 강변의 진흙뻘에 침입했던 단 몇 초간의 기록이다.

이렇게 단명하고 덧없는 순간을 기록한 화석들이 또 있다. 몇 십 년 전 탄자니아북쪽의 라에톨리에 두 명, 아마도 세 명의 원시 인류의 경로가 돌에 보존된 것이 발견되었다. 경로가 하도 선명하여 마치 며칠 전에 지나간 자국처럼 보였지만 실은 3,500만년 된 것으로 추정되었다. 이 원시 인류 집단의 행동이 재구성된 바에 의하면, 활화산 근처의 방금 떨어진 화산재 위에 다소 비가 내렸고, 이들은 그 위를 걸어갔다. 그런데 중간에 발자국이 중지된 것은 집단이 주변을 둘러보기 위해 걸음을 멈추었음을 의미한다. 근처의 화산이 잠시 다시 분출했던 것일까? 육식동물이 포효한 것일까? 그리고 그들은 어디로 가고 있었을까? 두 명이었다면, 남자와 여자였을 것으로 보인다. 하지만 만약에 세 명이었다면(그리고 대부분의 인류학자들은 그렇다고 생각한다)왜 제2의 작은 남성은 두 사람의 뒤에서 걸었을 뿐만 아니라, 왜 제1의 남성의 경로에 의도적으로 개입했던 것일까?

일시적 사건의 기록은 경로 외에도 더 있다. 내가 좋아하는 시간 보존의 순간은 물결자국 화석이다. 특정 시간의 몇 분이나 한 생물의 행동을 드러내는 외에도, 이 물결자국은 얕은 산호초 석호에서 하루, 또는 아마도 오후 동안 일어난 일을 보여준다. 물속의 모래에 새겨지는 물결무늬는 그 위를 지나가는 파도의 영향을 받으면서 하루하루 서서히 변화한다. 나는 전에 카리브해에서, 수 에이커에 달하는 석호의 평평한 흰 모래 위로 스노클링을 하며 부드럽게 주름진 산호 위로 거미불가사리를 찾아보았다. 그곳에 갈 때마다 나는 드넓게 펼쳐진 윤곽과 질감이 마치 거인의 지문처럼 명상적이고 한가로운 것을 발견한다. 바닷물과 햇빛에 의해 터키색으로 빛나는 물밑의 흰모래는 내게 열대 오후의 정수와도 같이 느껴진다. 하지만 동일한 윤곽의 물결자국이 3억 년 이상 된 사암에 보존된 것을 만나는 것은, 그것과 비슷한 햇빛을 받고 있는 기이하게 비슷한 석호로 시간 여행을 하는 것이다. 그때 지구는 더 빨리 돌고 있었고, 그래서 원시의 오후는 현재 우리의 오후보다 더 빨리 끝났을 테지만, 모래갯벌은 동일했을 것이다. 물론 당신이 산호초에 도달할 때까지 말이다. 그런 다음엔 놀랄 일이 있으니, 나선형 조개껍질 안에 집을 만든 오징어 떼, 먹이를 포획하는 삼엽충, 머리가 등딱지로 덮인 물고기들이 그것이다.

시간의 관문 — 상가몬 간빙기[9]의 벽돌 공장

벌써 9월에 접어들었다. 여름은 빠르게 지나갔다. 물론 9월 초는 내게 여름의 절정이긴 하다. 날씨는 뜨겁고 맑으며, 매미는 노래하고, 나의 뜰은 연중 가장 윤택하다. 바나나나무에는 커다란 잎이 여섯 개 있고, 야자는 새로운 잎을 부채처럼 펼치려 하고 있다. 저녁 나절 태양이 우리 집 남쪽 면에 그림자를 던지기 시작할 무렵, 벽돌들 위의 작은 돌기와 갈라진 틈들이 양각 세공처럼 보인 순간이 있었다. 그때 뒷문의 우측 위쪽에 놓인 한 벽돌에 짐승 발자국 같은 것이 보여, 나는 몸을 일으켜 다가가 자세히 살펴보았다. 고양이 발자국이었다. 크기로 보건대 새끼고양이였다. "어떻게 이런일이?"라고 생각하다가 퍼뜩 떠오르는 생각이 있었다. 수년 전 문제의 그 벽돌은 가마에 들어가기 전에 건조과정을 거치기 위해 젖은 상태에서 야외 선반에 놓여 있었을 것이다. 그때 새끼 고양이가 그 위를 걸어간 것이다. 나는 발자국을 더 찾아보았고, 우리 집의 여러 벽돌에서 아마도 같은 고양이의 것으로 추정되는 발자국을 찾아냈다. 이웃집과 우리 집 사이에 난 통로에서 하나, 우리 집 앞에서 두 개를 찾아냈다. 나는 박물관에 있는 공룡의 경로처럼, 벽돌을 빼내서 고양이의 경로를 재구성하는 상상을 잠시 해보았다. 하지만 벽돌은 지금

---

9 홍적세에 속하며, 위스컨신 빙기 다음에 상가몬 간빙기가 오고 그 다음에 일리노이 빙기가 온다.

그대로 두는 게 좋을 것이다.

고양이 발자국을 보기 훨씬 전에도 나는 벽돌에서 다른 자국들을 보았다. 누군가의 손가락 끝으로 누른 듯 들어간 자국 네 개, 손가락 옆으로 누른 자국 한 개였다. 또 많은 벽돌들에 이랑이 있었다. 아마도 건조 선반에 있던 중 판자들 사이의 틈으로 인해 생긴 자국일 것이다. 이모든 지워지지 않는 자국들이 젖은 콘크리트 위에 난 발자국처럼 덧없는 사건들의 영원한 기록이다. 따스한 봄날 밤 축축한 점토 위를 걷는 새끼 고양이, 가마에 넣기 전 벽돌이 알맞게 건조되었는지 시험해본 일꾼.

나는 우리 집의 역사에 대해 약간의 조사를 해보았는데, 그 결과 건축 연대는 1913년, 벽돌 제조사는 도시 동남쪽 골짜기에 위치한 돈밸리 벽돌 공장이었음을 알게 되었다. 당시 벽돌은 붉은색과 노란색의 두 가지 색으로 공급되었다. 노란 벽돌은 현장에서 채취한 점토로 만들었고, 붉은 벽돌은 점토 하부층에서 발견한 석회암으로 만들었다. 우리 집이 1913년에 완공되었으니까, 아마도 그 벽돌은 최소한 한 해 전에 가마에 들어갔으리라고 추측했다. 우리 집 벽돌은 따스하고 아름다운 빨간색, 폼페이의 테라코타 색이다. 하지만 나와 그 벽돌공장의 관계는 그보다 더 깊다.

19세기 말에 생산을 시작한 공장의 역사를 조사하면서, 나는 그 공장에 북아메리카의 마지막 간빙기에 퇴적된 선사시대 지층이 있음을 알게 되었다. 나는 금방 빠져들었다. 돈밸리 벽돌 공장은 실은 온타리오에서 유일하게 12만 년 전 일리노이빙기의 화석이 있는 곳으로 판명되었다. 더 중요한 것은 상가몬 간빙기의 점토로 구성된 매우 주목할 만한 지층인 돈층Don Formation이 일리노이 빙기 퇴적물 위를 덮고 있다는 것이었다. 이국적이고 아름다운 이름 아닌가. 그 이름은 내 입안에서 유혹적으로 구르며 소리를 냈다. 하지만 내가 정말 좋아했던 것은 상가몬 간빙기의 기후였다. 상가몬 간빙기의 정점이었던 11만 5,000년 전에 토론토는 지금보다 훨씬 더 따뜻했다. 가시뽕나무, 파포, 야생 철쭉이 경사면을 수놓고 그 옆의 강물에선 흑곰만 한 해리가 수영을 했다. 아열대성 곤충이 점토 사이에 끼어 있고, 검치호가 덤불숲을 어슬렁거렸다.

나는 그 전설적인 벽돌공장으로 가서 상가몬 간빙기의 화석을 찾아보기로 했다. 벽돌공장은 폐쇄되었지만 도시는 최근 건물을 역사유적으로 지정하고 채석장이 있던 곳은 연못과 산책로가 있는 공원으로 개발해놓았다. 공장 자체는 높은 점토 절벽이 양쪽에 놓인 우묵한 땅에 있었다. 서쪽으로는 이전에 석회암 채석장이 있던 곳에 연못이 몇 개 조성되었고, 그 뒤로 유명한 북쪽 경사면의 점토 채석장이 있다. 나는 경사면을 기어올라 마른 점토를 깨어내며 화석을 찾아보았지만 30분이 지난 후에도 아무런 소득이 없었다. 다시 진흙 시냇물이 폭포를 이루는 서쪽 가장자리로 가서 버려진 석회암 조각이 널려 있는 시냇가를 걸었다. 거기서 나는 행복한 발견을 했다.

그곳 바위들엔 화석이 가득했다. 조개, 갯고사리, 삼엽충과 산호가 있었다. 어떤 화석엔 물결자국까지 있었다. 석회암이 형성된 오르도비스기에 토론토는 적도 위에 있었고(대륙 이동 때문에), 육지식물은 아직 진화하지 않았다. 내가 이 보물을 만난 때는 늦은 오후 시각이라서 태양은 거의 지고 있었다. 완벽한 여름날의 저녁이었다. 태양이 지평선에 가 닿으면서 식물을 달구고, 푸른 하늘과 우거진 언덕을 뒤에 두고 서 있는 옛 벽돌공장 건물을 불태울 때, 고풍스런 붉은 벽돌의 빛은 심홍색에 가까운 빛, 그 발튀스 Balthus(1908~2001)[10]의 빛을 닮아 있었다. 그때 시간은 내 주변의 석회암에서 안개처럼 새어나오고 있는 것처럼 보였다. 그것은 선사시대의 점토에서 스며 나와 연못 위에 머물렀다. 해오라기 한 마리가 창공을 날아가며 시끄럽게 울어댔고, 연못 위로는 참새들이 곡예를 하고 있었다. 텅 빈 창문이 즐비한 버려진 건물에는 무언가 우울하고 황량하면서도 불가사의한 것이 있었다. 낡은 공장 건물은 또 다른 시간, 또 다른 장소의 상징인 듯, 100여 년 전 새끼고양이 한 마리가 젖은 벽돌 위로 걸어가며 참새들을 바라보던 밤의 표상인 듯했다.

---

10 프랑스의 초현실주의 화가. 전통적 범주의 회화를 20세기에 독특한 화풍으로 되살렸으며 개성적이고 환각적인 상상력이 담긴 작품을 그렸다. 어머니의 연인이었던 시인 릴케가 열두 살 때 출판한 40점으로 된 스케치집에 서문을 써주기도 하며 서로의 작품에 영향을 미쳤다.

역사는 왜 더 가까워지나

며칠 전 친구와 점심을 먹으며 나는 우리가 나이를 먹음에 따라 과거는 더 최근이 된다는 말을 했다. "그것은 '수렴하는 나이의 패러독스'라는 동전의 이면이야" 내가 말했다. 그리고 나이가 더 듦에 따라 젊은 사람들이 어떻게 우리 나이를 '따라잡는지' 말해주었다. 예를 들면 네가 스무 살이고 네 동생이 열 살이라면, 동생은 네 나이의 반이다. 하지만 네가 서른 살일 때 동생은 스무 살이고, 이제 동생은 네 나이의 3분의 2다. 네가 쉰 살일 때 동생은 마흔 살이고, 네 나이의 5분의 4다. 그렇게 해서 "종국에는 모든 사람이 대체로 같은 나이가 되는 거야" 내가 말했다.

"그래도 나는 언제나 동생보다 나이가 많잖아. 동생은 절대 나를 완전히 따라잡진 못해" 친구가 반박했다. 나는 동의했지만 그들의 상대적 연령이 매우 근접하게 되면 그런 것은 별로 중요하지 않다고 했다. 그리고 역사적 관점도 마찬가지라고 이어 말했다. 내가 어릴 때 텔레비전에서 2차 대전을 담은 낡은 흑백 필름을 보는 동안, 1940년대는 1950년대 후반의 부드럽고 세련된 세계에 비해 매우 멀고 원시적인 시대로 보였다고 친구에게 말했다. 여기에 나이 패러독스의 또 다른 결과가 있다. 연합군은 겨우 10년 전에 승리를 선언했지만, 거실 카펫 위에 앉아 그것을 보는 나에게는 수백 년 전에 일어난 사건과 같았다. 왜냐하면 당시 10년은 그때까지 내가 살아온 삶의 두 배가 넘었기 때문이다.

"나이가 들수록 우리는 역사에 더 가까워져." 친구가 말했다. 딱 맞는 말이라고 나도 응수했다. 10년 전에 일어난 일은, 우리가 열 살일 때는 우리의 온 삶에 해당하는 길이지만, 스무 살에는 반에 불과하고, 서른 살이 되면 삶의 3분의 1 이하가 된다. 최근 역사 그리고 모든 역사는 우리가 나이 듦에 따라 더 가까워진다.

거리 패러독스와도 유사하다고 친구는 말했다. 여기서 벽까지 반을 가고 다시 남은 거리에서 반을 가고 하면 벽에 빨리 접근하긴 하겠지만 결국 도달하지 못하고 만다고 했다. "제논의 화살처럼" 내가 말했다. 친구는 고개를 끄덕였다. 그는 이어 자신만의 이론을, 시간에 있어 단계의 분리[11]와 관련된 가설을 제시했다.

"우리는 사람들을 통해 역사를 직접 밀접하게 알고 있어. 우리들 대부분은 친구나 친척을 통해 거의 100년의 역사와 접해왔어. 만약 미래를 감안한다면 동일한 것이 적용돼. 내가 아는 어떤 유아들은 지금부터 거의 1세기가 지나도 아마 살아 있을 거야. 그것은 시간에 있어 단계의 분리야. 내가 어릴 때 1850년에 태어나신 우리 할머니를 만났어. 지금 나는 최근의 수명 추세를 볼 때 최소한 여든 살은 살 증조카를 알고 있어. 이것들을 세대의 측면에서, 그리고 대리인의 측면에서 종합해보면 나는 과거와 미래의 250년에서 1단계 분리되어 있는 거야."

---

11 '여섯 사람만 거치면 세상의 모든 사람을 다 알 수 있다.'는 좁은 세상 원리. '인간 거미줄Human Web'이라고도 불린다. 존 구아르John Guare의 연극으로 유명해졌고 연구에는 마이클 구레비치Michael Gurevich, 스탠리 밀그램Stanley Milgram 등이 참여했다.

고대의 존재, 살아 있는 화석

나는 친구의 생각이 마음에 들었고, 그와 헤어진 후에는 시간과의 사적인 연결의 측면에서 그것을 생각하기 시작했다. 캘리포니아 서부해안에 있는 거대한 세쿼이아가 자라면서 목격한 것을 다 전할 수 있다면 그 거목들은 무어라 말할까? 인간보다 오래 사는 동물들은 우리에게 무엇을 말해줄까? 앵무새, 거북과 악어는 장수동물에 속하고 야생에서 100년을 넘게 산다. 인간 역시 장수동물로 꼽아야 하겠지만 100세를 넘기는 드문 경우에만 그렇다. 인간의 최장수 기록은 프랑스 남부지방에서 122세까지 산 잔 칼망 할머니가 보유하고 있다. 그녀는 과거 현재 미래를 합쳐 300여 년에 해당하는 인간의 삶과 직접적이고도 살아 있는 접촉을 했다고 할 수 있다. 하지만 장수의 측면에서 볼 때 대상大賞은 대형거북에게 가야 한다. 기록상 최장수를 한 해리엇 암거북은 알려진 바에 의하면 다윈이 1835년 갈라파고스섬에서 다섯 살 때 영국으로 데려왔다고 한다. 삶의 후반부에 그녀는 다시 바다로 갈 수 있었지만, 그곳은 갈라파고스가 아닌 오스트레일리아의 남태평양이었다. 그녀는 거대한 코끼리거북이었고, 모든 코끼리거북이 그렇듯이 평생을 두고 계속 자랐다. 2006년 175세에 죽었을 때 해리엇의 몸무게는 150킬로그램이 넘었고 크기는 식탁만 했다.

식물도 물론 수명에 있어선 동물을 완전히 능가한다. 생체시계가 훨씬 더 느리게 가기 때문이다. 나무의 나이테처럼 시간의 흐름을 설득력 있게 상기시켜주는 것도 없다. 당신은 아마도 거대한 붉은아메리카삼목을 자른 단면을 잘 연마하여, 그 위에 마그나카르타 헌장을 조인한 날이나 예수가 태어난 날 등의 역사적인 날들을 화살에 꼬리표를 달아 표시해놓은 사진을 본 적이 있을 것이다. 거대한 붉은아메리카삼목이 본 인간의 역사는 미속촬영 영화와도 같고, 또는 블랙홀에 떨어진 사람이 보는 앞으로 빨리 가는 우주의 모습과도 같을 것이다.

캘리포니아 해변에 있는 거대한 아메리카삼목 중 몇 그루는 1,000년이 오가는 것을 보았고, 작은 산처럼 높지는 않다 해도 그만큼 단단하고 옹이 투성이다. 현존하는 최고령의 붉은아메리카삼목은 이천이백 살이고 캘리포니아의 험볼트 주립공원에서 살고 있다. 2,200년이라면 인간의 수명을 70세로 잡을 때 서른한 번의 삶에 해당한다. 인간의 나이를 세쿼이아 나이로 환산한다면 70세 평균수명은 이 고목에게 2.2년 정도가 된다. 북유럽신화의 영원한 세계수로서 우주를 떠받치고 있는 위그드라실Yggdrasil[12]처럼, 거대한 붉은아메리카삼목은 세기가 가고 또 가도 불사의 존재로 살아남아 그 거대한 가지 아래 숲의 세계를 품어 지속시킨다. 또한 위그드라실처럼 붉은아메리카삼목은 고통받기 쉬운 것으로 보인다. 북유럽 성전聖典《귈피의 속임수The Gylfaginning》에 보면 "세계수는 인간이 상상

12 북유럽 신화에 나오는 세계수世界樹로서 세계창조 후에 주신主神 오딘이 심었다고 함. 거대한 물푸레나무로 세 줄기의 거대한 뿌리가 있어, 그중 하나는 지하地下의 나라로, 또 하나는 인간세계로, 그리고 마지막 하나는 신들의 세계인 아스가르드로 뻗어 있다.

할 수 있는 이상으로 해를 입는다"는 말이 나온다. 몇 십 년 전 캘리포니아의 거대한 붉은아메리카삼목 한 그루가 벼락을 맞아 불이 붙었다. 성장 중인 붉은아메리카삼목은 불에 잘 타지 않기 때문에 불은 몇 달이나 연기만 내다가 결국 늦가을 눈보라가 내려 꺼졌다. 다행히도 나무는 거의 손상을 입지 않았다.

하지만 그토록 나이가 많음에도 불구하고 붉은아메리카삼목은 수백 킬로미터 동남부에 있는 연장자에 비하면 아직 유목幼木이라고 할 수 있다. 캘리포니아의 화이트 마운틴White Mountains 높은 곳에 시간을 초월한 숲이 있다. 살아 있는 나무들이 사는 이 숲은 하도 나이가 많아 고색창연하다. 키가 크진 않아 6미터 이상 자라는 법이 없는 히코리소나무는 수천 년 묵은 분재나무처럼 매력적인 동산을 이루고 있다. 이들은 대부분 살아 있는 부목浮木의 뒤집어진 조각들 또는 신화에 나오는 동물의 뼈처럼 보인다. 표백된 가지와 죽은 것처럼 보이는 줄기는 뒤틀린 나선형으로서 일각고래의 뿔이나 사슴벌레의 턱처럼 생겼다. 맑은 고산의 하늘을 배경으로 이들은 믿을 수 없을 만큼 무성한 잎이 붙어 있는 몇 개의 살아 있는 가지로 장식된 흰 사슴뿔과 같은 제스처를 취하고 있다. 두툼한 밑둥과 풍상에 바랜 줄기를 가진 이 비비 꼬인 소나무는 빛바랜 자갈과 모래와 바위틈에서 자라나는 기적이다. 그중 하나는 나이테로 보건대 4,600년을 넘었는데 세계 최고령수이다. 히코리소나무에 비할 때 인간의 일생은 겨우 12개월 정도다.

아메리카삼목이나 히코리소나무 같은 고목들은 부분적으로 죽거나 그저 너무 늙어 일종의 불사不死를 획득한 것처럼 보인다. 이들은 껍질, 목질, 죽은 가지 등의 죽은 조직을 하도 많이 가지고 있어 새로운 생명이 나올 수 있는 제2의 토양이 되기도 한다. 위그드라실처럼 이들은 붕괴와 성장이 동시에 일어난다. 히코리소나무의 잿빛 줄기는 기념비적인 존재이지만 바위처럼 생명이 없어 보이고, 너무나 오래돼서 거의 지질처럼 보이지만 매년 여전히 새로운 잎을 피우고 있다.

1997년까지 수령 4,600년의 히코리소나무는 단지 최고령의 살아 있는 나무였을 뿐만 아니라 최고령의 살아 있는 식물이기도 했다. 그 명예가 이제는 태즈메이니아섬 서남부의 외딴 계곡에서 과학자들이 발견한 관목에게 돌아갔다. '킹즈홀리King's holly'종에 속하는 이 관목은 유전적 기형이라서 씨앗을 생산하지 못한다. 수령은 4만 3,000년으로 추정되는데, 인간이 북아메리카 대륙에 들어오기 수천 년 전이다. 키는 크지 않지만 덩치가 매우 큰 이 나무는 두 개의 서로 분리된 협곡을 덮고 있다. 하지만 이 므두셀라조차도 최고령의 생물은 아니다. 실은 좀 더 최근에 발견된 단세포생물에 비하면 그것은 방금 부화한 올챙이와도 같다.

1995년 5월 과학자들은 호박 속에 갇힌 벌의 위장으로부터 4,000만 년 된 박테리아, 바실러스 스파에리쿠스Bacillus sphaericus의 종을 분리해냈다. 이 박테리아는 생명활동의 일시정지[13] 상태에 있던 것으로 밝혀졌는데, 과학자들은 기적적으로 그 기능을 실험실에서 살려낼 수 있었다. 하지만 이 고대생물도 채 5년이 되기 전에 왕좌를 내놓아야만 했다. 1999년 10월 2억 5,000만 년 된 박테리아가 뉴멕시코주 칼스바드 동굴 하부에서 고대 바다소금이 퇴적된 곳에 묻혀 있는 것이 발견되었다. 이 박테리아 역시 소생되었다. 이들은 단단한 껍질의 포자 안에서 바실러스 스파에리쿠스처럼 생명활동 정지 상태로 살아남았다. 우리가 광익류가 알던 세계를 볼 수만 있다면. 크라이튼Michael Crichton이 저술한 《쥐라기 공원》에서, 냉동 DNA를 이용하여 매머드를 클론하려는 러시아와 일본의 예까지 고대생물을 부활시키려는 욕망은 거의 보편적인 환상으로 보인다. 하지만 일면 살아 있는 화석의 형태로 수많은 고대생물이 이미 부활하였다.

뉴질랜드에는 이구아나와 유사한 크기와 짧은 등가시돌기를 가진 야행성 도마뱀이 있다. 은둔을 좋아해 눈에 잘 띄지는 않는다. 머리가 크고, 귀엽고 섬세한 점들이 있는 피부에 황갈색과 쥐색의 흐릿하고 불규칙한 줄무늬로 장식되어 있다. 하지만 이것은 도마뱀이 아니다. 그것은 공룡으로 연결되는 유일한 살아 있는 고리로서,

---

13 외적수단을 통해 생명활동을 종결하지 않고 다만 속도를 늦추는 것. 호흡, 심박 및 기타 불수의 기능은 여전히 일어나긴 해도 인위적 수단으로만 감지할 수 있다. 극단적 추위 또는 화학적 수단을 통해 인간 기능의 저하를 유도한다. 이것과 다른 생명보존법인 인체냉동보존술은 인체를 액체 질소로 냉동하여 다시 살려내기 전까지 죽이는 기술이다.

트라이아스기 이후 1억 9,000만 년 동안 변함없이 존재해왔다. 그것은 파충류과로서 공룡과 동시에 발생한 양서류다. 공룡이 지배하기 시작하면서 대륙이동이 뉴질랜드를 고립시켰고, 큰도마뱀은 자신들이 있던 섬에 그대로 남아, 결국 이들의 사촌의 몰락을 가져온 진화적 변화와 기후변화를 피할 수 있었다.

바다 역시 살아 있는 화석들을 품는다. 자루가 달린 바다나리의 두 종, 한때 고생대의 얕은 바다 위로 팔을 흔들던 것들과 동일한 종이 오늘날에도 여전히 심해에 존재한다. 그리고 나선형 조개껍질 속에 살아가는 일종의 오징어라 할 수 있는 태평양의 앵무조개는 공룡과 함께 죽은 암모나이트의 마지막 생존자이다. 1939년 과학계는 또 다른 선사시대 유물의 발견에 경악했다. 흔적만 남은 다리 끝에 지느러미를 단 괴상한 모습의 장갑물고기였다. 그것은 실러캔스로 밝혀졌는데, 4억 2,000만 년 된 조상과 사실상 동일한 생물이며, 누군가 트리케라톱스 떼를 발견하기라도 한 것처럼 쇼킹한 일이었다.

만약 화석이 마음의 진화를 담은 삼차원적 물리적 기억이라면, 살아 있는 화석은 기억인 동시에 부활일 것이다. 여기엔 시詩가 있다. 음악의 신 뮤즈가 기억의 딸들이기 때문에 석회암은 분명 시적 영감으로 가득할 것이다. 그렇다 해도 과거는 마치 오르페우스의 잃어버린 연인 에우리디체처럼 시간과 무서운 티라노사우루스와 엄니가 긴 매머드와 정밀한 삼엽충 속에 갇혀버렸다. 오든W. H. Auden(1907~1973)은 한때 삼엽충 화석에 바치는 헌정시를 썼는데, 오든 버전의 "아아, 불쌍한 요릭Yorick"[14]인 셈이다. 그 시에서 오든은 삼엽충이 본 세상이 어떤 것이었는지 그리고 지금은 돌처럼 멀어버린 그 눈이 어떻게 우리들의 세상을 멍하니 보고 있는지를 묘사했다. 오든이 삼엽충의 잃어버린 세계를 부활시킨 것은 나도 흔히 느끼는 향수, 고대에 대한 향수에서 비롯되지 않았을까.

나는 현재에도 향수를 느낀다. 너무나 덧없기 때문이다. 그 역시 지나갈 것이고, 만약 현재 순간이 최상의 것이라면, 그것이 일생 최대의 행복과 업적을 담고 있다면, 현재의 무상성이라는 빛 속에서는 얼마나 더 애절할 것인가? 한 순간의 행복조차도 (프랑스인들이 말하는 '작은 죽음') 향수로 흠뻑 젖을 수 있다. 7월의 그 여름날 오후 내가 장미와 구름과 함께했던 전원시, 이제는 시간이 가져가버린 그 목가처럼 말이다.

---

14 셰익스피어의 〈햄릿〉 제5막에 등장하는 어릿광대로서, 묘지지기가 무덤에서 파낸 요릭의 해골을 보고 햄릿은 죽음의 혐오스러운 결과에 대해 이렇게 독백을 한다. "아아, 불쌍한 요릭! 나는 그를 알아, 호레이쇼. 무궁무진한 익살과 기발한 상상력을 가진 친구였지. 나는 또 그의 등에 얼마나 많이 업혔었는지. 그런데 지금 보니 생각만 해도 혐오스러워. 구역질이 올라 와! 여기에 내가 수없이 많이 입을 맞추었던 그 입술이 있었건만. 너의 조롱 섞인 재담은 이제 어디로 간 것인가?"

* * *

    여름이 쇠퇴하고 있다. 오늘 오후 차를 몰고 이탈리아타운을 지나면서 포도를 담은 마분지 상자가 식품점 앞 보도에 쌓여 있는 것을 보았다. 포도수확기가 되었으니 가내포도양조업자들은 포도를 압착하고 있을 것이다. 9월은 와인과 옥수수의 계절이다. 저녁 식사 후 포도주 저장고를 둘러보다가 레드와인 네 병이 숙성된 것을 발견했다. 만기일이 표기된 타임캡슐처럼 그 병들도 이제 뚜껑을 열어 즐기지 않으면 안 된다. 이제 내가 와인 몇 병이 숙성할 때마다 하는 일을 하려고 한다. 디너파티를 하는 거다. 되도록 빨리 해야 전채요리와 디저트를 문밖 테라스에서 즐길 수 있을 것이다. 이 날씨가 그리 오래 가진 않을 테니까. 과거에 시작된 움직임이 나의 미래에 지시를 내린다. 지난 몇 년간 저장고의 차가운 어둠 속에서, 탄닌과 당과 에스테르화[15] 과정이 천천히 복잡한 춤을 추며 어우러져 서서히 와인을 변화시킨 것이다. 병뚜껑을 열면 터져나오는 초콜릿향과 꿀, 블랙베리 향을 음미하고, 이어 시간의 향에 취할 그날이 자꾸만 기다려진다.

---

15 포도주 발효 중에 알코올과 유기산이 반응하여 에스테르 화합물이 생기는 것을 말한다. 에스테르는 포도주의 풍부하고 숙성된 향에 기여한다.

현재, 뒷문에서
울리는 메아리

과거의 마차를 타고는 어디도 갈 수 없다.

— **막심 고리키**Maxim Gorky(1868~1936)

10

디너파티

손님들이 한꺼번에 도착했다. 꽃과 빵, 와인과 딸기를 들고 들어와서는 부엌에 놓더니 곧바로 부엌 뒷문을 빠져나가 정원으로 갔다. 따스하고 고요한 저녁이었고, 낮게 뜬 태양은 나무들을 깊고 붉은 황금빛으로 흠뻑 적시고 있었다. 이른 아침 비가 한차례 내렸지만 오후에는 맑게 개어 있었다. 나는 24년 된 키안티 루피나를 열어 공기를 쐬도록 부엌에 놓아두었다. 와인 병따개를 주머니에 넣은 후 왼손에는 훈제연어가 담긴 접시를, 오른손엔 바르바레스코 와인병을 들고 친구들과 합류하러 밖으로 나갔다.

브루스와 마이클은 바나나나무(이제 가슴높이까지 자랐다)를 보며 서 있었고, 앤과 니콜, 새론은 테이블에 앉아 포카치아[1]를 뜯어 올리브유에 찍어 먹으며 이야기를 나누고 있었다. 보통 이맘때면 음료에 달려드는 호박벌을 쫓고 있을 텐데 이 날은 말벌조차도 협조를 해주는 듯했다. 9월이면 장수말벌이 가장 성할 때인데 나는 아직 한 마리도 보지 못했다(영국에서는 1940년 영국 본토 항공전[2]이 한창일 때 말벌들이 하도 많아, 독일과 영국의 전투기가 공중전을 벌이는 모습을 구경하려고 시골로 소풍 간 영국인들의 점심을 망쳐 놓곤 했다). 바르바레스코 와인을 따라 두 잔을 들고 브루스와 마이클에게 가져갔다. 아직도 최상의 아름다움을 간직한 내 정원이 자랑스러웠다.

적어도 함께 온 설명서에 의하면 바나나나무가 겨울에 살아남을 거라고 말하자 두 사람 다 믿지 않는 눈치였다. "바나나를 먹을 수 있어?" 마이클이 물었다. "모르지." 내가 말했다. "장식용이 아닐까. 두 가지 다 두고 봐야 알 일이지만." 우리는 한동안 이야기를 나누다가 다른 사람들이 있는 테이블로 돌아왔다.

바르바레스코는 금방 동이 났다. 나는 부엌으로 가서 키안티를 들고는 밖으로 나왔다. 태양이 막 지고 하늘은 투명한 청녹색으로

---

1 밀가루에 이스트·올리브유·소금·허브 등을 넣어 구운 이탈리아 빵. 보존이 쉬울 뿐 아니라 맛이 담백해 이탈리아 서민들이 즐겨 먹으며, 안티파스토(전채요리)로 제공되기도 한다.

2 2차 대전 초기, 프랑스의 붕괴 이후 히틀러는 영국의 항복을 받아내기 위해 바다사자 작전이라는 상륙 작전을 준비하고 있었는데 영국 공군을 무찔러 제공권을 확보하지 않는 한 작전은 불가능하다고 여겼다. 격렬한 주간 공습이 있었던 1940년 7월 9일부터 10월 31일까지를 전투 기간이라고 보며, 이 전투에서 나치 독일은 영국 국민을 오히려 더욱 단결시켰다. 독일의 첫 번째 대패였다.

변하고 있었다. "저기 봐! 벌새야!" 니콜이 외쳤다. 그녀는 만데빌라 덩굴을 가리켰다. 그곳에 작은 기적처럼 붉은턱벌새가 선회하더니 핑크빛 꽃송이 속으로 돌진했다. 녀석의 무지개빛 목은 깜부기불처럼 빛났고, 우리가 있는 곳에서도 녀석의 날갯짓 소리가 들렸다. 그러더니 금방 쏜살같이 사라져버렸다.

바람 한 점이 없는 밤, 마이클의 푸른 담배 연기가 공기 중에 머물다가 권태로운 아라베스크를 추며 가볍게 위로 올라갔다. 좋은 친구들과 좋은 마음의 에너지가 충만한 마술 같은 밤이었다. 나는 포도주병에 쓰인 빈티지Vintage[3] 1981을 대화를 여는 주제로 삼기로 했다. 와인을 글라스에 따라 각자가 한 모금씩 맛을 본 후 나는 그 와인이 만들어진 해에 각자가 한 일 중에 가장 기억에 남는 일을 이야기해 달라고 했다. 우리는 그 와인 병을 타임캡슐처럼 사용하여, 오래전 여름 그것이 포착해놓은 것을 이제 밖으로 풀어내고 있었다.

브루스가 먼저 하겠다고 자청했다. 그해 그는 록큰롤밴드 단원이었는데 작은 마을들에서 했던 공연들, 타고 다녔던 버스, 기이한 장소들에 얽힌 뜻밖의 일화들을 풀어내어 우리를 웃겨주었다. 다음에는 니콜이 나섰다. 그녀가 파리로 건너 간 첫 해인 1981년 여름, 그녀는 한 패션디자이너의 눈에 띄어 모델 일을 제안받았다. 마이클은 뉴욕시에서 개최했던 최초의 개인 사진전을 이야기했다. 그는 우

---

3 와인의 원료가 되는 포도를 수확하고 와인을 만든 해. 해마다 일조 시간, 강수량, 토질 등의 재배환경(떼루아)에 따라 포도의 질이 달라지므로 빈티지는 와인의 품질을 예측하고 마시기 적절한 시기 등을 판단하는 데 참고가 된다.

리들 중에서 그해를 가장 그리워했고, 자기가 가장 알려지지 못한 나라가 바로 고국이라는 사실에 깊은 한숨을 쉬었다. 새론은 그해 공연예술단의 일원이었다. 그들은 토론토 도심의 대안미술 갤러리에서 예속과 해방을 주제로 한 슬로모션 타블로Tableau vivant[4] 공연을 했다. 1981년 앤은 두 번째 남편이 될 사람을 만났다고 했다.

별빛 아래서 우리는 저녁 내 같은 과정을 되풀이했다. 나방들이 투광조명에 몰려들어 선회하는 가운데, 새로운 와인 병을 열 때마다 그 빈티지는 더 많은 추억과 일화들을 불러냈다. 마치 병을 열면 이전의 좀 더 빛났던 우리들의 지니가 해방되는 것만 같았다.

타임캡슐

그날 밤, 와인 병의 코르크마개와 은박지 조각, 치즈 포장지들을 비닐 쓰레기봉투에 담으면서 내가 또 하나의 타임캡슐을 만들고 있음을 깨달았다. 다만 이번 것은 한 점의 컨셉아트concept art에 가깝다고나 할까. 나의 쓰레기 컬렉션은 독특하다. 내가 비닐봉지에 넣어 봉해버린 주운 예술품들의 일회적 수집은 매립지로 옮겨져 산소가 침투할 수 없는 아주 깊은 곳으로 묻혀버려, 그날 밤의 특별한

---

4 '살아 있는 그림'의 의미로서, 배우들이 무대 의상을 입고 조명을 받으며 포즈를 취하고 있다. 배우들은 한동안 또는 내내 움직이거나 말하지 않는다.

퇴적물은 수십 년간 아니 수백 년간 보존될 것이다.

나는 모든 것이 일종의 타임캡슐이라는 것, 과거가 있는 것은 무엇이든 일생동안 빈티지 스탬프를 가진다는 사실을 성찰해보았다. 나의 부엌 테이블은 수십 년 전 제작되었고, 그때 이후로 변한 것이 없으며, 칼들도 최소한 15년은 되었다. 그럼에도 불구하고 그들은 여기 있는 반면 나의 정원에 피었던 모란은 이미 간 지가 오래고, 새끼매는 성조成鳥가 되었다. 단명한 것들은 과거의 포로가 되기 쉽다. 변하지 않는 것으로 보이는 주변의 것들조차 변한다. 문명은 성했다가 쇠한다. 비록 때로 고립된 영역들(폼페이, 투탕카멘의 무덤)이 역사의 스냅사진처럼 보존되기는 하지만 말이다. 하지만 밀폐된 원통 안에 기념물과 미래 시민들을 위한 편지를 담은 타임캡슐의 개념은 20세기의 발명품이다.

* * *

최초의 타임캡슐은 1939년 웨스팅하우스가 용기를 특별 제작하여 뉴욕 세계박람회 행사 중에 매장하였다. 미래 고고학자들에게 예기치 않게 찾아오는 행운인 타임캡슐은 우리가 후손들을 위해 우리의 삶과 문화 문명을 설명하고, 그림으로 보여주고, 보존하려는 것이다. 그런 면에서 그것은 일상의 수집품이라는 봉헌물을 싣고 시간 속으로 편도 여행을 떠나도록 수동 타임머신을 발사한 것 같다. 그것은 수백 년 후에도 인류가 존재하리라는 믿음에서, 또한 미래

시민들이 우리처럼 과거에 관심이 있으리라는 믿음에서 나온 행위다. 타임캡슐은 병 안에 띄운 편지와도 같다. 다만 타임캡슐은 바다가 아니라 시간을 흘러가는 것이다.

뉴욕 세계박람회에서 웨스팅하우스가 제작한 타임캡슐의 매끈한 원통형 몸체는 총알을 연상시켰다. 약간은 로켓처럼 생겼는데, 그도 그럴 것이 타임캡슐은 미래로 쏜 대포가 아니던가. 캡슐을 묻은 흙이나 콘크리트는 포신이고, 시간의 흐름은 폭약이 되는 것이다. 심지어 웨스팅하우스 캡슐의 통을 이루는 금속외피, 내용물을 현재와 분리시키는 그 외피조차도 내용물을 미래의 전실에 두는 것 같다.

이 타임캡슐의 아이디어를 창조한 웨스팅하우스 사가 그 안에 넣을 목록의 기준도 정립했다. 미래의 고고학자들에게 흥미 있을 만한 것은 무엇일까? 웨스팅하우스 사는 그 범주를 '흔히 사용되는 소품' '섬유와 자재' '기타 물품'으로 분류했다. 내용물의 목록은 터무니없이 길었는데, 약 100여 개의 항목에는 자명종시계, 만년필, 안전핀, 계산자, 손목시계, 메이크업 키트, 장난감, 담배 한 보로, 카드놀이 1벌, 스테인리스강과 석면 한 조각, 다양한 씨앗 한 봉지, 지폐와 동전이 포함되어 있다. 또한 소설, 잡지, 브리태니커 백과사전, 그 시점까지의 예술과 과학사를 수록한 마이크로필름 자료집(비록 마이크로 필름이 수록된 셀룰로이드가 기껏해야 100년 정도 지속되겠지만) 등이 들어 있다. 이 모든 것이 길이 2.3미터, 굵기 15센티터인 원통 안에 다 들어갔다는 것 자체가 대단한 업적이다.

만년필, 손목시계, 손톱 다듬는 줄, 참으로 별나고도 감성적인 것들 아닌가. 이집트 왕들을 무덤까지 동반했던 애호 가구와 보석처럼 말이다. 우리의 먼 후손과의 소통에 의해 죽음을 극복하려는 인류의 몰두는 통렬한 슬픔으로 다가온다. 그럼에도 불구하고 미래는 여전히 미지수고, 방심할 수 없는 대상이다. 오직 과거만이 고정되어 있다. 영국의 수필가 맥스 비어봄Max Beerbohm(1872~1956)은 말했다. "과거는 부적절한 곳도, 미해결 부위도 전혀 없는 예술작품이다." 타임캡슐을 땅에 묻는 우리는, 우리가 누군가의 과거 속에 존재할 것임을 인정하고, 지금은 그렇게 융통성 있어 보이는 것이, 우리가 당면한 선택과 불확실성이, 아무런 '미해결 부위' 없이 과거 속에 절대적으로 고정될 것임을 인정하는 것이다.

시간의 시작

폴 고갱이 타히티 시절 그린 비범한 그림 하나가 보스턴미술관에 걸려 있다. 하나의 작품이라기보다는 벽화라고 해야 마땅할 그 그림은 폭이 높이의 세 배다. 윤택한 청녹색이 주조를 이루는 그 그림은 언뜻 보면 그림이라기보다는 수조가 벽에 걸린 것처럼 보인다. 중앙에 우뚝 서 있는 것은 아랫도리만 가린 젊은 청년 또는 여성이다. 인물의 발가락은 하단 그림틀 가까이까지 이어지고 깍지 낀 두 손은 위로 뻗어 있다. 그림을 둘로 나누는 중심 인물의 양쪽에는 이 시대 고갱의 그림에서 익숙하게 볼 수 있는 타히티의 미인들이 있다. 우리는 또 배경을 구성하는 개인들에게도 친숙하다. 하지만 여기엔 고갱만의 특성과 관련이 없는 것들도 있다.

좌측 하단 맨 끝에는 매우 늙은 타히티인이 절망한 듯 머리를 움켜쥐고 앉아 있다. 그 반대편, 우측 하단 맨 끝에는 아기가 평화롭게 풀밭에 누워있다. 그림에는 개들과 새끼고양이들도 있고, 중심인물 좌측에는 터키색의 부처 입상 같기도 정체 모를 기원의 대상이 있다. 풍경은 나무와 산, 고요한 열대 바다가 있는 천국이다.

고갱의 작품 중 가장 신비롭다고 할 수 있는 이 그림은 인간의 삶의 주기를 담은 이야기다. 남태평양 에덴의 온화한 기후에도 불구하고 또는 아마도 그 때문에 고갱은 그 어느 때보다도 삶의 궁극적 진리에 가까이 와있었다. 그림의 상부 좌측 코너에 그는 제목을 썼다. '우리는 어디서 왔는가? 우리는 무엇인가? 우리는 어디로 가고 있는가?' 만약 우주론과 씨름한 예술가가 있다면, 그가 우주의 근원이 궁극적으로 인간의 근원이 무엇인지 고민했다면, 그것은 바로 고갱과 이 작품이다. 여기 남태평양의 해안에서 타이티인들의 소박한 삶 속에서 그는 존재의 불가사의를 물어 밝히려 했던 것이다.

영원의 고리

고갱이 타이티에서 이 걸작을 그린 지 약 30년이 지난 뒤 천문학자 에드윈 허블Edwin Powell Hubble(1889~1953)은 지상에서 가장 큰 망원경을 갖춘, 캘리포니아 파사데나의 윌슨천문대 대장으로 취임한다. 북쪽에 히코리소나무를 키워낸 그 단층지괴가 있는 산의 정상에 자리 잡은 천문대이다. 고갱처럼 허블 역시 우리가 어디서 왔는지 궁금했다. 물론 허블에게 그 질문은 '우주가 어디서 왔는가'라는 더 큰 질문과 연관되어 있었다. 그래서 매일 밤 별을 보았다. 하지만 아무 별이나 본 것은 아니었다. 그는 아주 멀리 있는 한 무리의 별들을 관찰했는데 그때는 성운이라 불렸고 이제 은하라고 불리는 것들이다. 허블은 자신이 그 어떤 인간보다도 더 멀리까지 별을 보고 있다는 것, 그래서 시간을 되돌아보고 있다는 것을 알았다.

그렇게 20년 동안 별을 관찰하던 허블은 이제는 샌디에고의 팔로마천문대에서 하나의 수수께끼에 직면했다. 일부 데이터에 도대체 이해할 수 없는 문제가 있었다. 그것은 은하가 움직이는 방식과 관련이 있었는데 도무지 맞지가 않았다. 수년 전 천문학자들은 그렇게 상상조차 불가능할 정도로 멀리 있는 천체들이 얼마나 멀리 있는 것인지 거리를 측정하는 방법을 알아냈다. 또한 특정의 별이 지구에 대하여 어느 방향으로 움직이는지 측정하는 법도 배웠다. 그것은 광속의 미세한 변화와 관련이 있었다. 만약 어떤 별이 지구를 향해 움직이면 그 빛의 스펙트럼은 청색을 향해 '이동했고' 만약 그것이 지구에서 멀어지면 그 빛은 적색을 향해 이동했다. 허블을 어리둥절하게 만든 것은 지구에서 먼 은하일수록 그 빛은 좀 더 적색으로 이동한다는 것, 즉 모든 멀리 있는 은하들은 그가 밤하늘의 어디를 보든 상관없이 다 지구에서 멀어지고 있다는 것이었다. 허블은 도대체 이해가 되지 않았다. 그가 보는 것이 만약 사실이라면, 지구는 코페르니쿠스의 발견을 기상천외하게 역행하여 전우주의 반발의 중심점이 되어 있었던 것이다. 어떻게 그럴 수가 있을까? 아마도 거대한 우주망원경의 광학이 무언가 잘못되었을 것이다. 아마도 그의 수학에 문제가 있었을 것이다.

허블은 몇 달 동안이나 이 수수께끼를 두고 고심했다. 그러던 중 섬광처럼 2년 전 논문에서 읽은 이론이 생각났다. 벨기에의 사제 르메트르Georges Lemaitre(1894~1966)[5]가 저술한 그 논문은 우리 우주가 수십억년 전 하나의 원시원자의 폭발에서 시작되었다는 설을 제기하고 있었다. 허블은 직관적으로 진실을 파악했다. 그는 여기 르메트르의 가설 속에 그 동안 모순처럼 보였던 것의 완벽한 해답이 있음을 깨달았다. 그의 수학이나 관찰에는 잘못이 없었다. 우주는 팽창하고 있었고 그것도 너무나 고르고 풍성하게 팽창하고 있었다. 지구는 팽창하는 우주의 중심에 있지 않았다. 단지 그렇게 보인 것은 우주의 모든 지점이 다른 모든 지점으로부터 멀어지고 있기 때문이었다. 마치 부풀어 오르는 밀가루 반죽에 섞인 건포도들이 서로 멀어지듯이. 그리고 만약 우주가 이런 식으로 밖으로 팽창하고 있다면 어느 시점에선가는 우주는 훨씬 작았을 것이었다. 우주의 시간을 거꾸로 돌려 허블은 오직 하나의 필연적 결론이 있음을 이해했다. 우주는 엄청난 폭발에서 시작되었던 것이다. 나중에 이것을

---

5 벨기에의 사제이며 천문학자·우주론자. 1927년 우리가 살고 있는 우주가 지금도 계속 팽창하고 있다는 우주팽창론을 제안했다.

러시아 물리학자 가모프George Gamow(1904~1968)가 1948년 '빅뱅 Big Bang'이라고 명명했다.

* * *

허블의 발견이 있고 35년이 지난 1964년, 벨연구소는 초단파 전기 통신 신호의 배경잡음을 줄이기 위해 두 전문가 아르노 펜지어스 Arno Penzias(1933~)와 로버트 윌슨Robert Wilson(1936~)과 연구 계 약을 체결했다. 처음에는 간단한 일로 보였다. 그들은 그때까지 들 은 거의 모든 외부잡음을 제거할 수 있었다. 무선 잡음, 정전기, 심 지어 태양흑염 잡음까지도. 하지만 아무리 해도 없어지지 않는 잡 음 하나가 있었다. 그것을 제거하려고 별의별 수단을 다 써봤지만, 안테나의 새똥까지도 청소해보았지만, 잡음은 여전했다. 언제 어디 서나 안테나를 하늘로 향하면 결과는 똑같았다. 필사적으로 프린 스턴 대학의 천체물리학자에게 전화를 했더니, 아마도 우주 자체에 서 나오는 배경 복사를 수신하고 있기 때문일 거라고 설명했다.

그 개념을 염두에 두고 펜지어스와 윌슨은 안테나로 돌아가서, 모든 방향에서 소음이 같은 것인지 검사했다. 소음은 모든 곳에서 동일했고, 분명 우리 은하 밖에서 오는 것이었다. 더 세세한 분석 결과 마침내 깨달았다. 자신들이 우주의 탄생을 엿듣고 있었다는 것을 안 순간 가슴이 벅차올랐다. 배경잡음을 야기한 것은 빅뱅이 남긴 원시복사였다. 그것은 마치 137억 년 전 시간의 기원에서 크게 울렸던 종이 지금도 여전히 약하게 울리고 있는 것과도 같았다. 우연히 마주친 이 지루한 '소음'은 그들에게 노벨상을 안겨주었다.

시간의 탄생

허블 및 펜지어스와 윌슨이 제시한 증거를 본 후 물리학자들은 시간이 우주의 시원에서 시작되었다고 시인했다. 그들은 또 '빅뱅 이전의 시간'이란 있을 수 없다고 결론을 내렸다. 우리 우주 안에서 물질, 에너지, 시간 사이에는 밀접한 관계가 있었던 것이다. 시간이 다른 차원들과 어깨를 나란히 하여 등장했다. 여기서 독자는 질문할 것이다. "우주가 어떻게 무에서 생길 수 있는가? 시간 이전에 어떻게 시간이 없을 수 있는가?" 이것은 고지식한 질문이 아니다. 수백 년간 철학자들은 그 의문과 씨름해왔다. 18세기말 칸트는 어떻게 무에서 유가 나올 수 있느냐는 논리에 따라 우주의 탄생이 역설이라고 결론을 내렸다. 무는 '존재의 상태'를 창조할 수 없다고 그는 말했다. 간단히 말해서 칸트는 현대의 실재에 반하는 생각, 즉 우주는 불가능하고 유한하다고 했던 것이다. 어거스틴 성자 역시 우주의 시작을 생각했고, 현대 과학적 관점에 좀 더 다가왔다. 시간을 그 탄생과 연결시켜 그는 말했다. "세계는 시간 안에서 만들어진 것이 아니라, 시간과 함께 동시에 만들어졌다."

우주 이전에 오지 않은 것들(시간이 시작되기 전의 비시간)을 마음에 정리하는 유용한 방법은 그것을 우리가 태어나기 전의 시대와 동일하다고 생각하는 것이다. 어느 시점에선가 우리는 존재하지 않았다. 그러다가 존재하게 되었다. 우주도 그러하다. 다만 부모가 없을 뿐이다. 우리 우주를 태어나게 한 무는 하도 절대적이라서 심지어 죽음조차도, 살아 있는 존재의 영원한 소멸도 그에 비하면 생명이 될 것이다. 이것이 시원에 놓여 있는 것이고, (우리가 보게 되듯이) 우주의 끝에 놓여 있는 것이다.

당신은 또 말할지 모른다. 그래, 시간의 최초의 순간 이전에는 아무것도 없다는 설을 받아들인다 해도 여전히 이 모든 것의 시작, 최초의 순간은 있어야 하지 않는가? 과학은 그렇지 않다고 말한다. 우주는 무 이하에서 왔고, 최초의 순간은 없다. 당신 자신에게 물어보라. 영보다 약간 더 큰, 무한히 더 큰 최후의 작은 수가 존재하는지를. 당신이 멈출 수 있는 곳에서 어떤 숫자를 발견해보라. 그러곤 말해보라. "여기다. 이것이 제로 이전의 최후의 숫자다." 그럴 수는 없을 것이다. 언제나 이전 수보다 더 작은 수를 만날 것이다. 무한을 (또는 영원을, 당신이 어떻게 보느냐에 따라서) 만날 때까지. 최후의 숫자가 없는 것처럼 최초의 순간도 없다.

그렇다면 순간들이란 어떻게 시작되었는가? 그리고 어떻게 무에서 무언가가 나왔는가? 이 지점에서 양자물리학이 구원해준다. 매우 이상하고 비직관적인 세계인 양자 현상의 차원에서는, 전자 등의 입자가, 어떤 별에서도 수십억 킬로미터 떨어진 별들 사이에 우주의 순수 진공 안에 불쑥 나타나 존재할 수 있다. 그들은 글자 그대로 난데없이 나타나고, 바로 이런 마술적 성향이 우리의 우주가 어떻게 시작되었는지에 대한 단서를 제공해준다. 무 이하로부터, 무보다 작은 것 안에서, 시간도 공간도 물질도 과거도 없는 곳에서, 무한히 작은 무언가가 켜지고, 이윽고 상상할 수 없는 일이 일어난다. 우주가 폭발하면서, 그것을 계속 확대시킬 수 있는 유일한 요소인 시간과 동시에 존재하게 된다.

그렇지만 물리학자에 의하면 시간의 존재 자체가 약간은 요행수였다고 한다. 그들은 빅뱅에서 나올 수 있는 다양한 우주의 가능성을 모델링해보았다─물리학이 약간 변화된 평행 우주들─그리고 이들 중 일부는 시간이 없이도 생성될 수 있음을 발견했다. 그러니까 우리는 운이 좋은 거다. 폴 데이비스는 《시간에 관하여 ─ 아인슈타인의 미완의 혁명About Time ─ Einstein's Unfinished Time》에서 말했다. "우리가 알 수 없는 이유로 우리 우주의 양자 상태는 다행히도, 빅뱅에서 출발하여 희미하고 애매모호한 방식으로 진화해가는 우주가, 원시적 뒤범벅으로부터 시간이 출현하도록 허용하는, 매우 특별한 상태들 중의 하나다. 그리고 그것은 좋은 소식이다. 시간이 없이 우주에서 산다는 것은 매우 어려울 것이기 때문이다."

시간은 시작된 지 137억년이 지난 지금도 약해지지 않고 계속된다. 현재는 영원히 미래로 미끄러져 들어가는 사라지는 문턱일지 모르지만, 그것은 그 뒤에 우주의 모든 역사를 가지고 있으며 역사를 지속시키고 있다. 과거는 현재를 받치고 있는 부재不在의 기적이다. 우리는 역사에 의해 구성된다. 과거의 산물이 없다면, 역사와 선사가 건축한 것들(산, 별, 행성, 바다 그리고 우리)이 없다면 현재는 오직 진공 안의 추상으로 존재할 것이며, 공기도 없고 색채도 없는 흔적이 시간의 빈 바다를 단독 쓰나미처럼 통과하는 격이 될 것이다. 우리고 우리는, 기억도 과거도 없는 텅 빈 유령들이 될 것이다.

현재는 불가능할 정도로 작고, 측정할 수 없는 시간의 조각이고, 시간은 거의 전부 역사라 해도 과언이 아니다. 시간은 거의 전부가 과거다. 하지만 여기 뜻밖의 함정이 존재한다. 우리의 기억과, 그 기억이 만들어낸 일부 견고한 것들을 제외하면 과거는 존재하지 않는다. 그리고 그들마저도 결국에는 우주가 진화함에 따라 깊은 시간에 굴복할 것이다. 궁극적으로, 우주라는 천의 올이 풀릴 때, 고체 물질을 한데 묶고 있는 원자결합이 1조 년 후 끊어질 때, 다이아몬드조차도 해체되기 시작할 때(처음에는 부드러운 구형으로 변하고, 이어 완전히 사라진다), 텅 빈 과거는 운명이 될 것이다.

당신이 되돌릴 수 없는 것들

과거는 볼 수 없고 소리도 죽은 현재일 뿐이다.
그리고 보이지 않고 들리지 않기 때문에
과거의 추억에 젖은 눈길과 속삭임은 무한히 귀중하다.
우리는 내일의 과거다.
- 메리 웹Mary Webb(1881~1927; 영국의 소설가, 시인)

9월이 거의 지나갔다. 여름은 6일 20초 전에 공식적으로 끝났고, 어젯밤에는 서리경보가 내렸다. 나는 바질과 큰 야자수를 보호하기 위해 비닐을 씌웠지만 오늘 아침 풀밭에 서리는 없었다. 그래도 바나나 잎은 조금 반점이 생긴 것 같고, 만데빌라도 꽃은 아직 한창인 것 같지만 잎은 조금 윤기를 잃은 것 같다. 나처럼 여름을 사랑하는 사람에겐 가슴 아린 계절이다. 축연은 끝났고 손님들은 가고 있다. 이번 주만 해도 나는 남쪽으로 가는 기러기 떼의 V자 행렬을 두 번이나 보았다. 이틀 전 잔디를 깎을 때 지난 번 디너파티에서 떨어진 와인 병 코르크마개를, 친구들과 함께 한 그 멋진 밤의 증거물인 그것을 주웠다. 이제는 과거가 되어버린 타임캡슐의 마개를.

어떤 면으로 과거는 우리에게 매우 가깝다. 그것은 '지금'의 영원히 열려 있는 뒷문이다. 현재는 어떤 얽히고 복잡한 방식으로 가까운 과거를 둘러싸고 있고, 그러면서도 동시에 과거는 언제나 거기에서 실종되고 있다. 과거는 그저 거기 없을 뿐이다. 파악하기 어렵고, 만질 수 없고, 언제나 현재 주변을 서성이면서, 과거는 딱 한 걸음 뒤에 있다. 우리가 그것을 잡으려 몸을 돌리는 순간 그것은 없다. 따라서 1초 전에 일어난 일은, 우리가 그것에 대해 할 수 있는 일들이 있음에도 불구하고, 100년 전에 일어난 일일 수 있다. 그것은 동일하게 비실체적이고 동일하게 사라진 것이다. 지난 금요일 오후 키를 꽂은 채 자동차문을 잠가버렸을 때, 나는 그런 진리를 당혹감 속에서도 절감했다.

당시는 러시아워였고 나는 현금 인출기를 사용하기 위해 차를 불법주차해놓은 상태였다. 교통이 하도 혼잡하여 처음에는 주차를 하고도 차들 틈에 끼어 있다가 간신히 밖으로 나왔다. 차 문을 닫고 돌아서는 순간 자동차 키가 그대로 꽂혀 있고 시동도 끄지 않았다는 생각이 났다. 순간의 실수로 인한 나의 행동은 이미 과거가 되어 있었다. 나는 그것을 돌이킬 수가 없었다. 견인차가 와서 문을 열어 줄 때까지 나는 이처럼 돌이킬 수 없었던 현재와 과거의 순간적 분리의 경우들을 생각해보았다. 무자비한 과거가 이빨을 드러내고 불테리어bull terrier[6]처럼 우리를 물고 늘어지는 덧없는 순간들.

싱크대 위에 놓인 워터포드 크리스털 술잔을 팔꿈치로 밀어 대리석 바닥에 떨어뜨린 것, 높은 절벽에서 미끄러진 후 공중에 떠 있는 만화 주인공 코요테, 당신의 백미러에 비치는 경찰관의 플래시, 폭우가 쏟아지는 날 하수구 쇠살대 틈으로 떨어지던 현관문 열쇠. 견인차 기사가 나를 구해준 후 운전대를 잡고 집으로 돌아오면서 나는 과거의 이미지가, 공항에서 딱딱한 얼굴로 립글로스나 부탄가스 라이터를 압수하는 세관원과 같다는 생각이 들었다. 우리는 그것과 싸울 수가 없는 것이다. 물물교환도 없고 협상도 없다. 과거는 절대 관료적이다.

오늘 밤 서재에서 나는 다시 한 번 오늘 오후 느꼈던 과거의 완강한 무자비성을 느낄 수 있다. 과거는 시간의 블랙홀(또는 빨아들이는 삼차원 양자체)이라는 초미세섬유로 전우주에 구두점을 찍는,

---

6 19세기 영국에서 기민한 투견을 만들기 위해 불도그와 테리어를 교배하면서 탄생되었다.

편재하는 중앙 집진기이다. 그것은 커다란 하수구이며 깔때기다. 그 안으로 떨어지는 모든 것은 즉시 운반되어 사라진다. 당신은 '지금'이라 말할 수 있고, 그런 다음 또 '지금'이라 말할 수 있지만, 이 두 개의 '지금'은 곧장 과거에 있다.

* * *

내가 현재와 과거의 빠른 분리에 주의를 할 때, 우주와 그 안의 만물이 '지금'의 가장자리를 넘어 역사의 심연으로 들어가는 정확한 경계선에 집중할 때, 나는 그것을 느낄 수 있다고 상상한다. 그 과거는 지금 우리 주변에 편재하고, 한 순간(나비 날개의 펄럭임, 한 번 미끄러지는 거즈)에 의해 나와 분리되어 있다. 하지만 현재가 과거로 미끄러져 들어가는 것을 포착하는 것은 나의 청각이다. 주의 깊게 들으면, 모든 소리(시계의 째깍 소리, 종이의 바스락 소리)가 거대한 과거로 미끄러져 들어가면서 미약하고 거의 감지할 수 없는 울림을 낸다. 그것은 정상적 청각을 벗어난 소리이고, 어떤 자연스런 소리라기 보단 효과음 같은 것이며, 나 자신도 그 소리들이 다 들린다고 자신할 수는 없다.

아마도 이 저음의, 거의 분간할 수 없는 울림은 블랙홀에서 새어나오는 '호킹 복사'와도 같을 것이다. 모든 것이 다 블랙홀 안으로 떨어져 사라지는 것은 아니다. 블랙홀 가장자리에는 잘 감지되지 않는 양자입자들의 거품이 있다. 너무도 가볍고 거의 질량이 없어서 블랙홀의 괴물 같은 중력을 피할 수 있는 것이다. 이렇게 양자 입자들이 밖으로 도피하는 현상은 발견자 스티븐 호킹Stephen Hawking(1942~)의 이름을 따서 호킹 복사라고 명명되었다. 이 현상이 우주의 미래에 대해 던지는 엄청난 의미는, 수십억 년 후에는 블랙홀이 그저 소산消散되리라는 것, 극소량의 질량이 꾸준히 상실되는 과정을 통해 무無로 변하리라는 것이다. 이것은 '정보의 보존'이라 불리는 물리학 원리에 크게 위배된다. 이 원리에 의하면, 우주 안에 있는 모든 정보는 비록 전환은 될지언정, 보존되고 유지되어야 한다는 것이다. 한 조각 목재의 정보는 그 성분인 셀룰로오스 분자의 격자 안에 담겨져 있다. 만약 목재가 연소하면 셀룰로오스는 빛, 열 그리고 탄소로 변화한다. 잃어버리는 것은 전혀 없다. 하지만 만약 블랙홀 안으로 빨려 들어간 모든 정보가 시간이 흐름에 따라 그저 소산消散되어버린다면, 블랙홀은 끔찍한 형태의 우주의 궁극적 죽음을 나타낸다. 물질(그리고 물질 안에 담긴 모든 정보)의 죽음 그 자체를. 과거조차도 소멸되는 과거다.

11장

시간 여행

유감스럽게도 나는 시간 여행의 특이한
느낌을 전달할 수가 없다. 그것은 극도로
불쾌한 느낌이다.

— **웰즈,《타임머신》**

11

 우리 집에서 두 블록 남쪽으로 내려가면 6~7층 높이의 낮은 단층애斷層崖가 수 킬로미터 구불구불 이어지며 도시를 가르지른다. 항공사진으로 보면 그 절벽은 격자형 블록으로 구성된 도시를 구부러지며 흘러가는 강처럼 보인다. 토론토 최초이며 제일 오래된 도로인 데이븐포트 로드가 절벽 기부基部를 따라 나 있다. 이 길의 북쪽에 지은 집들은 단층애 쪽으로 기울어지게 건축되어 있어 집 뒷문으로 나가면 바로 3층 높이의 경사면과 이어진다. 역사 기록에 의하면 데이븐포트 로드는 원주민이 수천 년 동안 사용했던 길을 따라 난 도로라고 한다. 그 이전에는 아마도 물고기만이 다닐 수 있었으리라. 1만 1,200년 전 위스컨신 빙기 말에 그곳은 물에 잠겨 있었으니까.

 단층애는 지금은 사라진 빙하호 이로쿼이호의 옛 호변湖邊이다.

현 온타리오호의 두 배 크기였다. 만약 대규모 홍수가 발생해 이로 쿼이호가 다시 살아난다면, 우리 집은 안전하겠지만 도시 대부분은, 적어도 옛 호변의 남쪽 지역은 물에 잠길 것이다. 금융가의 고층 빌딩 몇 개만 수면 위로 삐죽 모습을 내밀고 있을 것이다. 만약 우리 집이 1만 1,000년 전으로 되돌아갈 수 있다면, 바람 부는 밤이면 나는 빙하가 마지막 후퇴를 시작했을 무렵 호변에 부서지는 물결소리를 들을 수 있을 것이다.

이번 주 나의 아침 조깅은 화려했다. 10월의 나뭇잎은, 프리즘을 통과한 햇빛처럼, 여름 내 빨아들인 햇빛 화사한 오후를 모두 꺼내어 재연주하는 것처럼 보였다. 나뭇잎들은 저마다 여름 스펙트럼의 각기 다른 부분을 전담하고 있었다. 단풍나무는 적색과 오렌지색으로 불타고, 물푸레나무는 깊고 음울한 노랑으로 빛나고, 붉나무 덤불은 수백 일의 황혼이 축적된 형광빛 심홍색을 뿜어냈다. 나의 조깅 코스에는 데이븐포트 단층애의 가장자리에 있는 공원도 포함되어 있다. 맑고 고요한 날에는 온타리오호를 넘어 미국까지도 볼 수 있다. 최근 며칠간 남서쪽으로는 70킬로미터 떨어진 나이아가라폭포에서 올라오는 물안개를 볼 수 있었다. 연기나 증기처럼 보이는, 희미하게 부푼 것이 움직이지 않는 구름처럼 지평선에 걸려 있는 것이다.

나이아가라 강은 우리 동네의 남쪽 가장자리를 따라 달리는 지상의 강보다 훨씬 높이 있는 석회암 단층애를 따라 흘러간다. 높이 90미터, 길이가 수백 킬로미터인 이 강은 이 지역의 주요 지형으로서, 커다란 호를 그리며 그린베이, 위스컨신을 지나 미시건 상부를 통해 온타리오 중앙을 지나고, 브루스 반도를 지나 나이아가라 폭포를 통해 마지막으로 뉴욕 주 북부지역을 지나 사라진다. 아버지가 그랬던 것처럼 나 역시 풍경을 지질학적 시간의 흐름으로 보는 법을 배웠는데, 나이아가라 단층애는 범상치 않은, 거의 격변하는 지질학적 계보를 가지고 있다.

대륙들이 용암의 바다 위에서 떠다녔기 때문에 지금의 미시건과 온타리오 남부를 이루는 넓은 땅은 한때는 지금의 위치에서 아주 멀리 떨어진 곳에 있었다. 6억 년 전에 그것은 적도 바로 아래 놓여 있어, 오늘날의 카리브해와 별로 다르지 않은 열대바다로 덮여 있었다. 하지만 지각 하부의 깊은 곳에서는 폭풍이 생겨나고 있었다. 지구 중심에서 시작된 대류가 바다 바로 밑에 있는 마그마를 회전시켜 거대한 소용돌이를 만들었다. 긴박하게 전개되는 에드가 앨런 포우의 큰 소용돌이[1]처럼 마그마의 소용돌이는 점점 깊어지고 넓어지면서 위에 있는 암석 껍질을 그 속으로 빨아들였다(배수관의 소용돌이를 얇은 비닐종이가 덮고 있다고 상상해보라). 이것은 일시적 사건이 아니었다. 소용돌이는 수백만 년간 계속되었다. 결국에는 지각에 우묵한 함몰부위가 생성되었고 그 위에 석회암 퇴적물이 쌓였던 것이다.

---

1 에드가 앨런 포우의 1841년 단편소설 〈큰 소용돌이에 빨려들어서A Decent into a Maelstrom〉는 큰 소용돌이에서 살아남은 한 사람이 소용돌이에 대한 자기의 기억을 생생하고 긴박하게 전달하는 내용이다.

최대 규모의 용암 소용돌이는 폭이 800킬로미터에 달했고, 아래로 끌어당기는 힘은 3억 년 동안 그 위력을 발했다. 그러고 나서 신기하게 멈추었다. 그 후 지열 반동으로, 대접 모양의 퇴적층이 다시 2억 년 동안 상승하기 시작했다. 마침내 모든 과정이 끝이 났다.

　대륙은 약간 상승된 석회암 대접과 함께 계속 북쪽으로 표류해 갔고 수백만 년 동안 대접의 가장자리를 형성한 석회암 층이 침식되었다. 좁은 각도로 기울어졌기 때문에, 그리고 석회암의 표층이 단단한 백운암으로 되었기 때문에 무한한 세월을 두고 절벽면이 형성되었다. 공룡시대에 그 절벽은 아기 티라노사우루스가 걸려 넘어질 정도의 높이였지만 백만 년 전 빙기 시초에는 대륙빙하를 비틀거리게 할 만큼 높아졌다.

　"오직 시간만이 안다"고 하지 않는가. 실로 그럴 것이다. 지질학적 시간의 흐름은 한때 상상할 수도 없었던 진실을 우리에게 말해 준다. 우리 주변의 모든 것이, 우리의 발 바로 아래에 있는 움직이지 않는 것 같은 바위도 변화 중에 있다. 삶이라는 연극이 우리에게 말을 거는 것은 우리 마음이, 정적인 풍경에 생명을 불어넣으며, 시간 여행을 할 때이다.

계절 타임머신

　어린 시절 7월과 8월이 오면 파충류시대라는 영원한 원시의 여름이 다시 한 번 부활되어 내 앞에 펼쳐지곤 했다. 집 근처 숲길에서는 뱀들이 햇빛을 쬐고 있었고, 밝은 청색꼬리를 가진 도마뱀들은 양치류 식물 사이로 미끄러져 사라졌다. 연못에는 거대한 태고의 악어거북이 숨어 있었다. 내가 열 살 때 나는 계절들이 시간의 그랜드캐니언과 같다고 생각했다. 그래서 3월에서 11월까지의 여정은 세계에서 가장 깊은 계곡의 바닥에서 정상에 이르는 지질학적 시간인 9억년과 같다고 상상했다.

모든 것이 3월 21일에 시작되었다. 봄의 첫날이고, 내 이중달력에 의하면 신원생대Neoproterozoic Eon[2]의 시작이었다. 여기, 생명의 새벽에서 최초의 단세포동물이 생성되었다. 연못에는 얼음이 거의 사라졌고, 아주 작은 단세포 생물이 얕은 물속에서 보이지 않게 증식했다. 나는 그 생물들을 알고 있었다. 그 전 해에 연못물 표본을 집으로 가져와서 형의 현미경에 놓고 보았더니 미끌미끌하고 투명한 생물이 채찍과 움직이는 강모를 사용해 몸을 움직이고 있었다.

4월은 고생대의 시작으로서, 최초의 갑각류와 물고기가 고대 바다에서 꿈틀거렸다. 밝고 따스한 오후에는 야생 금붕어 떼가 연못 표면 근처에서 햇빛을 쬐고 있었고, 밤에는 얕은 물에서 가재의 눈이 나의 플래시 불빛 속에서 깜부기불처럼 빛났다. 고생대에 식물은 육지에서 번식했고, 야생화의 최초의 푸른 싹이 때맞추어 숲속에

---

2 이 시기에 해초류에 의해 대기 중에 산소의 방출이 시작되었고 오존층이 생겨나 우주에서 자외선이 지표에 닿지 않게 되었다. 최초의 발전된 단세포 생물과 다세포생물이 산소의 축적과 함께 나타났다.

쌓인 죽은 나뭇잎더미 속에서 솟아나왔다.

석탄기에는 양서류가 등장한다. 내 달력에 의하면 4월말과 5월초다. 개구리는 짝짓기를 위해 구애의 노래를 시작했고, 나는 5월 1일의 따스한 밤에 침실 창문으로 들어오는 개구리 소리를 들을 수 있었다. 5월 초 싹트는 고사리는 석탄기 말 거대한 양치류를 연상시켰다. 6월에는 올챙이가 연못에서 수백 마리씩 꼬물거렸고, 그들조차도 나의 지질 달력에 명시된 진화적 칙령에 복종했다. 그들은 6월 말 다리가 자라나고 꼬리가 사라져 수중생물에서 육지동물로 변화했다. 양서류는 서서히 공룡으로 진화하고 여름은 파충류의 시대가 되었다. 7월은 쥐라기, 8월은 백악기로 가을은 당연히 신생대, 포유류의 시대가 되었다. 우리 집 뒤뜰에 호두를 묻던 통통한 다람쥐는 윤기가 났고, 울타리에 앉은 철새에 몰래 다가가는 이웃집 고양이들은 더 매끈하고 행동이 빨라 보였다. 모든 포유류는 가을 날씨에 기운이 난 것 같았다. 신생대 안에서도 제3기는 포유류시대의 절정을 이루었다. 멸종된 거대동물 중 일부는 코끼리보다도 더 컸다. 나무늘보의 일종인 남아메리카의 거대한 메가투리움은 길이가 6미터에 달했다. 아르마딜로 과의 글립토돈은 크기가 장갑차만 했다. 하지만 세계는 냉각되기 시작했다. 11월과 12월은 빙하기를 가져왔고, 이후 우리 인간의 시대인 제4기가 도래했다. 11월 말 첫눈이 내릴 때 나는 털북숭이 매머드 떼가 혹한의 어둠 속 빙하 기슭에 모이는 장면을 상상했다.

겨울은 일 년 주기를 마감했고, 시간을 통과해가는 생명의 여행에서 시작과 종지부를 하나로 묶어주었다. 7억 년 전 선사시대에 빙하기가 지구 상에 생명의 시작을 거의 끝냈을 때 그랬던 것처럼 말이다. 이때의 빙하기는 세상의 종말과도 같다. 그에 비하면 후에 도래하는 빙하기들은 봄의 해빙과도 같다고 할 수 있다. 단순한 다세포생물이 겨우 자리를 잡는가 싶더니, 몇 천 년 전에 그랬던 것처럼, 극지방으로부터 빙하가 뻗쳐왔고, 빙하는 멈추지 않았다. 남쪽으로 내려온 빙하는 거의 전 지구를 덮어버렸다. 바다는 꽁꽁 얼어붙어 두께 1킬로미터의 얼음으로 뒤덮였다. 당시 만약 화성에 지적생명체가 있었다면, 그곳의 과학자들은 절대 지구로 생명탐사 해적선을 보내지 않았을 것이다. 그들의 망원경으로 보이는 지구천체는 눈부시게 하얀 구체로, 수백만 년간 심층냉동에 갇혀 있는 황폐한 행성으로 보였을 것이다.

하지만 생명은 환대를 받았다는 말은 전혀 할 수 없겠지만, 어쨌든 살아남았다. 지열이 있는 심해의 열수공熱水孔 근처에서 살던 박테리아, 조류, 원핵생물은 대해빙기가 도래해 겨울의 얼음 족쇄가 끊어질 때까지 수백만 년 동안 계속 존재했다. 그 우주의 봄이 온 후에 생명은 르네상스를 맞이하여 다시 소생하고, 결국에는 지구의 얼굴을 바꾸어 놓았다. 나의 시간 여행 달력에서 3월 21일은 일 년의 모든 명절과 휴일이 하나로 압축되어 오는 것과도 같다. 그 날은 생명의 강인함과 시간을 견뎌내는 내구력을 축하하는 날이다. 이제 우리 안에서 생명은 그 시작을 되돌아볼 수 있다. 생명이 물질의 꿈이었다면, 의식은 생명의 꿈이었다. 그것은 단지 시간 문제였다.

타임머신과 웜홀

하루 중 이상한 것을 발견하지 못했다면 별로 좋은 날이었다고 할 수 없다.
- 존 휠러

그 누구도 타임머신 같은 것은 없다고 말하지 말라. 나는 그것을 보았다. 작은 도시만 한 그 타임머신은 이탈리아 나폴리만 바로 옆에 있었다. 몇 년 전 폼페이의 북쪽 문을 들어섰을 때 나는 2,000년 전의 시간으로 되돌아갔던 것이다.

내가 놀란 것은 폼페이가 오래된 도시로 보이지 않는다는 것, 전혀 그렇지 않다는 것이었다. 놀랍도록 현대적인 도시였고, 결여된 것은 다만 시민들의 목소리, 자갈길을 굴러가는 쇠바퀴의 삐걱거리는 소리, 개 짖는 소리였다. 건축은 우아하고 세련미가 있었다. 도시 블록, 또는 로마인들이 불렀던 이름인 '집단주택insula'은 현대의 북아메리카 도시처럼 격자형으로 짜여 있었다. 그리고 배관시설도 있었다! 전등과 내연기관을 제외하면 폼페이에는 없는 게 없었다. 도중에 나는 다른 관광객들과 떨어져 최소한 30분은 혼자 지내면서 거리를 배회하고 대리석 빌라들의 대문 안을 들여다보았다. 길모퉁이에 위치한 와인 바는 손님들이 어떤 행사를 보기 위해 방금 전에 거리로 나간 것만 같았다.

폼페이를 파괴한 동시에 보존해준 베수비오 화산마저도 여전히 저 멀리 건재하며 정상에서 깃털 같은 연기를 내뿜고 있었다. 나

302

는 그곳이 현존하는 듯한 느낌을 떨쳐버릴 수가 없었다. 시간 여행을 했다는 생각이 들자 어지럼증이 몰려 왔다. 얼마 후 임플루비움 impluvium[3], 아트리움(임플루비움의 중앙 홀), 석주, 조상彫像들로 눈을 포식시킨 후에 나는 기차역으로 가서, 역 옆에 있는 작은 카페로 들어가 구운 가지와 치즈 파니니를 먹었다. 그제야 나는 내가 시차증時差症을 앓고 있음을 깨달았다. 다만 이 시차증은 비행기를 타고 시간대를 지나서가 아니라, 천 년의 시간을 이동했던 것에서 오는 것이었다. 아마도 나만의 방식으로 나는 웰즈의 시간 여행자가 묘사한 그런 몽환의 상태를 체험했던 것 같다.

* * *

이상하게도 과학은 시간 여행, 특히 미래로의 시간 여행의 개념을 배제하지 않는다. 실은 상대성이론이 그것을 예고한다. 만약 어떤 물체가 광속의 반만이라도 도달할 수 있다면 시간 왜곡을 경험할 것이다(쌍둥이 자매의 예에서 기억하듯, 우주로 가서 초고속으로 여행하다가 미래에 지구로 돌아온 언니). 하지만 과거로의 시간 여행은 시간 패러독스라는 극복할 수 없는 장애를 만난다. 잘 알려진 '할머니 패러독스'는 만약 과거로 돌아가 당신의 할머니를 암살

---

3 로마 주택 건축에서는 지붕의 경사를 안쪽으로 모이게 하고, 그 중앙 홀에 방형方形의 천창天窓을 만들고 그 밑에 빗물을 받는 물통을 만들었다. 여기서 물통을 '임플루비움'이라 한다.

하면, 당신은 절대 태어나지 않는다는 것이다. 이것을 포함한 여러 패러독스들은 우리의 시간 여행을 완전히 배제하지만, 일부 현대 물리학자들은 그 문제를 거의 우회할 수 있었다. 코펜하겐 대학의 천체물리학 교수 이고르 노비코프Igor Dmitrievich Novikov(1849~1912)는 '일관성의 원리self-consistency principle'를 처음 제창했는데, 시간 여행자는 그의 과거 행동이 시공간의 법칙에 의해 '지나치게 속박되기' 때문에 절대로 패러독스를 만들어낼 수 없다는 것이다. 노비코프는 시간 여행자가 아무리 할머니를 죽이려고 해도, 언제나 개입하는 동소공재同所共在적 사건들 때문에 할머니를 죽일 수 없으리라고 믿었다.

하지만 스티븐 호킹 등은 현재 우리의 지식으로 판단해볼 때, 과거로의 시간 여행은 가능하지 않다고 믿고 있다. 호킹은 '시간순서 보호가설chronology protection hypothesis'을 주장했는데, 즉 에너지 보존법칙이 에너지가 사라지는 것을 방지하듯이, 자연은 언제나 과거로의 여행을 방지할 것이라고 주장했다. 또한 그는 농담처럼 말하기를, "과거로의 시간 여행이 미래에 발견될지 우리는 이미 알고 있다. 왜냐하면 아직 미래에서 온 여행자들의 침략을 받은 적이 없으니까." 하지만 호킹이 과거로의 여행을 절대적으로 배제한 것은 아니며, 그 가능성을 더욱 열심히 추구하는 물리학자들도 있다.

* * *

미국 물리학자 존 휠러는 늘상 아인슈타인의 상대성원리에 매료
되어왔다. 맨해튼프로젝트와 마테호른 B 프로젝트(각각 원자폭탄
및 수소폭탄 제조)에 참여하느라 프린스턴 대학 교수직을 잠시 중
단했을 때조차도 그의 마음 한구석은 아인슈타인의 공식의 확대
를 고찰하고 있었다. 1950년대 중반 프린스턴 대학에 다시 복귀했
을 때 그는 이 연구에 좀 더 많은 시간을 할애할 수 있게 되었다. 휠
러는 특히 시공간의 곡률曲律, curvature에 관심이 있었고, 1957년에
는 특별한 중력 상태에선 우주의 구조가 두 개의 서로 다른 지역
사이에 통로—일종의 지름길—를 형성할 수 있다는 것을 깨달았다.
그는 이 통로를 '웜홀wormhole'이라고 불렀다. 이후 시공간물리학은
전혀 다른 학문이 되었다.

많은 동료들이 그의 이론을 비웃으며, 웜홀은 물리학의 기본법칙
에 모순된다고 말했다. 그들은 아인슈타인을 인용하며 공간과 시
간의 밀접한 관계 때문에 웜홀은 불가능하다고 지적했다. 결국 만
약 '지름길'이 충분히 길다면 광속보다 빠른 여행을 허용할 수 있다
는 것인데, 그런 것은 분명 불가능하니까 웜홀 이론이 틀렸다는 것
이다. 하지만 시간이 흐르면서 휠러의 수학은 옳은 것으로 인정되
었다. 그럼에도 불구하고 약 10여 년 후 '블랙홀'(역시 휠러가 명명
한 이름)이 궁극적으로 발견되기까지 웜홀은 여전히 이론적 가능성
에 불과할 뿐이었다. 블랙홀은 물리학자에게 매혹적인 것이었다. 특

히 블랙홀 주변에서 중력과 빛의 행동 방식에 있어선 더욱 그러했다. 여기서는 적어도 고전물리학 법칙의 측면에서는, 모든 것이 백지화되었다. 물리학자들이 곧 알게 된 것은 블랙홀이 시공간을 극심하게 휘게 만드니까, 블랙홀 자체가 멀리 떨어져 있는 공간들을 이어주는 웜홀의 입구가 될 수 있다는 것이었다. 하지만 블랙홀은 그 안으로 떨어지는 모든 것을 소멸시킨다. 또한 비록 블랙홀이 웜홀로 들어가는 입구라 한다 해도, 그렇다면 출구는 어디에 있다는 말인가? 10억 킬로미터 떨어진 곳에? 또는 있을 법하지 않은 평행 우주 안에?

웜홀의 개념은 계속하여 과학자들을 매료시켰다. 웜홀을 언젠가는 길들일 수 있을까? 우주선이 이 웜홀을 사용할 수 있을까? 노비코프는 그렇다고 생각했을 뿐만 아니라 한 걸음 더 나아갔다. 저서 《시간의 강》에서 노비코프는 미래 어느 지점에선가 두 개의 거대한 중력장을 건설하여 그 사이에 웜홀을 만들어 낼 수 있다고 말했다. 그런 것을 왜 만들어야 할까? 그 이유로 노비코프는 약간의 창의적 변화를 가하면 웜홀은 타임머신으로 변할 수 있다는 것을 들었다. 이어 그는 웜홀을 포획할 수 있는 쉬운 방법이 있으며, 그것도 바로 우리 코앞에 있을 것이라고 추측했다.

최근 우주학 이론에 의하면 우리의 사차원 시공간 우주는 겉보기와는 다르다고 한다. 분명 모든 물질의 저변에 있는 '양자 거품'(아원자亞原子, subatom적 시공간) 안에는 다른 많은 차원도 '웅크리고' 있는 것으로 보인다. 이들은 다른 사차원들과는 달리 빅뱅 이후 전개되지 못한 실패한 차원들이다. 이들은 고전적 시공간이라는 지배적 차원들에게 눌린 나머지, 우주 전체에 걸쳐 물질 내부에 보이지 않게 갇힌 채 살아남았다. 마치 우주의 면역계에 의해 억압된 차원 바이러스처럼, 그것들은 누군가 또는 무언가가 와서 그들의 가능성의 빗장을 열어줄 때까지 시간을 참고 견디고 있다. 양자 거품의 자궁은 이런 새로운 차원들의 가능성을 품고 있을 뿐 아니라, 극소형 블랙홀들이라는 뜻밖의 깜짝선물도 준비하고 있다. 그리고 웜홀도.

우주 엔지니어들은 우리 집 뒤뜰에 있는 양자거품에서 웜홀을 잡아 뽑을 수 있다고 한다. 1988년 마이클 모리스Michael Morris, 킵손Kip Thorne, 울비 유르트시버Ulvi Yurtsever는 공동논문에서 이렇게 말했다. "우리는 발전된 문명이 그런 웜홀을 양자거품에서 끌어내어 고전적 크기로 확대하는 것을 상상할 수 있다." 그러고는 노비코프가 유쾌하게 제안했듯이, 웜홀은 안정화될 수 있고 중성자별 같은 커다란 중력체 쪽으로 끌어당길 수도 있다(그런 도깨비불 같은 존재에 쇠갈고리를 부착하는 일은 분명 큰 문제가 아닐 것이다). 노비코프는 그런 다음, 웜홀을 중성자별 상공에 수직으로 놓을 것이다. 웜홀의 한쪽 입구는 거의 표면에 닿을 만큼 내리고, 다른 쪽 입구는 별 위 수백 킬로미터 상공으로 올려놓을 것이다.

결정적인 한 마디는 여기서 나온다. 중력은 시간에 영향을 미치기 때문에(큰 행성 표면에선 더 느리게 가고, 표면에서 더 멀어질수록 빠르게 간다)노비코프는 결국에는 터널의 양쪽 입구가 동시성에서 벗어날 것이라고 주장한다. 중력이 더 클수록, 그리고 웜홀이 시간차를 진전시킬 시간이 더 많을수록, 한쪽 입구와 다른 쪽 입구의 시간차는 커진다. 이윽고 충분한 시간차가 이루어졌을 때, 웜홀을 끌어당겨 우주의 비어 있는 지역에 둘 수 있다고 그는 제안했다. 만약 두 입구 사이의 시간차가 2일이라면, 웜홀이 정착되자마자, 과거로 가는 입구로 들어간 사람은 즉시 이틀 전 과거로 이동한다. 웜홀 시간 여행의 주된 한계는 웜홀이 작동하기 시작한 날짜보다 더 이전의 과거로는 여행할 수가 없다는 것이다. 안타깝게도 쥐라기로의 방문은 불가능할 것이다. 하지만 미래에서 온 스티븐 호킹의 관광객들은 현실이 될 수도 있다. 실은 웜홀이 정착되자마자, 아마도 심지어는 그 이전에, 관광객들과 그리고 알 수 없는 기타의 것들이 그로부터 나타나기 시작할 것이다. 결국 미래의 과학자들은 웜홀을 만든 과학자들보다는 한 수 위일 것이다. 그들은 웜홀의 행동을 수년간 관찰한 데이터를 되돌아볼 수 있다. 아마 그들은 그 성능을 개조하여 시간차를 확대하는 방법을 찾을 수 있을 것이다. 요점은 일정기간의 체험에서 쌓인 지식과 관찰이라는 인과관계가 한순간에 뒤집힐 수 있다는 것이다. 시간의 신 크로노스가 무력화되는 것이다.

* * *

이것은 다시 우리를 패러독스로 되돌려놓는다. 만약 미래의 장난스런 과학자가 노벨상을 탄 기술을 이전시대의 과학자에게 설명해주고, 그래서 이전시대의 과학자가 상을 타게 되면 어떻게 될까? 역사책을 볼 수 있는 미래과학자의 관점에서 볼 때 그녀는 이전시대의 과학자가 어쨌든 이 기술을 발명하리라는 것을 알았고, 다만 그 과정을 단축시켰을 뿐이다. 그녀는 역사를 바꾸진 않는다 해도 파괴하고 있는 것이다. 두 과학자 모두 미래 역사가 아무런 인과관계 없이 과거로 입력되는 것에 의존하고 있다. 지적 소유권이란 당치도 않다. 만일 미래에서 온 과학자가 그 아이디어를 누군가에게 주고 그 사람이 노벨상을 받아, 할머니 패러독스처럼 역사를 바꾸면 어떻게 될까? 아마도 노비코프와 다른 물리학자들이 믿었듯이 이런 사건들은 전혀 일어나지 않을 수 있다. 언제나 무언가가 개입해서 인과법칙이 전혀 소급적으로 모순되지 않도록 할 것이다. 하지만 시간 여행에는 다른 문제들이 있다.

맞는 시간, 틀린 장소

시간 여행을 다루는 소설가나 영화제작자들의 생각은 시간과 공간의 밀접한 관계에까지는 미치지 못했다. 웰즈의 《타임머신》에 보면 주인공은 가만히 있는데 세상이 주인공의 주변에서 변화한다. 하지만 생각해보면 시간은 또 장소이다. 특정 시간의 좌표(예를 들면 아우구스투스 황제 재위 중의 이탈리아)는 언제나 장소를 포함한다. 하지만 시간과 장소가 그토록 뒤엉켜서 연결되어 있다는 사실은 웰즈가 상상한 타임머신에 더 복잡한 문제를 야기한다.

예를 들어 당신이 최초의 타임머신, 공중전화박스 정도 크기의 타임머신을 만들었다고 하자. 시험모델이므로 범위가 24시간 정도로 제한적이라고 하자. 그런 다음 어느 수요일 오후, 10월 6일 오후 4시에 당신은 타임머신을 처음으로 시험하기로 했다고 상상하자. 당신은 기계 안으로 들어가서 안전벨트를 장착하고, 문 주위가 물샐틈없이 봉인된 것을 확인하고는 다이얼을 전날의 오후 4시로 맞춘다. 그리고 나서 당신은 행운을 빌며 시간엔진을 가동시키고 부릉, 갑자기 당신은 우주에 떠다니고 있다. 실험실은 사라지고, 도시도 사라지고, 지구도 사라졌다. 타임머신 안의 시계를 보니 정말 10월 5일 오후 4시를 가리키고 있다. 그런데 지구는 어디 있는 것인가?

타임머신 창문을 내다보면서 (다행히도 당신은 비상사태에 대비해서 그 창문을 밀봉하고 내부 기압을 맞추어놓았다) 당신은 청녹색 행성이 약 9,000킬로미터 거리에 있는 것을 볼 수 있다. 경험과 박식을 갖춘 과학자로서 당신은 그 행성이 지구라는 것을 알고, 어떤 방식으로든 당신의 실험실과의 만남을 놓쳤다는 것을 안다. 어쩐 일인지 지구는 매우 멀리 있다. 도대체 무슨 일이 일어난 것일까?

타임머신 안에는 공기가 얼마 남아 있지 않기 때문에 당신은 빨리 생각을 해야 한다. 그리고 순간 당신은 자신이 그동안 완전한 바보였다는 끔찍한 사실에 직면한다. "당연하지!" 당신은 큰 소리로 외친다. "내가 왜 그 생각을 못했을까?" 당신이 깨달은 것은 지구가 태양 주위를 시속 10만 8,000킬로미터로 돈다는 것이고, 우리의 태양은 또 은하의 중심을 시속 79만 2,000킬로미터로 돈다는 것이며, 우리 은하[4]는 은하들의 우리 지역집단에 비하여 대략 동일한 속도로 돈다고 볼 수 있다. 시간은 동시에 장소이기 때문에, 당신과 당신의 행성이 잠시 전 과거에 있던 곳은 당신과 당신의 행성이 지금 있는 곳이 아니다. 당신과 당신의 타임머신은 바른 시간에 틀린장소에 도달한 것이다. 10월 5일 지구는 10월 6일 지구가 있던 곳 근처에 있지 않은 것이다.

'우주선 지구'라는 상투적인 말은 정말 정확하다. 지구는 어떤 로켓보다 더 빨리 움직인다. 물론 우리는 편안한 의자에 앉아 책을 읽거나 인근 식당에서 식사를 한 후 집으로 걸어갈 때 그런 속도를 별로 느낄 수가 없다. 실은 '우주선 지구'는 '시간선 지구'로 바뀌어야 한다. 비록 타임머신이 5분만 과거로 갔다 하더라도 지구는 역시 사라질 것이다. 현재시각에서 우리가 그것을 볼 수 없기 때문이기도 하지만 지구는 5분 전 지구가 있던 외곽 우주의 그곳에, 수백 킬로미터 떨어진 그곳에 다시 나타날 것이기 때문이다.

하지만 그것은 정말 사실인가? 아마 내가 고지식한 것인지도 모른다. 아직 결론내리기는 이르지만 특수상대성이 공간적 차이를 보

---

4 태양계가 속해 있고 우리가 속해 있는 곳이라서 "은하" 또는 "은하계"라고도 불린다. 은하수는 지구에서 보이는 우리 은하의 부분으로, 천구를 가로지르는 밝은 띠로 보인다. 우리 은하의 지름은 약 10만 광년, 반지름은 5만 광년이다. 우리 은하를 포함해서 약 50여 개의 은하가 가까이 모여 있는데, 이를 국부은하군이라고 한다. 국부은하군 중 크기가 비교적 큰 은하로는 우리 은하, 안드로메다 은하가 있다. 안드로메다 은하는 우리 은하에서 약 210만 광년 떨어져 있다.

상한다고 주장하는 물리학자들이 더러 있다. 이 지점에서 아인슈타인의 이론의 반직관적 기이함이 다시 나타나, 뉴턴의 고전물리학을 논파하고, 웰즈의 타임머신이 나의 사례처럼 우주로 날아가는 것을 방지한다. 특수상대성이론의 일부 해석에 의하면 과거나 미래로 연속된 시간선을 따라가는 타임머신은 자동적으로 공간 여행도 하게 된다고 한다. 항상 시공간의 곡선을 따를 시간선 위에 당신이 머무는 한, 삼차원 좌표축은 걱정할 필요가 없다.

시간 속에 정지하는 것 — 시간 여행

하지만 놀고 있는 타임머신, 말하자면 시간의 중립 기어에 있다고 할 수 있는 상태—현재라 할 수도 없고 과거에도 미래에도 있지 않은 상태—에서 마치 강물에 잠긴 바위처럼 시간의 흐름에 대해 아무런 움직임도 없이 정지해 있지만, 실은 시간의 차원 밖에 있다고 해야 할 타임머신의 경우는 어떠할까? 만약 당신이 멈출 수 있다면, 시간이 당신을 지나 흐르도록 할 수 있다면, 그때 미래는 당신이 정지상태에 있는 동안 당신의 앞과 주변에서 펼쳐지리라 생각된다. 아마도 당신은 달력 속의 고정된 날처럼 한곳에 머물러 있으면서, 현재가 점점 더 증가하여 당신 앞으로 가는 동안 과거 속으로 떨어질 것이다. 또는 당신의 타임머신이 시간의 흐름과 약간만 동시성의 차이가 난다면 그런 여행은 우리가 이미 체험한 것과 별반 다르지 않을 것이다. 아마도 당신은 황금처럼 금빛을 띠든지 또는 체렌코프 복사광처럼 청색으로 빛날 것이다.

우리는 모두, 시간의 흐름과 함께 일정속도로 미래로 향해가는, 정체성의 타임머신이 아니던가? 과학자들이 '1초당 1초의 속도로'라고 말하듯 우리는 시간의 속도를 조절한다. 그리고 우리는, 적어도 기억에서는 과거로도 여행한다. 깊은 잠은, 비록 미래로의 짧은 여행에 효과적이지만, 일종의 타임머신이다. 만약 사람들을 생명활동의 일시정지 상태에 놓을 수 있다면 수면이 가져오는 시간수축 효과는 더욱 두드러질 것이다. 정식 시간 여행이라 부를 순 없겠지만 100년 동안 일시정지 상태에 있다가 살아난 사람의 경우도 시간 여행에 해당될 수 있다.

문화적으로 우리는 웰즈가 《타임머신》을 창시한 이후로 시간 여행에 사로잡혀왔다. 같은 주제를 다룬 빛나는 소설로는 다프네 뒤 모리에르의 환각적인 《바닷가의 집The House on the Strand》 잭 피니의 《되풀이해서Time and Again》, J. K. 롤링의 《해리포터와 아즈카반의 죄수Harry Potter and the Prisoner of Azkaban》 등이 있다. 또한 단편, 영화, 텔레비전 드라마도 수백 편이 존재한다.

* * *

내가 열다섯 살 때 좋아하던 텔레비전 시리즈는 〈타임터널The Time Tunnel〉이었다. 그런데 실망스럽게도 단 한 시즌으로 끝나고 말았다. 제목에 나오는 터널은 사막 한가운데 극비의 지하시설에 놓여 있었다. 그것의 존재를 알릴 표지판이나 울타리도 없었고, 단지 길 하나와 지하로 가는 길에 연결된 보이지 않는 문이 있을 뿐이었다. 방문객들은 차를 타고 램프를 내려와 지하통로를 지나 타임머신이 있는 하이테크 시설로 들어간다. 그들이 온 길은 다시 들어 올려져 입구는 흔적조차 남지 않는다.

타임머신 자체는 터널이었는데, 타임머신을 켜면 흑백 줄무늬가 있는 벽은 옵아트op-art의 소용돌이처럼 돌아간다. 시간 여행자는 그저 터널로 걸어 들어가 사라졌다가, 그들이 선택한 시간의 목적지에 다시 나타나면 된다. 되돌아보면 머신의 소용돌이 형태가 휠러의 웜홀 이론에서 영향을 받지 않았나 하는 생각이 든다. 그렇다면, 〈타임터널〉은 공상과학소설의 웜홀을 최초로 시각적으로 표현한 것이 된다.

〈타임터널〉의 주인공들은 두 명의 용감한 젊은이로서 자신들의 시간 목적지에 따라 다양한 모험을 겪는다. 시리즈가 끝날 무렵, 아마도 예산 부족 때문이겠지만, 주인공들은 주로 19세기 개척시대의 미국 서부대륙을 시간 여행하고 있었다. 아마도 서부시대의 세트가 대여료도 저렴했으리라 생각된다. 어쩌다 한 번씩 그들은 더 이전의 과거나 미래로도 갔지만, 결국 서부활극으로 전락하고 말았다.

적어도 1985년 영화 〈백투더퓨처Back to the Future〉는 시간 여행에 대한 유머감각을 잊지 않았다. 특히 타임머신의 모습에서, 개조하여 마력을 올린 드로리언 스포츠카를 사용한 점이 그렇다. 영화의 가장 극적인 장면은 (1984년 영화 〈바커루 반자이의 모험The Adventures of Buckaroo Banzai〉에서 빌려온 콘셉트) 자동차 즉 타임머신이 시간을 여행하는 방법이다. 자동차는 벽돌담이나 어떤 단단하고 고정된 물체를 향해 질주하면서, 충돌하기 전에 타임 점프가 가능해지는 정확한 속도에 도달하기를 희망하는 것이다. 방법이 유별나긴 해도 여기엔 모종의 정확성이 숨어 있다. 미래는 무감각한 벽처럼, 우리가 들여다볼 수 없는 불투명한 장벽이며, 우리는 그저 그것을 통과하리라는 희망만을 가지고 돌진하는 수밖에 없다는 것이다.

타임머신 자동차

비록 개조한 드로리언은 아니지만 내 차 역시, 다른 모든 차와 마찬가지로, 일종의 타임머신이다. 오늘 아침 치과 약속에 늦은 나는, 편지를 읽고 집 앞에 새로 심은 식물에 물을 주느라 잃어버린 시간을 만회하기 위해, 남쪽으로 세 블록을 간 후 동쪽으로 돌아 데이븐포트 로드를 달렸다. 시간을 따라잡기 위해 제한속도를 초과하여 달리면서, 경찰 단속에 걸려 시간을 더 잃어버릴 수도 있는 위험을 감수했다.

자동차들 사이로 속력을 내던 중 나의 차가 시간의 연합이란 생각이 퍼뜩 들었다. 윤활유를 번뜩이며 강철 슬리브 안에서 회전하는 금속 샤프트, 산업시대의 절제된 격정으로 연료가 부드러운 백열광을 내며 타도록 해주는 엔진은 모두 19세기 이래 변화가 없는 기술이다. 자동차 전체에 걸쳐 존재하는 전기 시스템과 그 신경계는 20세기에서 온 것이다. 그리고 그 모든 것에 동력을 주는 가솔린은 더 오래된 시간의 산물이다. 석유가 수백만 년 전 죽은 식물과 동물의 유기체가 액화한 것이니까 말이다. 내 차의 피스톤은 살아 있는 물질들이 모았던 햇빛, 이후 지하의 어둠 속에 영원히 저장되었던 고대의 햇빛에 의해 발화된다. 그것은 잠시 다시 폭발하여 빛을 내지만, 그 장소는 또 다른 어둠, 자동차 엔진이라는 기계의 암흑 속이다.

또한 자동차에는 최후의 시간층이 있으니 바로 유행을 따르는 외장이다. 내 차는 5년 되었지만 이제는 지나가버린 구식 자동차 스타일을 대변한다. 아직 살아 있는 화석이라고까지 할 순 없지만, 어쨌든 문화역사(지난 10년의 미적 타임캡슐)의 일부가 되었다. 이 모든 요소들(운동의 연속, 역사, 선사 그리고 최근 과거)이 내 차 안에 다수의 시간층을 섞어 짜넣어, 정확하게 타임머신은 아니라 해도 시간이 가득 찬 기계라곤 할 수 있다.

10월의 햇빛 속에 한 상쾌한 드라이브는 즐거웠고, 치과 병원 건물 바로 앞에 주차할 곳도 발견했다. 엘리베이터를 타고 올라가며 시계를 보았더니 10분 지각이었다. 그 정도면 그리 나쁘진 않다고 생각했다. 오전 이맘때면 치과의사도 대체로 환자가 밀려 시간이 지연되곤 했으니까 말이다. 대기실의 문을 연 나는 접수원의 표정에서 내가 올 시간이 아님을 곧 알게 되었다. "키어 선생님과 11시 약속이 있는데요"라고 말했더니 예약표를 본 그녀는 "그건 내일인데요"라고 말했다. "오늘이 10월 8일 아닌가요?"라고 묻자 그녀는 말했다. "아니요, 오늘은 7일 수요일입니다."

나는 하루를 앞서가고 있었다. 이번 주 초에 무언가로 인해 하루가 빗나갔던 나의 시간은 이제 이런 현실과의 충돌로 다시 제자리로 돌아올 수 있었다.

예기치 않은 자유시간이 생기자 나는 길가 카페로 들어가 카푸치노를 한 잔 주문했다. 그것을 마시는 동안 내가 24시간을 앞으로 간 정확한 순간이나 날짜를 기억해보려고 했다. 월요일이 어찌 된 연유인지 내겐 화요일 같던 것을 기억했다. 아마도 미묘하고 무의식적인 연상이 이런 시간지연을 일으킨 것 같다. 하지만 결국 우리가 시간을 어떻게 측정하느냐는 임의적인 것이라고 나는 생각했다. 우리는 하루에 40분의 시간을 서른여섯 번 가질 수도 있고, 한 주가 10일이 될 수도 있고, 우리 달력에 20개월이 있을 수도 있다. 임의적이지 아닌 것은 시간이, 중력이나 질량처럼 근원적인 수량이라는 것이다. 우리가 무엇을 하든, 어디를 가든, 우리는 1초당 1초의 비율로 미래로 미끄러져 가는 것이다.

3부

미래

12장

앞으로 다가올 것들

새벽 여명

미래는 이미 여기 있다. 단지 별로
고르게 분포되지 않았을 뿐이다.
－ **윌리엄 깁슨**

12

인디언 썸머가 어제 10월 한복판에 나타났다. 매미 몇 마리가 지난주의 추운 밤에도 살아남았는지 오후의 온기 속에서 8월처럼 활기차게 울어대고 있다. 지난 몇 주 동안 매미 울음소리를 못 들어서인지 그들의 쉰 울음소리에는 그리움이 묻어 있는 듯, 마치 여름이 부르는 백조의 노래 같았다. 오늘 아침 조깅을 하면서는 저 멀리 나이아가라폭포의 깃털 같은 수증기가 보이지 않았다. 공기가 미세한 푸른 안개로 가득 찼기 때문이다. 하늘에서 색소가 벗겨져 분가루처럼 떨어진 것 같았고, 그로 인해 먼 풍경은 인상파 그림처럼 푸르고도 불분명했다. 이런 푸른 안개는 도시뿐 아니라 시골에서도, 멀리 애팔래치아산맥에서까지도, 전에 본 적이 있다. 그것은 오염이 아니라 수백 개의 산불에서 나는 연기다.

나는 그것을 시간의 증기라고 생각하고 싶다. 마치 평소엔 보이지 않는 시간이 진해져서는 이런 미립자 안개로 자신을 드러내는 것 같다. 이렇게 안개 긴 가을 오후면 향수 어린, 조금은 최면에 걸린 듯한 기분이 든다. 이런 오후엔 유령들과 놀다가 립밴윙클이 잠들어버린 캣스킬 산의 가을날 오후가 생각난다. 아마도 그가 잠이 든 것은 그가 마신 마법의 술에 취해서가 아니라, 산 공기를 통해 너무나 많은 시간 증기를 들이마신 결과일 것이다. 혼수상태에 빠진 사람이, 적어도 그의 관점에서는 미래에서 깨어난 것처럼, 립밴윙클은 혁명으로 뒤바뀐 세상에서 잠이 깨었던 것이다. 단 20년 만에 그런 변화가 일어나리라고 누가 예측이나 했겠는가?

* * *

요기 베라가 한때 풍자했듯, "예측하는 것, 특히 미래에 대한 예측을 하는 것은 힘든 일이다". 미래는 가장 보수적인 예측에도 커브볼을 던지는 경향이 있고, 그 결과 예고의 역사는 실패한 예언으로 점철되어 있다. 우리는 챔버레인Arthur Neville Chamberlain(1869~1940)[1] 수상이 히틀러와 불운한 조약을 조인하면서 '우리 시대의 평화'를 선언하는 역설을 되돌아볼 수 있다. 그래도

---

1 유화정책을 펴던 영국의 챔버레인 수상은 1938년 히틀러가 체코슬로바키아의 국경을 새로 정하는 것에 대해 협상한다면 전쟁은 피할 수 있다고 한 거짓말에 속아 뮌헨 조약을 체결하고 '우리 시대의 평화'라는 문서를 들고 귀국했지만 히틀러는 결국 이를 지키지 않고 2차 대전을 일으켰다.

모든 예측이 다 틀리는 것은 아니고 실로 일기예보는, 비록 장기 예보는 지금도 때로 불확실하긴 하지만 서서히 향상되는 것 같다. 오늘 나온 주간 일기예보에 의하면 이번 주말에 서리가 내릴 예정이란다. 그래서 나는 온실에 전화해서 야자수를 실어가 월동시켜달라고 했다.

미래를 계획하는 것은 존재의 기본조건이다. 우리는 주택 융자금을 25년간 갚고, 휴가를 계획하고, 6개월밖에 안 된 아기의 대학교육 보험을 든다. 심지어 우리의 비존재(죽음)를 위한 계획도 세운다. 패러독스이긴 하지만, 아마도 이것이 우리가 시간과 가지는 추상적 관계를 가장 명백하게 말해주는 증거라 할 수 있다. 모든 생명은 비록 우리처럼 추상적이지 않다 해도 미래를 대비한다. 식물은 항상 미리 생각한다. 나의 철쭉은 이미 내년에 피울 꽃봉오리를 만들었다. 공원의 마로니에 열매도 익었고, 가지에는 수백 개의 공 모양의 가시 돋친 녹색 열매가 달려 있고, 열매마다 벌어진 틈으로 두 개의 알밤이 보이는데, 마치 잘 다듬은 나무 정동석[2]이 미래의 나무를 각각 안에 품은 채 배를 맞대고 있는 것처럼 보였다. 다람쥐는 우리 집 뜰에, 심지어 차고에까지 검은 호도를 쌓아 감추어둔다. 장작더미 속에 녀석들이 열심히 숨긴 호도를 나는 계속 발견한다.

지난 4월 비 오던 날, 나는 출판사에 가서 내 책의 출판 일정을

---

2 정동석은 크기와 모양이 타조알 비슷한 사암 덩어리인데 그것을 다이아몬드 연마기로 자르면 그 안에 반짝이는 수정이 가득 들어 있는 아름다운 보석이다.

상의할 때 2월까지는 교정쇄를 내기로 합의했었다. 물론 내가 9월까지 초고를 보내준다면 말이다. 그런데 벌써 11월이 다 됐는데 나는 아직도 원고를 쓰고 있다. 나의 출판사가 혹시 인내심을 잃는다면, 나는 아인슈타인의 다음 말을 인용할지도 모른다. "과거, 현재, 미래의 구분은 단지 착각일 뿐이다. 비록 질긴 착각이긴 해도."

* * *

대부분의 과학자들이 과학적으로 알 수 없는 것에 대단한 회의를 보이는 반면, 물리학자들은 눈도 깜짝 않은 채 과거, 현재, 미래가 동시에 존재한다고 주장한다. 세 개 영역의 시간 구분이 모호하다는 아인슈타인Albert Einstein(1879~1955)의 말은 그가 그의 친구이며 동료였던 헤르만 바일Hermann Weyl(1885~1955)의 미망인을 위로하기 위해 쓴 편지에서 인용한 것이다. 아인슈타인 자신도 당시 죽음을 몇 주 앞두고 있었으며, 현재의 문제와 씨름하고 있었다. 철학자 카르나프Rudolf Carnap(1891~1970)와의 대화에서 그는 "지금에는 무언가 본질적인 것"이 있다며 그 본질적 핵심은 "과학의 영역 바로 외곽에" 있다고 말했다. 바일의 미망인에게 그는 그녀의 남편이 시간 풍경의 어딘가에서 여전히 살아 있으며, 언제나 살고 있으리라고 말하고 있는 것 같다. 그는 그것이 가능하다는 것을 알고 있었다.

하지만 만약 시간 풍경이 실로 존재한다면, 그것은 시간의 일방향 흐름에 의해 지배되는 것으로 보이고 그 흐름, '지금'의 그 흐름은 초당 10억의 10억의 펨토초로 엄청나게 빠르다. 어떻게 무언가가 과거에서 미래를 향해 그런 병목을 건너갈 것인가? 이상하게도 그 것이 일어날 가망성은 희박하다. 몇 명의 과학자들, 가장 두드러지 게는 윌리엄 언러William Unruh(브리티시컬럼비아 대학 물리학 교수), 시어도어 재콥슨Theodore Jacobson(매릴랜드 대학 물리학 교수), 르 노 파렌티니Renaud Parentini(오르세이 이론물리연구소)는 시공간이 액체처럼 행동한다는 연구결과를 발표했다. 그들은 특히, 블랙홀이 물리학의 일반법칙에 위배되기 때문에 블랙홀에 관심을 가지고 있 다. 심지어 세상에서 가장 빠른 존재인 빛도 블랙홀의 괴물 같은 중 력에 빨려 들어간다. 그럼에도 불구하고 이전에 말했듯이 호킹 복 사라고 알려진 현상에서는 작은 수의 광자가 그것들을 빨아들인 에너지에 밀려 블랙홀을 빠져나간다.

재콥슨과 파렌티니는 호킹 복사가 어떤 비범한 일이 일어날 수 있다는 증거라고 믿었고, 시공간을 가로지르는 파문이 속도가 충 분하다면 신속하게 흐르는 매체를 타고 상류로 올라갈 수 있다고 믿었다. 이는 마치 강물 속에 정지되어 있는 바위가 그 주변에 흐름 에 역행하는 일련의 상향 물결을 만드는 것과 유사하다. 이 이론에 서 명시적으로 설명되진 않았지만 암시하는 바는 아마도 시간의 흐 름 자체가 비록 엄청나게 빠르긴 해도 유사한 종류의 파문을 '상류 로' 소급하여 전달할 수 있으리라는 것이다. 만약 대부분의 물리학 자들이 믿듯이, 시간 풍경 안에서 미래가 현재, 과거와 함께 이미 존 재한다면, 아마도 미래에 충분히 큰 규모의 사건이 일어난다면 미래로 가는 시간의 엔트로피 흐름에 거슬러 뒤쪽으로 파문을 보낼 수 있을지도 모른다. 그런 파문이 어떤 형태를 띠게 될지, 또는 그것들이 감지될 수나 있는지는 추측에 맡겨야겠지만, 적어도 일종의 물리적 예지의 기전은 제공해주는 것 같다.

* * *

많은 철학자들이 미래가 과거에 영향을 미친다는 생각을 좀 더 실용적인 측면에서 숙고했다. 아리스토텔레스는 엔텔러키entelechy[3]의 개념, 다시 말해서 인간이나 사물의 본질의 모든 가능성이 실현되는 정점을 최초로 제창한 사람이다. 사람이나 사물은 그 엔텔러키를 향해 나아가고 그에 의해 영향을 받는다. 엔텔러키는 목적론[4]과 비슷하다. 어떤 성향과 목적, 방향의 끝에 놓여 있는 것, 즉 최후의 동기의 원리다. 다시 말해서 수단의 목적이다. 좀 더 최근에는 레이 커즈웨일Raymond Kurzweil(1948~)을 포함한 기술적 기질의 사상가들이 미래 특이점을 말했는데, 이는 인간으로 사는 것은 무엇을 의미하는지를 바꾸어놓을 기술 진화에 있어 결정적 분수령이라 할 만하다. 일부는 이 특이점이 (블랙홀 용어에서 빌려온 말로 보인다) 최초의 복제자, 즉 다른 나노봇을 만들 수 있는 극미의 나노봇이

---

3 아리스토텔레스는 모든 것엔 완전한 상태가 있어서 그것으로 향해 나아가는 것이라고 생각하였는데, 그 완전히 실현된 행위가 엔텔러키다.
4 윤리학에서 옳고 그름은 행동하는 목적의 선악善惡에 있다고 생각하는 입장.

창조될 때 도래한다고 한다. 또 일부는 특이점이 인공지능의 도래와 함께 오리라고 한다.

흥미롭게도 이들 중 다수가 미래에 이 특이점을 일종의 엔텔러키적 장場 또는 목적론적 장이 둘러쌀 것이라고 확신한다. 그들에게 있어 우리의 현시대는 돌이킬 수 없이 특이점으로 수렴하고 있으며, 더욱이 특이점은 매우 거대해서 시간에 역방향으로, 즉 미래에서 현재를 통하여 과거로 그림자를 던진다. 시인 셸리는 1821년 저서 《시의 변명A Defence of Poetry》에서 같은 선상의 사고를 보여주었다. "시인은 이해되지 않은 영감의 대변자이고, 후세가 현재에 던지는 거대한 그림자의 거울이다." 내 생각에 이 특이점은 모든 인류에게 다 확대된다는 것만 제외하면, 명시적 운명과 그리 달라 보이지 않는다. 만약 당신이 특이점이라는 개념에 나처럼 매혹되었다면 이런 이론가들을 신뢰해야 한다. 하지만 유념할 것은 과학자들이 사태를 매우 잘못 파악한 적이 과거에도 있었다는 것이다.

빅토리아 시대는 20세기에 이룰 업적의 기반을 구축한 과학의 황금시대였지만 이들의 두려움 모르는 열의가 또한 후에 극적인 오류로 판명될 주장을 제기하기도 했다. 1874년 영국의 가장 저명한 외과의 중 하나인 에릭슨경Sir J. E. Erichsen은 이렇게 말했다. "복부, 가슴 그리고 뇌는 현명하고 인간적인 외과의라면 영원히 수술할 수 없다." 당시 신경수술이나 심장 이식을 누가 예측할 수 있었겠는가?

에릭슨의 선언이 있은 지 20년 후, 광속을 측정한 과학자들 중 하나인 앨버트 미켈슨Albert Abraham Michelson(1852~1931)[5]은 물리학의 종말을 선언했다. "대부분의 근본적 대원리는 이미 확립된 것으로 보인다"라고 말한 미켈슨은 이어 켈빈경의 말을 인용하여 이렇게 말했다. "미래 자연과학의 진리는 소수점 이하 6자리에서 찾아야만 할 것이다." 다시 말해서 당신이 젊은 과학도라면 물리학 학위를 받으려 애쓰지 말라. 거기엔 더 이상 아무것도 발견할 것이 남아 있지 않다는 것이다. 미켈슨의 설익은 선언이 있은 지 20년도 채 안되어 X레이, 방사능 및 상대성이 발견되었다.

그리고 나서도 저명한 과학자들은 여전히 특정 가능성이 영원히 닫혀버렸다는 예언을 했다. 1932년 아인슈타인은 말했다. "핵에너지를 얻을 수 있다는 증거는 조금도 없다." 10년 후 시카고 대학의 스쿼시 코트 밑 지하에서 엔리코 페르미(Enrico Fermi, 1901~1954)는 세계 최초의 원자로를 가동했다(하지만 아인슈타인은 여전히 최후의 승자가 된다. 적어도 허위 예언에 있어선 말이다. 그의 고등학교 은사는 한때 아인슈타인의 아버지에게 이렇게 말했다. "이 학생이 무슨 일을 하든 마찬가지예요. 절대로 어떤 발전도 하지 못할 겁니다").

현대 과학자들은 알 것은 다 알았다고 말하는 실수는 절대 하지 않을 것이다. 반대로 그들은 랠프 삭맨Ralph Washington

5 미국의 물리학자로 광속을 측정하고 미켈슨-몰리 실험으로 유명하다. 1907년 노벨상을 수상한 최초의 미국인이다.

Sockman(1889~1970)[6]는 다음 금언을 반복한다. "지식의 섬이 더 클수록 불가사의의 해안도 그만큼 더 길다." 빅토리아인들처럼 그들도 과학의 궁극적 힘을 믿지만 동시에 그들은 과학이 전혀 끝나지 않았음을 안다. 과학은 새로운 세계를 드러내고 경이를 창조하는 무한한 능력을 가진 것으로 보인다. 물론 과학자들은 자신의 예측이 맞을 확률이 매우 확실치 않다는 사실을 깨닫고 있는 지금도, 계속하여 예측할 것이다.

* * *

스탠리 큐브릭 감독은 영화 〈2001 스페이스 오디세이〉를 제작하면서 2001년이면 달이 식민지가 되고 민간우주선이 달과 지구 사이를 정기적으로 운행하리라던 아더 클라크Sir Arthur Charles Clarke, CBE(1917~2008)[7]의 말을 전제로 했다. 1969년 달 탐험은 초기단계였다. 하지만 미래는 과거와 같지 않았다. 클라크는 후에 그의 2001년을 10년 뒤로 연기했고, 우주인이 화성에 착륙하는 날도 NASA의

6 뉴욕의 감리교회 목사. NBC 라디오 프로그램 '전국 라디오 설교단'에 매주 게스트로 출연하여 팬레터를 4,000통씩 받는 라디오 설교자가 되었고 타임지는 그를 '미국 최고의 개신교 목사'라고 불렀다. 1950년 뉴욕 유니온 신학대학의 실천신학 부교수가 되었고 그의 설교집이 다수 출판되었다.

7 영국의 공상과학소설가, 발명가, 미래학자. 《2001년 스페이스 오디세이》를 스탠리 큐브릭 감독과 함께 저술했다. 2차 대전 중 영국공군에 근무하며 위성통신시스템을 개발해 훈장을 받았다. 1961년 유네스코-칼링가 대중과학상 수상했으며, 1956년 스쿠바다이빙을 즐기려 스리랑카로 이민했다. 1989년 영국 CBE 기사작위 수여, 2005년 스리랑카 최고의 명예 훈장 'Sri Lankabhimanya' 수상했다.

예측보다 9년 빠른 2021년이 될 것이라 했다.

달 기지 건설과 화성 착륙의 업적을 능가하는, 적어도 공학적 규모에 있어서는 능가하는 미래 프로젝트가 바로 우주엘리베이터 space elevator다. 정지궤도[8]에서 조립하는 견고한 튜브로 구성되어 있는 이 엘리베이터는 중력과 원심력을 상쇄하기 위해 하부를 향해 내려오는 건설과 상부를 향해 올라가는 건설을 동시에 진행하는데, 매우 가능한 구조이다. 이 엘리베이터가 완성되면 승객들은 그저 그 튜브를 타고 우주로 올라갈 수 있다. 2004년 과학연구소 소장인 브래들리 에드워즈Bradley C. Edwards는 그런 우주엘리베이터가 2020년까지는 출현하리라고 내다보았다. 하지만 아더 클라크는 그 생각을 풍자적으로 비꼬았다. "우주엘리베이터는 모든 사람이 조롱의 웃음을 멈춘 지 10년 후에나 건설될 것이다."

로봇의 등장 역시 많은 미래학자들의 예언에 불을 당겼다. 2003년 "사물은 어떻게 작동하는가How Stuff Works"라는 웹사이트를 창조한 마셜 브레인Marshall Brain은 2030년이면 로봇이 대부분의 육체노동에 있어 인간 수준의 기술을 달성하리라고 예상했다. 아이로 봇iRobot 주식회사 회장 헬렌 그라이너Helen Greiner는 좀 더 늦은 2034년으로 예상했다. 1997년 매년 로보컵RoboCup 축구대회를 개최하는 컴퓨터 과학자들은 2050년이면 로봇팀이 세계 챔피언 인간

---

8 적도면의 원궤도는 지구의 자전주기와 동일하여 지표에 대해 상대적으로 정지한 것으로 보인다. 실용위성은 이 궤도를 사용하며, 항상 제자리에 위치하는 것처럼 보여 위성을 따로 추적할 필요가 없으며 1일 24시간 연속통신이 가능하다.

팀을 이기리라고 자신 있게 주장했다.

물론 로봇이 더욱 복잡해짐에 따라 그들의 지능도 인간에 육박할 것이다. 많은 컴퓨터 과학자들과 공상과학소설 작가들은 인공지능이 불가피하다고 믿는다. 2001년 아더 클라크는 인공지능AI이 2020년까지는 이룩되리라고 예측했다. 레이 커즈웨일은 그보다 일년 앞선 2019년으로, 그리고 인간 의식이 얼마나 복잡한지 잘 알만한 위치에 있는 컴퓨터 과학자이며 수학자인 한스 모라벡Hans Moravec(1948~ ; 미국 카네기-멜론대 로봇공학연구소 소장)은 2050년이라고 주장했다.

연구개발 분야에서 가장 급상승하고 있는 분야인 나노기술은 전적으로 새로운 개척지로서, 엑스레이와 방사능처럼 20~30년 전에는 상상도 못했던 그런 기술이다. 나노기술의 성배(자신을 복제할 수 있는 세포 하나 크기의 프로그램할 수 있는 로봇의 건설)는 그 도래에 있어 다양한 예측을 끌어 모으고 있다. 2001년 아더 클라크는 그 실현을 2040년으로 예측했고, 미 육군의 미래병사 프로젝트는 최근 2020년까지 전투복에 나노기계를 삽입하여 방호복이 방탄이 되고, 생화학 무기를 걸러 내며, 심지어 상처도 치료할 수 있게 할 것이라고 발표했다. 그리고 공식적으로 클라크 역시 공룡의 클론 탄생이 2023년이면 성공하리라고 예언했다.

* * *

　이런 경이가 정확히 언제 실현될지, 또는 심지어 실현되기는 할지 누가 알겠는가? 나는 1960년대 뉴스에서 사람들이 제트팩[9]을 매고 나는 것을 보았으며, 그때 해설자는 10년 내로 이것이 자동차처럼 상용화될 것이라 했다. 미래는 알 수 없는 것이다. 특히 기술의 채택에 있어서는. 가상현실에서 미래 냄새가 난다 해도, 누가 사이버 멀미[10]를 예측할 수 있었겠는가? 우리가 전혀 예측하지 못했던 발명들이 최대의 발명으로 입증되곤 한다. 인터넷이 도래하기 10년 전 그것이 이렇게 확산되리라고 짐작한 사람은 거의 없을 것이다. 그리고 기술은 계속하여 가속되는 속도로, 때론 압도적인 속도로 신발명품을 우리 앞에 쏟아낸다. 당신이 미래에 적응을 하든지, 아니면 그것의 피해자가 되든지 둘 중 하나밖에 없는 듯하다. 과학조차도 그 안에 무엇을 담고 있는지 우리에게 말해줄 수 없다. 물론 노력을 하지 않아서는 아니다.

　18~19세기에 걸친 과학 르네상스시대에 위대한 수학자 중 하나

---

9 등에 배낭처럼 메는 개인용 분사 추진기로서 우주 유영 등에 사용함. 미 국방성이 등에 짊어질 수 있는 개인 강하용 장비로 개발했으며 1984년 LA 올림픽 개막식 행사에서 경기장 밖에서 제트팩을 맨 사람이 날아와 경기장 한가운데 안착하는 모습을 선보였다.

10 컴퓨터를 장시간 사용함으로 인해 생기는 메스꺼움, 구토 증세로서 가상환경에서 시각 기관으로 들어오는 정보와 몸의 평형감각을 주관하는 전정기관으로 들어오는 정보가 불일치하기 때문에 발생한다고 한다.

인 라플라스Pierre-Simon de Laplace(1749~1827)[11]는 과학과 수학이 종국에는 미래를 완벽하게 예언할 수 있을 것이라고 추측했다. 19세기 초반 저술한 논문 〈확률의 분석이론Theories analytique des probabilities〉에서 그는 다음과 같이 설명했다.

만약 한 순간, 어떤 지성체가 자연을 움직이는 모든 힘들과 그 자연을 구성하는 모든 존재들의 위치를 이해할 수 있다면, 더욱이 지성이 매우 광대하여 이 정보들을 분석할 수 있다면, 그것은 한 공식에 우주의 가장 큰 몸체의 움직임과 가장 작은 원자의 움직임을 다 포용할 것이다. 그 지성체에게 불확한 것은 전혀 없을 것이다. 미래는 과거처럼 그의 눈앞에 보일 것이다.

라플라스는 과학 합리주의가 가진 오만의 절정을 피력하고 있는 것이다. 이 구절에서 그는 신과 같은 지성체가, 과거와 현재의 철저한 데이터가 주어졌을 때, 미래를 계산해낼 수 있음을 상상했다. 그 것은 우아한 공식들이 황금분할의 완벽한 조화에 필적하는 뉴턴과 데카르트의 이상주의를 대변한다. 하지만 이후 우주는 좀 더 이상하고 좀 더 거친 장소가 되어 버린다. 이제 세 번째 천년이 시작되는 시점에서 과학자들은 이전처럼 대담한 선언을 하기보다는 고도로

---

11 프랑스의 과학자로서 '프랑스판 뉴턴'으로 불리며 천체역학과 물리학에 업적을 남겼다. 인간적으로는 '실용적 철새'라 불리며 변절자의 상징으로도 손꼽힌다. 자료만 충분하다면 별자리 운행을 예측하듯이 미래를 내다볼 수 있다는 이론을 펼치며 '신은 더 이상 필요없다'고 호언했다. 무한한 자료와 고도의 계산능력을 지닌 초지성체는 요즘도 '라플라스의 악마 Laplace's demon'로 불린다.

합리적인 추측을 한다. 쿠르트 괴델Kurt Godel(1906~1978)[12]의 '불완전성 정리'는 20세기 중반 '절대 지식'이라는 범선의 돛에서 바람을 앗아갔다. 몇 십 년 후 카오스이론의 과학자들이 등장했고, 그중에는 작은 사건이 재앙적 결과를 가져올 수 있다는 '나비효과'를 발견한 에드워드 로렌츠Edward Norton Lorenz(1917~2008)도 있다. 결국 원자든 별이든, 다른 그 무엇이든 많은 개체의 행동을 정확하고 절대적으로 예측한다는 것은 적어도 구체적 차원에서는 불가능하다는 것이 판명되었다.

만약 한 전지적 과학자가 있어 하나의 우주에 완전히 접근하여 시간을 멈출 수 있다면, 그리고 그 과학자가 라플라스의 가설적 지성체처럼 그의 우주 안에 있는 모든 입자들의 위치를 등록할 수 있는 엄청난 슈퍼컴퓨터가 있어 모든 원자 전자, 쿼크의 미래 궤도를 계산할 수 있다면, 그 우주가 재가동될 때 무슨 일이 일어날까? 카오스이론에 의하면 우주가 그의 계산에 1초, 아마도 2초 정도 복종하기도 전에 예기치 못한 난류가 들이닥칠 것이다. 우리의 지식이 아무리 완벽하다 해도, 또는 우리의 계산이 아무리 완전한 예측을 한다 해도 궁극적으로 우리는 그렇게 넓은 영역에서 일어날 일을 1~2초 정도밖에 예언할 수 없다. 시간은 그런 결정론적 시스템에

---

12 오스트리아 태생의 미국 수학자, 논리학자. 당시 수학자들은 하나의 논리체계로 완벽한 수학적 구조를 완성하겠다는 궁극적 꿈을 가지고 있었는데 1931년 거의 무명이라 할 수 있는 괴델이 등장해 어떤 수학 체계 내에서도 그 체계를 구성하는 공리와 법칙으로는 참과 거짓을 증명할 수 없는 가정이 항상 존재한다는 것을 증명해 그 꿈을 짓밟았다. 이후 '불완전성 정리'로 알려지게 된 이 이론은 현대수학과 논리학 연구에 빠지지 않고 등장하게 되었다.

서 난류에 해당한다. 그것은 임의성을 도입한다. 우리는 우주의 일반적 그림을 알 수는 있지만, 심지어 우주의 궁극적 운명도 절대적으로 확실하게 예언할 수는 있지만, 그 과정에서 무슨 일이 일어날지는 알 수가 없다.

새벽 여명

나의 야자수가 어제 오후 실려갔다. 두 명의 남자가 화분을 들고는 차고문으로 나가 하얀 트럭에 실었다. 나는 그들을 따라가며 잎이 문간에 부딪혀 찢어지지 않도록 옆에서 거들었다. 주차된 트럭에는 이미 다른 열대식물 화분들이 들어차 있었다. 만데빌라 덩굴, 하이비스커스 관목, 부겐빌레아. 공격이 있기 전에 마을에서 대피하는 난민들처럼 빼곡히 들어서 있었다. 그 시기는 딱 맞았음이 판명되었다. 지난 밤 죽음의 서리의 공격이 일어난 것이다. 이른 저녁 잔디밭에 얼음 결정들이 반짝이기 시작하자 나는 바질 위에 가느다란 나뭇대를 세우고 비닐을 씌워서 임시 온실을 만들어주었다. 하지만 오늘 아침, 그런 예방조치에도 불구하고 일부 이파리들이 시든 것을 발견했다. 바나나나무는 참담했다. 내려앉은 잎들에는 커다란 갈색 반점들이 박혀 있었다.

오늘 오후엔 햇살이 있었지만 기온은 차가웠다. 10월 말의 태양은 너무 낮아 나의 살갗을 따스하게 해주지 못했다. 동네의 나무들 대부분은 잎을 떨구었는데, 다만 길 건너 집에 있는 커다란 버드나무만이 마치 여름의 마지막 자락을 우거진 잎새 깊숙히 숨겨 보호하고 있는 듯, 녹색을 간직하고 있었다. 나는 재킷을 걸치고는 공원으로 걸어 나갔다. 공기는 마른 잎의 냄새가 배어 있었고, 희미하지만 취할 듯한 잎 연기의 존재도 느껴졌다. 청동빛 오크나무 잎이 여러 집 앞 거리에 수북이 쌓여 있었다. 한 더미 낙엽에 손을 넣어 섞다가 나는 눈송이와 마찬가지로 오크 잎도 다 모양이 다르다는 것을 깨달았다. 어떤 집에는 앞 베란다 기둥과 난간에 두꺼운 인조 거미줄을 걸며 할로윈[13] 장식을 하는 남자가 있었다. 그 옆집에서는 계단에 선명한 오렌지색 호박들을 크기대로 점진적으로 배열해놓았다. 맨 아래에는 농구공만 한 것을 놓고, 맨 위에는 테니스공만 한 것을 놓았다. 그 호박들은 시각적 착각을 일으켜 그의 계단이 실제보다 더 깊고 길어 보이게 했다.

공원에서는 개들이 주인이 던진 공과 막대를 쫓아 뛰어다니고, 아이들은 작은 놀이터에서 고함을 치며 놀았다. 나무마다 다 아래쪽에 갈색 잎이 둥그렇게 소복이 쌓여 있었다. 비록 오후 5시였지만 햇빛은 이미 사라지고 있었다. 오늘밤 우리는 시계를 한 시간 뒤로 맞출 것이다. 이후 며칠간 사람들은 정적인 시차병(우리 시계의

---

13 오래전 켈트족은 10월 31일에 겨울이 시작되어 죽음의 신이 지배한다고 믿었다. 그래서 죽음의 신을 위로하고 새로 맞이할 태양신을 찬양하는 축제를 올렸다. 호박을 조각하고 촛불을 넣어 만드는 호박 등불은 죽음의 신과 태양신을 공히 상징한다. 북미에서는 이날 저녁 어린이들이 다양한 가장의상을 입고 집집마다 다니며, "사탕 하나 주면 장난 안치지! trick or treat"를 외치며 사탕을 모으는 민속놀이가 있다.

추상화가 가져온 직접적이고 물리적인 영향)을 앓을 것이다. 월요일 아침 러시아워에는 평소보다 몇 건 더 많은 교통사고가 일어날 것이다. 하지만 그것은 그저 일광절약 시간제가 끝나는 것이 아니다. 이맘때면 우울이 더 빨리 엄습한다. 태양 주위를 도는 지구의 궤도가 지구의 경사와 맞물려 낮이 자꾸만 짧아지고, 가을 중반이면 어둠의 침입이 가속화되기 때문이다.

집으로 돌아오는 길에 나는 모퉁이의 작은 식품점에서 호박을 사서는 어깨에 짊어지고 왔다. 나는 할로윈이 좋다. 북아메리카 문화에서 몇 안 되는 비종교적인, 밤의 축제이기 때문이다. 하지만 이날 밤 아이들이 집집마다 다니며 사탕을 받는 동안, 상점의 점원들은 자정이 넘도록 다음 날 문을 열 때 손님들에게 보여줄 쇼윈도에 크리스마스 장식을 하느라 여념이 없다. 소매 경제는 늘 주기적 달력을 가지고 있었지만, 요즘은 그 날짜가 점점 더 앞당겨지는 것 같다. 패션 디자이너는 시즌 상품을 6개월 앞당겨 출시한다. 잡지들은 상점과 우편함에 적어도 한 달은 미리 도착하고, 표지에 박힌 달이 돌아왔을 즈음엔 이미 진열대에서 사라진다. 하지만 미래는 가두어둘 수가 없다. 그것은 자기만의 계획을 가지고 있다.

* * *

미래는 가능성을 열어준다. 무엇이든 일어날 수 있다. 운석이 하늘에서 떨어져 공원 옆길 한가운데 착륙할 수도 있다. 남아프리카의 가난한 노동자가 시골길에서 거대한 다이아몬드를 주워 삶이 영원히 바뀔 수도 있다. 미래라는 가능성의 장 역시 환상幻想의 휴한지休閑地다. 우리는 그것에 사로잡혀 살아간다. 시인 라이너 마리아 릴케는 말했다. "미래는 우리 안에 있는 미래 자신을 변화시키기 위하여, 미래가 도래하기 훨씬 전에 우리 안으로 들어온다."

깊은 과거가 있는 것처럼 깊은 미래도 있다. 그것은 인간 운명의 관점에서 볼 때 개인의 이해를 넘어선 것이다. 하나의 종으로서 우리는 이제 막 시작하고 있다. 웰즈는 《미래의 발견The Discovery of the Future》에서 다음 구절을 쓸 때 우리의 운명을 어렴풋이 눈치 채고 있었다. "과거는 시작의 시작에 불과하며, 지금 존재하는 모든 것과 지금까지 존재한 모든 것은 다 새벽의 여명에 불과하다." 그것은 실로 우리에게 시간이 얼마나 있는지의 문제이고, 우주학자들에 의하면 이 우주에는 수십억의 수십억 년이 아직 남아 있다고 한다. 세상의 모든 시간이 말이다.

* * *

오늘, 10월 31일에 나는 모란과 장식화초들의 죽은 가지를 잘라 냈다. 이제 뜰에는 맨땅만 남았다. 잡초마저도 시들고 말라버렸다. 이제 남아 있는 녹색이라곤 잔디의 깊은 에메랄드빛 그리고 대나무의 청록빛, 철쭉의 어두운 황녹색 그리고 부엌 창 아래 있는 유카의 연녹색뿐이다.

점심 후 나는 밖에 앉아 날이 얇은 칼로 호박을 조각했다. 매년 나는 같은 디자인을 만든다. 웃음 짓는 넓은 악마의 머리 위쪽은 불꽃이 타오르고 있다. 이렇게 하면 안에 있는 주황색 촛불과 잘 어우러진다. 사탕을 얻으러 오는 어린이들한테 칭찬도 받았다. 작년 한 소녀는 "아저씨 호박은 멋있어요"라고 했다. 나는 땅거미가 질 무렵 현관문 옆에 사탕바구니를 놓았다. 이제 자기 몸보다 훨씬 큰 가장의상을 입고 두세 살배기들이 나타날 때다. 밤이 깊어짐에 따라 방문객의 나이는 점점 올라가 10~11시경이 되면 십대들이 임시변통으로 뚝딱 만든 옷을 입고 나타나서는 남아 있는 사탕을 쓸어 갈 것이다. 나의 호박은 계속 심술궂게 빛나다가 자정이 넘은 언젠가 안의 촛불이 다할 때 꺼질 것이다.

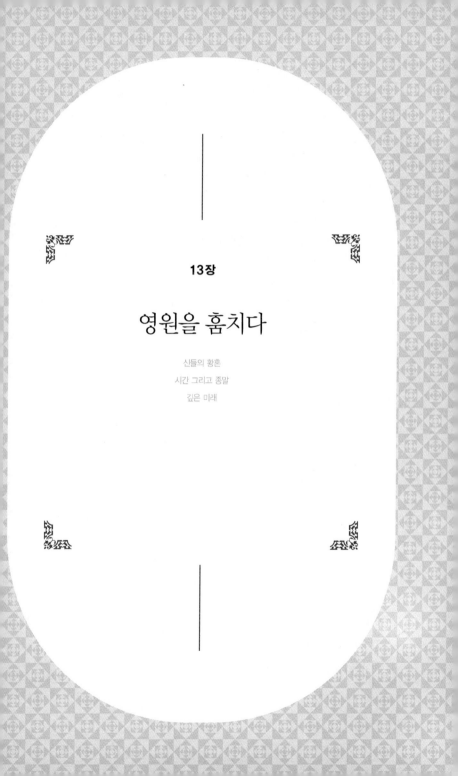

13장

영원을 훔치다

신들의 황혼
시간 그리고 종말
깊은 미래

세월은 쏜살같이 흘러 되돌릴 수 없고
화창한 아침의 정적은 장엄하여라.
내 봄 옷 차려입고
동산東山의 비탈에 나가 보리.
계곡물 옆으로 엷은 안개가 끼어
잠시 머물다가, 흩어져버렸네.
바람이 남쪽에서 불어와
새로 자란 옥수수 잎들을 어루만지네.

– 도연명

13

1986년 옥스퍼드 대학의 우주학자 두 명, 존 배로우John D. Barrow 및 프랭크 티플러Frank Tippler는 《인본적 우주론 원리The Anthropic Cosmological Principle》라는 놀라운 책을 출판했다. 706페이지에 달하는 고심에 찬 연구 속에서 그들은, 이상하고도 경이로운 방식으로 지구 상의 생명의 운명은 우주의 생명의 운명과 본질적으로 연결되어 있다고 주장하며 다음과 같이 말했다. "생물학적 진화의 가능성이 우주의 총체적 구조에 강하게 의존한다는 깨달음은 진실로 놀라운 것이었으며, 아마도 생명의 존재가 우주 자체의 존재보다 더 훌륭하지도 더 못하지도 않음을 고찰하게 했다."

우리가 여기 존재하는 것은 우연이 아닌 것 같다. 우주의 기본 요소들 중 하나라도 달랐다면 인간의 생명은 발생하지 않았으리라고 티플러와 배로우는 말한다. 그들은 여기서 한 걸음 더 들어간다. 이런 극히 작은 구속력들―빛과 중력 같은 기본적 힘들 사이의 정확한 상대성 및 특정 원소들의 이용 가능성―때문에 지능을 가진 생명체, 특히 인간 생명체가 불가피했음을 그들은 논증했다. 비록 통계수치는 인간 생명이 발생했다는 것에 반대되는 주장을 하는 것처럼 보임에도 불구하고 그들은 그렇게 설명했다. 대수학에 의하면 인간 생명이 필연적인 곳은 이 우주에 딱 한 곳(아마도 두 곳까지는 가능하다)뿐이다. 원자폭탄에서 별의 구조까지 배로우와 티플러가 본 모든 것은 한 방향을 가리키고 있었다. 불가사의하게 소름이 오싹 끼치도록 모든 것이 우리 지구에 한 종류의 탄소기반 생명체―우리 자신들―를 창조하도록 맞추어져 있었다. 우주는 우리를 위해 존재한다고 그 확률은 제안한다.

시간 역시 이 놀라운 수렴에 역할을 한 것으로 보인다. 이것이 우리가 존재할 수 있는 유일한 우주였을 뿐 아니라 이것이 유일하게 가능한 시간이기도 하다. 그들은 다음과 같이 말했다. "생명의 구성요소를 건설하기에 충분한 시간이 존재하려면 우주는 적어도 100억 년은 되어야 하고, 따라서 우주 팽창의 결과, 최소한 그 크기가 100억광 년은 되어야 한다. 우리는 이 우주가 그렇게 큰 것에 놀라선 안 된다. 그보다 훨씬 작은 우주에는 천문학자가 존재할 수 없다." 이 말들은 그저 추측에 불과한 것이 아니라 원자로와 행성의 운동을 계산한 그런 정밀수학에 근거한 것이다.

같은 논리를 사용하여 티플러와 배로우는 수십억 년 미래를 내다보고 그것의 인본적 원리가 무엇일지 논리적 결론을 찾아보았다.

우주가 우리와 같은 지적생명체를 만들도록 '정해졌기' 때문에, 우주는 또한 우리의 진화단계마다 우리를 육성하도록 설계되었다고 그들은 주장했다. 따라서 우리의 기술과 지성이 진화함에 따라, 우리는 물질의 모든 구성요소가 모든 발전단계마다 우리에게 유용하게 될 것임을 알게 될 것이다. 마치 처음부터 그렇게 되기로 되었던 것처럼 말이다. 분명하다. 결국 생명은 확대되어 처음에는 우리 우주를 채울 것이고, 다음에는 '논리적으로 가능한 모든 우주'를 채울 것이다.

배로우와 티플러는 이런 범상치 않은 형태의 명시적 운명을 설명하는데 신을 거론하지 않았지만, 그들의 주장은 정확히 그런 종류의 믿음을 요한다(그런 주장은 과학이 신성의 개념에 다가갈 수 있는 최근접거리다). 하지만 그들은 우리의 전지력에 문제를 예견하긴 했다. 우리가 아무리 불사의 존재처럼 된다 해도 우리는 시간의 화살을 되돌릴 수 없을 것이다. 우주는 결국 끝이 난다. 그때 생명은 어떻게 될까?

* * *

지난주는 추웠고, 거의 겨울 같았다. 하늘이 맑은 밤에는 별이 얼음처럼 투명했다. 우주의 까만 부싯돌이 부딪쳐서 나는 불꽃같았다. 계절에 따른 별들의 행진은 안드로메다자리를 내가 6월에 보았던 지평선 바로 위에서 밀어올려 바로 머리 위로 가져다놓았다. 안드로메다자리의 띠 안에 안겨있는 것은 안드로메다 은하의 희미한 빛이다. 육안으로 볼 수 있는 유일한 은하라는 것 말고도 그것은 우리은하인 은하수의 거울상이다. 두 은하는 모두 나선형일 뿐만 아니라 서로에 비해 동일한 기울기를 가지고 있다. 안드로메다 은하의 한 행성에 있는 천문학자들이 은하수를 보면, 우리 천문학자들이 안드로메다 은하를 보는 것과 비슷해 보일 것이다. 그들은 공통의 중력 중심 주위를 회전하는 성운의 무희들로서, 초당 80킬로미터의 속도로 서로에게 접근한다. 20~30억 년 후면 안드로메다 은하는 우리의 하늘에 지금의 두 배 크기로 나타날 것이다.

이런 시간의 척도는 나 자신의 존재를 상대적으로 생각하게 한다. 그런 광대한 스케일은 나에게 영감을 주는 동시에 나를 안심시킨다. 물리학자 프리맨 다이슨Freeman John Dyson(1923~)이 저서 《모든 방향에서 무한하다Infinite in All Direction》에서 말했듯이 말이다. "별들 사이로 우리의 상상력이 방랑하다 보면 영원의 속삭임을 들을 수 있으리라." 낮에는 은하들이 보이는 창문이 잿빛 11월의 하늘(지평선에서 지평선까지 펼쳐지는 특색 없는 잿빛 평원)로 바뀐다. 지금은 모든 계절을 마감하는 때다. 헐벗은 나무들은 축제가 끝난 후 아직 해체하지 않은 조립무대처럼 보인다. 하지만 길 아래편 조지의 집 옆에 있는 노송은 변함없이 푸르다. 정수리는 낮게 밑으로 퍼지고, 긴 바늘잎은 두툼하게 모여 덩치를 이루고 있다. 늦은 오후의 햇빛을 받으면, 아무리 추운 겨울이라도, 기온에 관계없이 푸르른 아열대의 녹색을 찬란히 빛낸다.

* * *

　지상에서 내 삶의 달력으로 보면 계절은 현재까지 따라잡았다. 내게 첫눈은 빙하기와 우리 시대인 충적세의 시작을 상징한다. 구름 낀 11월의 오후에 비치는 그림자 없는 회색빛은 물 같기도 하고 약간은 냉정한 맛이 있다. 벗은 가지들, 여름 잎들의 무대를 받쳐주었던 그 아마추어들은 이제 몸을 다 드러냈다. 땅도 벌거벗었다. 빙하기는 인류가 아프리카에서 유럽으로 북방이동을 한 때다. 그들은 아마 지금의 풍경과 다르지 않은 초겨울의 지형 위로 떼 지어 이동했을 것이다. 황량한 11월의 풍경은 세상이 종말한 후의 정적을 담고 있다. 소나무처럼 몇 개 안 남은 녹색 섬만이 빛나고 있다. 내 눈은 거기 머물며 생명의 색에 대한 그들의 갈증을 만족시킨다.

　이번 주 초의 한 추운 오후에 나는 문밖 테라스 탁자 위에서 작은 나방들이 떼 지어 군무를 추는 것을 목격했다. 비록 기온은 빙점에서 몇 도 위였지만 그것은 짝짓기 비행이었다. 겨울이 오기 전에 생명의 마지막 변방에서 존재를 늘이고 있는 약하지만 내구력 있는 종이 거기서 여전히 퍼덕이고 있었다. 11월은 시간의 끝에 있는 달이다. 그리고 그것은 무시무종이다. 내 뜰의 사진은 11월에 찍었든, 12월, 3월, 4월초에 찍었든 똑같을 것이다. 더럽혀진 장미숲은 마지막 봉오리 하나를 남기고 있다. 며칠만 더 따스한 날이 온다면 그것은 꽃을 피우리라. 이 텅 빈 풍경에는 용맹성이 있다.

신들의 황혼

아마겟돈의 개념을 채택한 종교는 얼마 되지 않는다. 가장 두드러진 것은 심판의 날 교리를 가진 그리스도교이다. 하지만 대부분 사람들에게 심판의 날은 끝이 아니다. 잿더미 속에서 언제나 새로운 질서가 탄생한다. 진정한 숙명론은 단지 초기의 북유럽신화에만 존재했던 것 같다. 바이킹은 인간의 죽음뿐 아니라 우주의 죽음까지 다룬 믿음의 체계를 창조했다. 그들은 신들의 최후의 전쟁에서 우주가 파괴된다고 믿었다. 《귈피의 속임수The Gylfaginning》에 보면 그들의 신화는 우주의 운명에 대한 현재 우리 지식의 귀중한 선조라고 할 수 있다.

기억을 상기해보면, 《귈피의 속임수》에서 우주는 거대한 물푸레나무 위그드라실이나 세계수로 유형화된다. 북유럽 학자 매그너스 매그너슨Magnus Magnusson(1929~2007)은 《북부의 망치Hammer of the North》에서 말했다. "위그드라실은 우주의 구조를 하나로 묶어주는 살아 있는 존재며, 의식을 가진 존재다." 매그너슨은 이어 세계수가 겪은 '무서운 고통'을 묘사했다. "위그드라실은 세계의 위험한 상태를 반영한다. 처음부터 결점이 있고 저주받은 세계를."

위그드라실은 천상의 꿀물로 풍요로워지고, 세 개의 거대한 뿌리는 세 개의 원천에서 영양을 빨아들인다. 첫째 뿌리는 우르드의 우물로 뻗어 있다. 이 청춘의 샘은 과거·현재·미래를 상징하는 세 명의 여신 노르니르Nornir가 돌보고 있다. 둘째 뿌리는 니플헤임에서도 모든 물의 원천인 흐베르겔미르 샘으로 뻗어 있다. 셋째 뿌리는 거인의 나라 안에 있는 미미르 샘으로 뻗어 있다.

위그드라실이 장수하는 것은 청춘의 샘인 우르드의 우물물을 마시기 때문이다. 노르니르가 지키는 시간의 비밀은 이 거대한 나무의 불로장생의 약으로 보인다. 그렇지만 시간 자체로부터 영양분을 받음에도 불구하고 위그드라실은 저주를 받았다. 거대한 나무 정상에는 황금수탉이 지평선을 주시하며 신들의 세상의 종말을 신호하게 될 거인들의 공격이 있는지 신들에게 경고하기 위해 지키고 있다. 또 다른 파수꾼은 위그드라실의 가지에 앉아 전 세계를 정찰하는 거대한 독수리 한 마리와 독수리의 부리에 앉아 필요한 곳은 어디라도 날아갈 준비가 되어있는 매다. 이 제한된 생태계에서 선동자는 장난스런 다람쥐다. 다람쥐는 줄기를 끝없이 오르내리며 나무의 뿌리에서 사는 뱀과 독수리 사이에 불화를 조장한다.

* * *

만물의 종말에 대한 현대의 과학적 버전은 바이킹에게는 이해할 수 없는 척도 위에 있다. 하지만 나는 그들이 그 숙명론과 그 거대한 종말을 인상 깊게 받아들이리라고 생각한다. 우리 우주의 종말에도 거인들과 싸울 신들이 있을까? 아마도. 다행히도 우주에 있어 심판의 날은 아직 멀리, 조의 조 년 정도 멀리 있고, 인본적 원리는 우리 앞에 훌륭한 미래가 있다고 말한다.

카네기-멜론 대학에 세계 최대의 로봇 프로그램를 설립한 한스 모라벡은 미래의 복도에서 생각에 잠겨 머물렀다. 놀라운 상상력에 과학적 엄정성을 잘 조화시켜 그가 그려낸 미래의 모습은 시샘이 날 만큼 부러우며 환상적이다. 인공지능과 인간지성의 미래를 살펴본 그의 독창적 저서 《마음의 자식들Mind Children》에서 그는 가늠할 수 없게 거대한 공학 프로젝트와 고성능 컴퓨터가 합쳐져 행성들과 생명의 근원 자체를 변화시키는 운명을 연대순으로 기록했다.

그의 좀 더 비범한 시나리오 중 하나는 충분히 크고 정밀한 컴퓨터가 지구 상의 모든 표면(그저 큰 규모로만이 아니라 원자적 차원까지)을 시뮬레이션할 때 어떤 일이 일어날 것인가를 그리고 있다. 모든 것(흙, 산호, 인간 의식, 파리들)이 그것의 완전한 복제로 대체될 것이다. 모든 세포, 모든 원자에 담겨 있는 전체 정보가 다 추출되어 컴퓨터 뱅크로 이전될 것이다. 그런 시뮬레이션에서의 인간들은 당신이나 나와 구분되지 않을 것이다.

이 모든 것이 우리가 지각하지 못하는 사이 일어난다(물론, 당신이 약간 편집증이 있다면, "우리가 이미 시뮬레이션이 아닌지, 영화 〈매트릭스〉에서 우주선에 갇힌 인간들처럼 초고성능 컴퓨터에 수감된 것이 아닌지 어떻게 아느냐"고 물을 것이다. 하지만 그것은 답할 수 없는 질문이고, 수년간 추측해보아도 풀 수 없는 수수께끼이다. 지금은 우선 우리는 시뮬레이션이 아니라고 생각하자). 모라벡은 무인우주탐사선을 다른 행성으로 보내는 궤도의 기획이나 핵폭발을 모델링하는 등의 복잡한 현대 시뮬레이션을 체험했기 때문에, 시뮬레이션이 물리학의 기본법칙을 따른다는 것을 알고 있다. 그중 하나는 시간은 대칭적임을 명시한다. 즉 시뮬레이션은 앞으로도 뒤로도 쉽게 갈 수가 있는 것이다.

따라서 모라벡은 묻는다. 지구의 시뮬레이션이 완전포화 상태(모든 원자, 모든 쿼크가 복제된다)에 이르고 나면, 전 지구의 시간을 뒤로 돌려도 되지 않겠는가? 과거에 지구에 거주했던 사람들이 하나씩 되살아남에 따라 그는 새로운 불사의 몸에 업로드될 수 있을 것이다. 지금까지 존재했던 모든 사람들은 다시 한 번 살 수 있고, 그들의 질병은 치유되며 마음도 복원된다. 이런 식으로 모라벡은, 우리의 가장 먼 조상조차도 우리의 환상적인 운명을 함께할 수 있다고 주장한다. "하나의 작은 행성을 부활시키는 것은, 우리 문명이 최초의 은하를 식민지로 만들기 한참 전에도 할 수 있는 손쉬운 일일 것이다."

아마도 유대교가 이를 바로 표현한 것 같다. 의로운 자는 부활되리라. 비록 모라벡의 비전에서는 그리 의롭지 않은 사람들도 다시 소생하긴 하겠지만 말이다. 요점은 우리가 종種으로서 살아남는다면, 우리 자신의 불완전함에 굴하지 않는다면, 우리의 미래는 글자 그대로 한계가 없다. 지구에서 시간을 거꾸로 돌리는 것은, 만약 그것이 실제로 일어난다면, 다만 줄지어 이어질 거의 가늠할 수 없는 과학적, 공학적 업적(별들의 포획, 블랙홀을 끌어와 동력원으로 사용)에서 최초의 것이 될 것이다. 우리에게 남겨진 수조 년을 감안할 때 신의 능력을 가진 초월적 존재나 또는 우주의 한쪽에서 다른 쪽까지 뻗쳐 있는 단일 존재가 산출되는 것은 필연이다.

아일랜드 물리학자 버날John Desmond Bernal(1901~1971)은 초월적 존재의 발생이 어떻게 올 수 있는지를 암시했다. 인간은 알아볼 수 없을 만큼 자신을 변화시키리라고 예언하며 그는 이렇게 말했다. "마침내 완전히 영화靈化한 인간에게서 의식 자체가 끝나거나 사라질 것이다. 인간은 조밀하게 결합된 육체를 잃어버리고 우주 안에서 원자 덩어리가 되어 복사를 통해 소통하고, 궁극적으로는 아마도 자신을 완전히 빛으로 변형시킬 것이다." 이런 적응은 이런 후기 인간들로 하여금 황폐한 우주의 광대한 영역을 식민화할 수 있게 해줄 것이라고 버날은 말했다. 그는 계속하여 이렇게 말했다. "생명의 현장이 따스하고 밀집한 지구의 대기에서 좀 더 차가운 우주의 빈 공간으로 이전됨에 따라, 인간이 이 두 상태로부터 독립할 수 있도록, 유기물질을 전혀 함유하지 않는다는 장점은 점점 더 실감 날 것이다." 버날이 미래 인간에 대한 비전을 출판한 이래로 다른 과학자들은 후기인류의 모습을 추측해보았다. 우리가 현재 상상할 수 없는 모습인 것은 분명하다. 하지만 우리가 확실하게 추측할 수 있는 필연의 것들도 있다. 배로우와 티플러는 결국 온 우주에 생명이 확산되어 거주할 것이라며 설득력 있는 주장을 펼쳤다. 그렇게 해서 더 이상의 개척 변방이 존재하지 않게 될 때 이 신과 같은 존재들에게 닫혀 있는 유일한 문은 영원으로 가는 문일 것이다. 왜냐하면 우주에는 만료일이 있기 때문이다.

* * *

　종말은 다음 두 가지 중 하나로 올 것이다. 우주의 '열사熱死' (실은 '빅 프리즈big freeze'에 가깝다) 또는 '빅 크런치big crunch'다. 과학은 어느 쪽이 우세할지 말해줄 수가 없다. 우주의 무게가 두 가지 가능성의 경계선에 있기 때문이다. 우주는 중력의 수축효과를 극복하고 무한정 계속 팽창할 수 있거나 또는 팽창을 멈추고 무너지기 시작할 수 있다. 첫 번째 시나리오인 열사는 (또는 열의 부족으로 인한 죽음) 별이 하나씩 소멸하고, 물질 자체는 붕괴되어 마침내 종말의 어둠 속에서 텅 빈 우주의 온도가 절대영도가 되는 것을 보는 것이다. 두 번째 시나리오인 빅 크런치는 빅뱅의 역이다. 여기선 중력이 우세한다. 수십억 년 동안 팽창을 한 후 우주는 수축하기 시작하고, 궁극적으로는 붕괴해, 탄생의 거울상이 되는 불타는 폭발로 마감할 것이다.

　만약 토마스 골드가 제안했듯이 시간이 수축하는 우주에서 거꾸로 흐른다면, 그 주민들에게 탄생은 삶의 마지막 순간이 될 것이다. 하지만 이 주민들은 시간이 역행한다는 것을 모른다. 그들의 생각은 논리적으로 자연스럽게 우리가 그러하듯 시간이 흐르는 새 방향을 따라 흐를 것이고, 우주는 지금 우리의 우주처럼 팽창하는 것으로 보일 것이다. 하지만 마찬가지로 그들에게도 종말은 올 것이다.

시간 그리고 종말

세상은 얼어붙을 수 있고, 태양도 멸망할 수 있다. 하지만 지금 우리 내면에
는 절대로 다신 죽을 수 없는 무언가가 꿈틀거리고 있다.

- H. G. 웰즈

완전한 소멸은 연기되거나 피할 수 있는 것일까? 유한한 우주의
입구에서 우리는 어떻게 영원을 훔칠 것인가? 한스 모라벡은 우주
의 죽음을 두고 고심한 결과, 효과가 있을 수도 있는 창의적 해법을
생각해냈다. 그것은 모두 제논의 화살 패러독스(화살이 앞으로 가
야 할 거리를 계속 반분하면 화살은 절대 도착하지 못할 것이다)에
달려 있다. 이것은 실제 적용할 수 있는 것으로 판명되었다. 모라벡
은 질문한다. 만약 우주가 열사를 향해 간다면 어떻게 될까? 어떻
게 무한한 양의 시간이 유한한 양의 물질과 에너지에서 나올 수 있
을까?

모라벡의 대답은 영악하다. 그는 우리의 후손들은 서로 마주 보
는 두 개의 거대한 거울을 가진 엄청난 배터리를 건축할 수 있으리
라고 말했다. 모라벡은 이 두 개의 거울 사이에 광자의 빔을 끝없이
반사하도록 하여, 빛의 에너지를 끌어 쓸 수 있다고 제안했다. 광자
들은 거울을 더 멀리 밀게 되고, 움직이는 거울에서 나오는 에너지
는 문명에 동력을 공급할 것이다. 모라벡은 말했다. "내 생각에는 배
터리의 에너지 중 반을 T 분량의 생각을 하는데 사용하고, 그런 다

음 우주가 충분히 식을 때까지 기다려서 남아 있는 에너지의 반을 또 다른 T를 지원하는 데 사용한다. 그렇게 무한정 가는 것이다."

하지만 만약 우주가 수축하는 경우에는 어떻게 될까? 이 경우 모라벡은 다시 거울을 제안하는데 이때 거울이 내장된 진공을 둘러싼다. 우주가 수축함에 따라 진공은 점점 증가하는 에너지를 생산할 것이다. 그는 말했다. "생각의 주관적 무한은, 종말이 가까워짐에 따라 이 성장하는 동력을 사용하여 점점 더 빨리 생각함으로써, 붕괴하는 유한한 시간 안에 행해질 수 있다. 여기서 관건은 남아 있는 시간의 절반 안에 T 분량의 생각을 반복해서 하는 것이다." 물론 모라벡이 말하는 '생각'이란 그런 진보한 존재들을 그들의 실제 세계와 가상세계 안에 유지하기 위해 필요한 복잡한 정보처리를 의미하는 것이다.

프리맨 다이슨 역시 종말이 어떻게 전개될지 고민했다. 다이슨은 먼 미래 세계에서의 환상적인 공학 프로젝트에 대한 비전으로 유명한 사람이다. 아마도 가장 잘 알려진 기획으로는 '다이슨 구Dyson sphere'가 있는데, 이는 살아 있는 별을 거대한 구체로 둘러싸고는 그 별의 모든 에너지를 거두어 구 위에 사는 문명에게 준다는 것이다. 처음 제안되었을 때 이 아이디어는 너무나 감탄스러웠으며 논리적 필연으로 보여 천문학자들은 우주 다른 곳에 지적생명체가 있는지를 결정하는 방법으로 다이슨 구를 찾기 시작했다. 가끔 별들이 산발적으로 빛이 흐려지다가 완전히 꺼지는 경우가 있는데, 이것이 바로 진보한 문명이 다이슨 구의 단계에 도달했다는 증거라고 그들은 주장했다. 하지만 지금까지 그런 별은 아직 발견되지 않았다.

하지만 다이슨 구조차도 우주의 종말에서 죽어가는 문명을 살릴 수는 없다. 별들은 그보다 훨씬 전에 연료가 바닥날 것이다. 만약 열사가 실로 우주의 궁극적 운명이라면 프리맨 다이슨은 또 다른 묘책을 생각해냈다. 그는 식어가는 온도를 죽음을 연기하는 방식으로 사용할 것을 제안했다. 우리의 후손들은, 초월적 존재든 또는 모종의 초지성체든, 계속 가기 위해서는 극단적으로 에너지를 보존해야 한다. 만약 그럴 수 있다면 그들은 모라벡이 이 재빠른 손재주가 가져오는 불사를 그리 불렀듯 '주관적 무한' 속에서 살아남을 수 있을 것이다. 물론 그들이 사고과정을 가속화할 수 있다면 말이다. 다이슨은 추위가, 그런 광대한 정보처리가 필연적으로 생성하는 열(생각은 열을 생성한다)을 방산하는데 사용될 수 있다고 주장한다. 하지만 사용가능한 자원이 줄어듦에 따라 이런 존재들은 에너지를 배급해야 할 것이다. 그는 이들이 장기적 동면에 들어갈 수도 있다고 제안했다. 주관적으로 그들은 그들의 다운타임을 자각하지 못할 것이고, 다시 깨어나자마자 그들의 사고는 중단 없이 재개되고, 점점 더 길어지는 동면 기간은 알아차리지 못한 채 지나갈 것이다.

《인본적 우주론 원리》의 공동 저자인 프랭크 티플러 역시 이 문제와 씨름했다. 1949년 저서 《불사의 물리학》에서 그는 전 우주를 감쌀 수 있을 만큼 자라난 초월적 존재가 그의 생각을 처리하기 위해 모든 이용 가능한 에너지를 다 사용할 것이며, 거기엔 모든 가능한 세계들의 시뮬레이션도 포함된다고 제안했다. 하지만 자신의 운명이 우주의 운명과 하나로 묶이었음을 잘 아는 초지성체는 살아남기 위해 무엇을 할 것인가? 이제 우리가 알듯이, 아무리 초지성체라 해도 열역학 제2법칙[1]을 속발시킬 수는 없을 것이다.

티플러의 답은 모라벡의 답과 다르지 않다. 당신이 더 빨리 생각할수록, 더 빨리 행동하고, 작은 조각의 시간에 더 많은 삶을 담을 수 있다. 경주는 빠른 사람이 이기고, 미래에서 존재의 인지 속도는 분명 오늘날의 그 어떤 것보다도 앞서리라는 것은 불가피하다. 존재의 장수가 생각의 속도와 동일하기 때문에 (펨토니안은 우리의 1초 동안 백만 년을 산다), 초지성체의 사고과정이 가속화됨에 따라, 그것은 붕괴하는 우주의 엄청난 에너지와 평소와 다른 물리적 현상을 사용하여 사적인 생각의 속도를 무한히 증가시킬(궁극적 도피) 수 있다고 티플러는 주장했다. 만약 시간이 실제로 안으로 무한하다면, 그리고 나노초 안의 펨토초가 그 안에 점점 더 작은 분할을 무한히 가지고 있다면, 그때 아마도 안으로 가는 시간의 그 심연은 우리의 미래, 우리의 생존의 열쇠가 될 것이다.

우주의 종말 이전에도 우주의 때 이른 종말을 가져올 함정들은 도처에 있다. 최초의 블랙홀이 호킹 복사를 통해 소멸할 때 우주를 파괴할 수 있다는 추측이 있다. 그 이유는 개개의 블랙홀이 안에

---

1 닫힌계에서 총 엔트로피(무질서도)의 변화는 항상 증가하거나 일정하며 절대로 감소하지 않는다. 즉 자연계에서 일어나는 모든 과정들은 가역과정이 아니다.

시간의 종말을 담고 있기 때문이다. 그런 재앙을 방지하기 위해 배로우와 티플러는 미래 지성체들에게 완전한 소멸 직전에 놓인 그런 블랙홀에만 물질을 계속 버릴 것을 제안한다. 그들은 말한다. "따라서 궁극적으로 생명은 우주가 자신을 파괴하는 것을 방지하기 위하여 존재하는 것이다!"

결국 생명과 우주의 서로 엮인 운명은 생명의 불사에 걸려 있다. 그것이 우리의 유일한 희망이다. 하지만 새로운 딜레마가 발생하니, 다시 한 번 어린 시절 내가 죽음과 불사의 상반된 운명과 씨름했던 그 침실로 되돌아가는 딜레마다. 종말이 없이 존재한다는 개념은 꽤나 두려운 것이다. 하도 두려워서 어떤 사람들에겐 소멸이 더 선호할 만한 것으로 생각되기도 한다.

깊은 미래

만약 우주가 계속 팽창하고 종국에는 열사로 끝이 난다면, 우주의 타임라인은 어떤 것일지 천문학자, 우주학자들은 자세하게 연구해왔다. 우리의 자손들이 확산하여 우주를 채우든 채우지 않든 우주는 붕괴될 것이다. 티플러와 배로우는 (이들은 우리 눈에 보이는 우주 뿐 아니라 모든 가능한 우주를 다 포함해 대문자로 'UNIVERSE'라고 표기한다) 지금부터 1조 년 후엔 새로운 별들은 생성을 멈출 것이라고 예측했다. 이후 수십억 년이 지나면(또는 지금으로부터 10억의 10억 년 후)우주의 별들 중 90퍼센트가 이미 소멸해버렸을 것이고, 나머지는 거대한 블랙홀로 빨려 들어갔을 것이다. 10억의 10억의 10억의 1,000만 년 후엔 탄소기반 생명체는 소멸될 것이다.

그것이 모든 것의 끝이라고 생각하겠지만, 이 미래 우주의 황폐하고 텅 빈 어둠 속에, 물질 자체의 내부에 비非탄소기반 생명체가 그의 빛나는 미래를 불태우고 있을 것이다. 이제부터는 우주의 타임라인은 너무나 엄청난 것이 되어 우리는 말을 절약하기 위하여 조 단위로 전환을 해야만 한다. 1조의 1조의 1조의 1조의 1조의 10억 년 후 한때 은하의 중심을 형성했던 거대한 블랙홀들은 소멸할 것이다. 그렇지만 어떤 존재가 살아가든 그를 지속시킬 물질과 에너지는 충분할 것이다.

블랙홀들이 소멸한 지 오랜 시간 후에, 만약 그들이 나머지 우주를 함께 가져가지 않았다면, 타임라인은 이해할 수 없을 만큼 거대해져 숫자를 쓰려면 '10의 몇 승'의 형식에 의존해야만 할 것이다. 내가 위에서 말한 블랙홀의 최종기한은 10의 99승으로 표기될 것이다. 우리의 타임라인에서 다음 대사건은 우리 우주의 중년 초기에 일어날 것이다. 빛이 사라진 지 1조 년 후 이상한 만남이 일어날 것이다.

인본적 우주학 원리의 수학에 의하면 10의 800승 년에 우리의 후손들은 우주의 다른 곳에서 발생한 인류의 후손들을 만날 것이다. 외계 존재들이 다수 존재한다는 것에 대해 칼 세이건Carl Edward

Sagan(1934~1996)[2]은 다소 낙천적이었던 것으로 보인다. 이 애절한 만남이 일어날 때 지적생명체는 전 우주를 포화하는 점에 가까워지고, 종말은 여전히 1조 년 후에 올 것이다.

우주의 마지막 해들은 온도가 절대영도로 내려갔을 때 (비록 여기서 시간선이 불확실해지기는 하지만) 10의 1500승 년이 지난 후 일어날 것이다. 실로 오랫동안 살아온 우주다. 하지만 만약 팽창하는 대신에 우주가 수축하기 시작하고, 결국 '빅 크런치'로 소멸한다면 시간이 별로 남아 있지 않을 것이다. 만약 중력이 줄다리기에서 이긴다면 우주는 단지 200억~300억 년 더 지속될 것이다. 별로 있다고는 할 수 없는 시간이다. 분명한 것은 137억 세의 우리 우주는 아직 젊다는 것이다. 그리고 인간생명체가 이미 발생한 것은, 아마도 우리에게 이 나머지 시간이 필요해서, 이 수십억 또는 수조 년을 전우주를 구성하는 우주와 평행우주들을 확대하고 점유하는 데 사용하라는 의미일 것이다.

우리 역사는 확대와 발견으로 점철되었다. 바다를 탐험하고 이름 없는 사막을 횡단하겠다는 욕구는 우리에게 계속 박차를 가했다. 궁극적으로, 우리는 별들과 그 너머의 은하들을 방문할 것이고, 그렇게 우리는 우주의 정원사가 되어 우주를 돌볼 것이다. 하지만 돌

---

2 미국의 천문학자. 미국 항공우주국NASA에서 행성탐사 계획에 실험연구원으로 활동했고, 캘리포니아 패서디나에 설치한 전파교신장치로 우주 생명체와의 교신을 시도하기도 하였다. 1980년에는 텔레비전 다큐멘터리 시리즈인 〈코스모스Cosmos〉의 해설자로 나서서 생명의 탄생에서부터 광대한 우주의 신비까지를 명쾌하게 전달하였으며, 1996년 화성탐사계획에 참여하던 중 사망했다.

보기는 상호적인 것이 될 것이니, 우주는 정원인 동시에 정원사이기 때문이다.

시간의 관리와 사용은 먼 미래의 어떤 거대공학 프로젝트들보다 더 빛나는 우리의 가장 위대한 업적이 될 것이다. 시간은 최후의 자원이고 우주는 시간의 종말을 조롱하며 그가 가진 모든 패를 우리 인간이 결국은 소유하게 될 죽음을 속이는 능력에 쏟아넣었다. 단지 우리의 후손들만을 위해서가 아니라 우주 자체를 위해서 말이다.

14장

소나무의 비밀

빛나는 시간

세상의 그 무엇도 지속되지 않네,
영원한 변화를 제외하곤.
　– **오노라 드 뵈이유**Honorat de Bueil
(1589~1670; 프랑스 시인)

14

지난 주 춥고 어두운 오후 앰뷸런스 한 대가 조지의 집 앞에 멈추었다. 두 사람이 들것을 들고 안으로 들어가더니 이윽고 조지를 데리고 나왔다. 양쪽 겨드랑이에 의료진들의 부축을 받은 채 그는 힘겹게 걷고 있었다. 조지가 들것에 눕기를 거부한 게다. 그들은 앰뷸런스 안으로 들어갔고 차는 곧 떠났다. 이후 조지의 집은 계속 불이 켜질 줄 모른다. 병원에 있는 그의 상태가 좋지 않은 것이라는 불길한 예감이 든다.

이번 주 우리 동네의 포르투갈 사람 집 앞에는 매매 표지판이 붙었고, 어제 아침엔 부동산업자가 우리 집 현관문틈으로 매매전단지를 슬그머니 밀어넣고 갔다. 동네가 변화하고 있다. 건물 자체도 변화를 겪고 있다. 아이들이 있는 많은 이웃들은 집을 확장하고 목제 테라스를 신설했다. 그래서 대체로 시공업자들의 트럭 한두 대는 거리에 주차되어 있는 것이 이 동네의 평상시 모습이다.

어젯밤 눈이 내려 오늘 아침 주택의 지붕과 자동차에는 흰가루가 뿌려져있다. 정오쯤에 눈은 녹았지만 하루 종일 음울하고 추운 날씨였다. 하지만 저녁 어둠이 내리기 직전 해가 나왔다. 서쪽에서 건물 지붕으로 내려앉는 빛은 거의 수평으로 오고 있었다. 햇빛엔 온기가 묻어 있었고, 길 건너편 집의 벽돌은 방금 가마에서 나온 듯 붉게 불타고 있었다. 나의 소나무(비록 내 땅에 있는 것은 아니지만 난 그 나무가 내 나무인 것만 같다) 역시 빛을 받아, 무성한 바늘잎 다발들은 마치 6월의 숲인 듯 싱싱하게 푸르렀다. 소나무는 시간을 초월한 고요함을 발산했고, 나뭇잎 차양 아래서 꿈을 꾸고 있는 듯했다.

빛나는 시간

시간의 흐름엔 삼차원적 방향이 없기 때문에 시간이 어떻게 분기하는지, 어떻게 과거에서 미래로 흘러가는지 상상하기가 어렵다. 하지만 시간은 상하로도, 좌우로도, 동서로도 움직이지 않는다. 시간의 움직임 또는 움직임의 결여를 이해하려는 시도는 내가 지금까지 마음에 그려온 것들 중 가장 어려운 일이었다. 기껏해야 비유를 만들어내는 일이 고작이었는데, 그것이 시간을 정확하게 반영하진 못하겠지만 적어도 시간의 내재적 성품을 좀 더 본질적으로 이해할 수 있게는 해주었다.

지난 3월 내가 서걱이는 대나무 옆에 섰을 때 시간은 모든 것 사이로 부는 바람처럼 느껴졌었다. 그런 느낌이 잘 포착해낸 것은 시간의 편재하는 성품, 가장 작은 원자와 가장 큰 은하에 동시에 공재하는 시간의 존재 방식이었다. 또한 시간의 불가시성을, 마치 산들바람이 여름 풀밭에 물결을 이루며 지나가듯, 시간의 바람이 불고 지나간 것이 무엇이든 그것의 조직과 형태를 변화시키는 힘을 잘 대변하고 있다. 하지만 이 비유는 시간의 일차원적 성격, 실은 시간이 전혀 이 세상을 통과하며 움직이지 않는다는 사실을 잘 나타내지 못한다. 만에 하나 움직인다 해도, 시간은 우리 우주 안에 있는 그 무엇과도 같지 않은 방식으로 움직인다.

하지만 오늘 오후 길 건너편 소나무를 보면서, 햇살이 그 잎에 폭포수처럼 쏟아지는 모습을 보면서 나는 또 다른 시간의 모습을 느꼈다. 그것은 고요한 연못에 비가 내리는 이미지로 내게 다가왔다. 여기저기 떨어지는 빗방울 하나하나 파문이 퍼지면서, 여러 개의 파문이 겹치고 확장된다. 그런 다음 나는 이 연못 표면이 두 개가 되는 것을 상상했다. 두 개의 투명한 표면이 아래위로 겹치는 것이다. 제2의 연못에도 빗방울이 튀며 물방울이 퍼져나가는 것이 보였다. 다음 나는 이 두 개의 수면 위에 또 다른 수면이 겹치고, 또 하나 또 하나가 계속 겹쳐 놓여 마침내 셀 수도 없어지고 온 우주를 가득 채우는 것을 상상했다. 이제 하나의 빗방울이 만든 파문은 수평으로만 퍼지지 않고, 점점 확장되는 투명한 구 안에 또 다른 구 안으로 퍼지며 모든 층들로 다 퍼져나간다. 내 생각에 시간은 과거에서 미래로 흐르지 않았고, 모든 것의 안으로부터 동시에, 도처에서 흐르는 것이었다.

이런 비전을 형성시켜준 것은 바로 그 노송이었다. 햇빛 속에서 소나무는 꼭 티끌처럼, 거의 점묘처럼 보였다. 한순간 나는 소나무에서 수백만 개의 시간의 파문들이, 투명한 시간의 파문들이 나와 사방으로 확장되는 모습을 보았다. 이윽고 그들은 극히 작아져 보이지 않았다. 파문들은 사라지면서 세상 속(다른 나무들, 건물들, 구름들, 하늘과 땅)으로 융합되었다. 보랏빛 되새 한 마리가 소나무로 날아와 앉더니 아름다운 선율을 노래하기 시작했고, 그 아래 가지에선 페르시안 고양이 한 마리가 살금살금 다가가다 멈추어 서서는 새를 올려다보고 있다. 야생과 길들인 세 생명과, 나, 그리고 이 주택들이 모두 함께 시간의 그물망 안에서 연결되어 만나고 있었다.

만물은 모두 시간을 안정되게 방사하며 발산하고 있다. 그 시간은 모든 원자, 모든 잎새, 모든 인간에서, 심지어 빈 공간에서도 용솟음친다. 그래서 바로 그 노송이, 햇빛을 듬뿍 머금은 바늘잎이 주는 상록의 광환光環과 함께 시간을 초월한 것으로 보이는 것이다. 소나무와 나는, 그리고 우리들 모두는 시간에 흠뻑 젖어 있다. 아마도 시간은 원천을 알 수 없는 균일한 내면의 빛이 아닐까. 밖으로 흘러나오는 시간의 파문은 너무나 작고, 너무나 미세해서 감지할 수가 없다. 아마도 시간의 중심에 있는 샘은 무한히 분할 가능한 '지금', 그 안에 10억의 10억의 '지금'을 가지고 있는 '지금'이 아닐까. 매 초, 즉 초 안에 있는 밀리초, 밀리초 안에 있는 나노초, 나노초 안에 있는 펨토초가 무한하다. 그 모든 것이 꽃피면서, 만물의 중심에서 동시에 솟아난다. 우리는 시간과 함께 빛난다. 그렇다. 소나무의 바늘잎이 밖으로 빛을 방사하듯이, 또는 태양빛이 일방향으로 가듯이 시간의 화살이 일방향을 향하는 것은 사실이지만 시간의 알갱이에는 방향이 없다. 시간의 화살은 동시에 모든 곳을 향하고 삼라만상은 시간과 함께 빛난다.

우리의 미래는 바로 여기에, 앞이 아니라 안에 있다. 만약 매 초가 영원에 가까운 시간을 담고 있다면, 우리는 실질적 의미에서 이미 불사의 존재가 아닌가? 그리고 코끼리가 등가죽을 기어오르는 개미를 의식하지 못하듯, 비록 우리가 우리의 불사를 의식하지 못한다 할지라도, 우리는 여전히 영원 안에서 존재하고, 우리의 삶은 아무리 짧다 해도, 매 분 안에서, 매 시 안의 무한 안에서 영겁에 걸쳐 있는 것이다.

시간에 관한 모든 것을 말하다

《밤으로의 여행》에서 신비한 밤의 세계로 여행을 떠났던 크리스토퍼 듀드니가 이번에는 밤보다 더 신비하고 거대한 '시간'의 세계로 독자들과 함께 탐사 여행을 떠났다.

오늘 날, 삶을 살면서 시간을 화두삼아보지 않은 사람이 어디 있을까? 쪼개고 나누고 아끼고 아무리 애를 써도 늘 턱없이 모자라기만 한 시간. 정해진 월급으로 한 달 살림을 살려고 애쓰다 보면 아랫돌 빼서 윗돌 괴일 수밖에 없는 주부처럼 우리는 어떻게 하면 정해진 시간을 조금이라도 늘려서 쓸까, 효율적으로 사용할 수 있을까 하고 늘 아이디어를 짜낸다. 때로는 그렇게 기를 써도 여전히 모자라기만 한 시간에 슬그머니 앙심이 일어날 때도 있다. '시간을 장악하고 싶다', '시간을 이해하고 싶다'고 생각하다 보면, '도대체 시간이란 놈의 정체는 무엇일까' 하는 철학적인 궁금증까지 생긴다.

듀드니의 시간 여행은 생명이 기지개를 켜는 봄의 3월, 이제 막 마지막 눈자락이 녹아 없어지려 하는 자신의 집 뜨락에 날아온 올빼미와의 강렬한 만남, 그 찰나의 조우에서 시작한다. 그리고 생명이 하나의 순환 고리를 끝내고 흙으로 되돌아가는 11월, 마을을 지키는 노송과의 새로운 만남에서 이 시간 여행의 긴 여정은 끝이 난다. 늙은 소나무가 안에서 천지사방으로 내뿜는 바로 그 시간을 느끼는 것이다. 책의 시작에서 시간이란 어디든 관통해 부는 대숲의 바람 같은 것이라고 느낀 그의 시간 개념은 책의 말미에서는 "시간이란 만물의 중심에서 동시에 솟아나며, 시간의 화살은 동시에 모든 곳을 향하고, 삼라만상은 시간과 함께 빛난다"고 말한다. 그 사이 계절은 봄에서 여름과 가을을 거쳐 겨울로 하나의 순환을 마치게 된다.

시간이란 흐르고 난 뒤에 그 존재가 느껴지지만 삶 속에서 구체적으로 시간을 인지하기는 쉽지 않다. 그래도 시간을 느끼기가 용이한 경우를 들라면, 극히 짧은 시간인 현재의 찰나 또는 그 길이를 가늠할 수 없는 영원, 이 두 경우가 있다. 즉 빛과 어둠의 대비가 극적인 렘브란트의 그림처럼 이런 양극단의 경우가 우리의 인식을 깨우는 것이다. 보통 선禪에서 말하는 '지금 이 순간 속에 온전히 존재하기'를 성취한다면 지금 이 순간 속에서 찰나와 영원을 동시에 맛볼 수도 있다. 명상을 해본 사람이라면 그런 순간을 경험했을 것이다. 또는 일출과 일몰의 순간 우리는 시간의 멈춤과 시간의 영원을 동시에 느끼기도 한다. 또는 정적의 밤을 밝히는 달빛 속에서도 안으로 안으로 들어가 고요해지며 시간이 멈추는 경험을 해보았을 것이다.

듀드니 역시 전작 《밤으로의 여행》에서 "빛은 완전히 투명한 폭포처럼/ 침묵과 정지의 격류처럼/ 하늘로부터 쏟아져 내렸다"는 일출의 묘사로 대미를 장식했고, 이 책에서도 일몰의 장관을 섬세한 언어와 독창적인 표현으로 전하며 머무르고 싶은 순간을 영원히 고정시키는 카메라처럼 순간들을 그려내고 있다. 또한 "글렌 굴드가 너무도 정확하게 연주한 〈골드베르크 변주곡〉에는 창문을 통해 들어오는 태양빛을 연상시키는 무언가가 있다"며 시간의 예술인 음악과 영원의 빛을 연관시켰다. 알베르 까뮈는 "돌더미 속에서 굵은 거품을 일으키며 끓는 빛 속에서 신들은 말한다"고 하여 빛 속에서 신의 존재를 보았고, 우학스님은 "닫힌 선방 창에 스며든 햇살이 마음 가득⋯⋯환하게 밀려오는" 것을 느끼며 그 빛 속에서 부처님의 깨달음을 보았다. 고은 시인은 얼마 안 되는 얻은 음식을 나누어 먹은 두 명의 거지를 비추며 밝게 빛나는 초승달 속에서 강렬한 태양빛과 깊은 인간애를 보았다.

하지만 듀드니와 함께한다면 시간에 관해 이보다 더 미시적이고 더 거시적인 차원을 모두 넘나들 수 있다. 시간의 신화와 시간의 역사, 시간의 철학과 시간의 우화, 시간의 과학과 시간의 미래학 그리고 시간을 절묘하게 묘사하고 포착해내면서 시와 문학을 넘나들며 섬세하게 직조해낸 이 책의 방대함은 시간을 알고자 하는 그 어떤 독자라도 만족시켜줄 것이다.

이를테면 이 책에서는 고야의 그림에 상징적으로 담긴 '만물을 먹어치우는 시간', '세상의 피'와 같은 원색적인 시간을 만날 수 있다. 시간이 얼마나 언어생활의 일부가 되어있는지를 밝히기 위해 'time'이 들어간 다양한 영어 표현들을 담아놓은 몇 페이지는 친지들과의 대화에 톡톡 튀는 활력을 불어넣어줄 것이다.

고대의 해시계에서 시작해 시간을 측정하는 기계인 시계가 처음 수도원에서 발명되던 순간부터 현재의 가장 정확한 원자시계가 만들어지기까지 시계의 발달사가 그 시대의 문화사와 함께 흥미진진하게 전개되는가 하면, 자연적 시간을 넘어서서 인간의 과거와 미래를 왔다 갔다 할 수 있는 시간을 기반으로 하는 예술의 역사가 카메라, 영화의 역사와 함께 다채롭게 전개된다.

또한 듀드니는 지상에서 볼 수 있는 깊은 과거의 증거로 상가몬 간빙기의 지층과 화석이 있는 곳으로 독자를 안내하기도 하고, 먼 미래로 가서 우주가 계속 팽창하다가 소멸할 것인지, 아니면 수축할 것인지를 논하는 미래 과학의 세계로 데려가기도 한다.

듀드니의 책을 번역하면서 내가 끝없이 감탄하고 또 행복감을 느꼈던 것은 자신의 정원에서 시간과 함께 일어나는 식물과 꽃의 변화를 그가 얼마나 예민하게 감지하고 예리하게 묘사하며 느끼는가 하는 것이다. 그렇게 애정 어린 눈으로 자신이 가꾸는 꽃과 식물의 변화를 지켜보는 모든 순간마다 그는 200퍼센트 살아 있었으며 온전히 그 순간과 함께했다. 그 순간 그 자신이 꽃이었으며 꽃이 그 자신이었다. 그래서 그는 말한다. "나는 현재에도 향수를 느낀다.

너무나 덧없기 때문이다. 현재의 무상성이라는 빛 속에서 그것은 얼마나 더 애절할 것인가?"

시간에 대한 박물지이며, 시간에 관해 우리가 알고 싶은 것, 알아야 할 것은 다 들어 있는 이 책과 함께하며, 듀드니만의 정갈하면서도 화려하고, 정확하면서도 유려하며, 독창적인 언어의 세계 속에서 독자들도 행복한 시간을 보내기를 바란다. 또 가끔 듀드니가 그랬듯이 자신의 현재와 하나가 되는 체험을 해보기를 바란다. 그리하여 프랑스인들이 말하는 '작은 죽음La Petite Mort' 즉 시간을 초월한 지극한 행복감을 맛보기를 바란다. 오직 지금 이 순간을 통해서만 우리는 과거와 미래, 그리고 영원과 통할 수 있기 때문이다.

진우기